产业质量研究

INDUSTRIAL QUALITY RESEARCH

第3辑 2021年9月

马中东 主编

中国财经出版传媒集团
经济科学出版社
Economic Science Press

图书在版编目（CIP）数据

产业质量研究. 第3辑/马中东主编. —北京：经济科学出版社，2021.9
ISBN 978-7-5218-2914-3

Ⅰ.①产… Ⅱ.①马… Ⅲ.①产业经济-中国-文集 Ⅳ.①F269.2-53

中国版本图书馆 CIP 数据核字（2021）第 198462 号

责任编辑：刘　莎
责任校对：杨　海
责任印制：王世伟

产业质量研究
第3辑
马中东　主编

经济科学出版社出版、发行　新华书店经销
社址：北京市海淀区阜成路甲28号　邮编：100142
总编部电话：010-88191217　发行部电话：010-88191522
网址：www.esp.com.cn
电子邮箱：esp@esp.com.cn
天猫网店：经济科学出版社旗舰店
网址：http://jjkxcbs.tmall.com
北京季蜂印刷有限公司印装
710×1000　16开　14.5印张　280000字
2021年9月第1版　2021年9月第1次印刷
ISBN 978-7-5218-2914-3　定价：58.00元
（图书出现印装问题，本社负责调换。电话：010-88191510）
（版权所有　侵权必究　打击盗版　举报热线：010-88191661
QQ：2242791300　营销中心电话：010-88191537
电子邮箱：dbts@esp.com.cn）

编 委 会

主　　　编：马中东

执行主编：李绍东

学术委员会（以姓氏笔画为序）：
　　王志刚　邓　绩　刘　强　孙久文　苏志伟　杜传忠
　　李拉亚　杨蕙馨　范　金　徐传光　唐晓华　臧旭恒

编委会主任：马中东

编委会成员：
　　马中东　李绍东　王炳毅　高建刚　梁树广　宁朝山　王健忠

合作单位：
　　聊城大学商学院（质量学院）
　　聊城发展研究院（聊城质量发展研究中心）
　　山东省产业升级与经济协同发展软科学研究基地
　　聊城大学区域产业质量升级协同创新中心

序　言

2021年是我国"十四五"时期的开局之年，全面建设社会主义现代化国家新征程已经开启。当今世界正经历百年未有之大变局，新冠肺炎疫情对世界经济的影响广泛而深远，推动高质量发展成为"十四五"时期经济社会发展的主题。产业高质量发展是构建现代化经济体系的基本命题，是产业迈向中高端在更宽领域、更深层次的实现与升华。推进产业基础高级化、产业链现代化，提高经济质量效益和核心竞争力是产业高质量发展的方向和要求。

数字经济被称为打开第四次工业革命之门的钥匙。增强我国数字产业的发展质量、培育现代化数字产业生态系统，将成为数字经济时代产业转型升级、实现经济高质量发展的关键抓手。武汉大学郭凛副教授基于全球上市公司数据库的研究指出，全球数字产业高质量发展优于传统产业，我国数字产业体现出发展韧性；中美德数字产业具有异质性质量优势，我国的突出亮点在于资源利用水平，创新能力有待加强。

制造业高质量方面，聊城大学马中东教授以聊城市轴承产业集群为例，对全球价值链下产业集群的质量升级的问题与路径进行了深入探讨；昆明理工大学桑秀丽教授运用复合系统协同度模型对云南省制造业产学研等子系统进行了协同度测定研究；聊城大学宁朝山博士聚焦新技术革命背景下中国制造业赶超态势与全要素生产率提升问题，研究指出，当前中国部分低技术产品和高技术产品实现了对其他国家的赶超，中等技术制成品整体缺乏竞争力，中国不同类型行业应实施差异化的追赶路径。

另外，本书中其他学者还关注了共享经济产业生态系统、区域经济高质量发展、企业出口与对外贸易等热点问题，相关研究具有重要的理论价值和现实意义。

"十四五"乃至今后更长时期，以推动高质量发展为主题要体现在国家发展的各领域和全过程，这无疑是为产业高质量发展的相关研究提供了更加肥沃的土壤。《产业质量研究》将持续关注质量领域的热点问题，为我国经济高质量发展提供了有价值的决策依据和政策建议。

马中东

2021 年 6 月 20 日

目 录

企业 OFDI 如何影响出口产品质量 …………………………… 王明益　石金明　1

我国数字产业高质量发展研究
　　——基于 BvD–Osiris 全球上市公司数据库的
　　　比较分析 ……………………………………… 郭　凛　吴布儿　32

全球价值链下中国轴承产业集群质量升级分析
　　——以聊城为例 …………………………… 马中东　李绍东　孔凡洋　58

产业有效需求的测度实现与生产过剩的本义研判 ……………………… 马文军　85

社会网络视角下中国共享经济产业生态系统优化研究
　　——以共享住宿产业为例 ………… 张丹宁　宋雪峰　钟振东　石艳姝　98

数字经济背景下信息通信技术（ICT）对贸易的影响研究
　　——基于"一带一路"国家的面板数据 ……………… 刘　强　王　卓　115

行政审批制度改革与中国企业出口国内增加值率 ……………… 卢　霄　程红雨　138

自贸试验区设立对数字贸易发展水平的影响研究 ……………… 张欣欣　刘中文　164

新技术革命背景下中国制造业赶超态势与全要素
　　生产率提升 …………………………………… 宁朝山　于　婷　张　帆　183

基于社会网络分析的京津冀高质量发展网络
　　结构演化分析 ………………………………… 周红云　孙海洋　张欣欣　198

基于协同创新模型的云南省制造业高质量发展研究 …………… 桑秀丽　范倩玮　212

企业 OFDI 如何影响出口产品质量*

王明益　石金明**

摘　要：本文主要运用 2000～2013 年海关数据测算企业 HS6 位编码的出口产品质量，采取高维固定效应考察企业对外直接投资对企业出口产品质量的影响，研究发现，企业对外直接投资通过进口高质量中间投入品，逆向提升企业全要素生产率促进企业出口产品质量的提升。虽然企业对外直接投资抑制了企业加成率水平，但企业通过技术调整，产业升级改善企业的资源的配置效率，促进企业核心产品的出口质量的提升。

关键词：对外直接投资；企业出口产品质量；高维固定效应

一、引言

在逆全球化的趋势加快与新冠肺炎疫情暴发双重冲击下，全球经济的不稳定性与不确定性加具。经过全国共同的努力，防疫工作取得重大成果，经济增长由负转正。这归结于党中央有效的惠企政策与中小企业采取有效的复工复产措施。截至 2019 年底，我国大约有市场主体 1.23 亿户，其中企业 3 858 万户，个体工商户 8 261 万户。中小企业是我国经济活动的主要参与者，就业机会的主要提供者，同时也是技术进步的主要推动者，在国家经济发展的过程中起到了主要的作用。企业的产品质量提升，对于促进我国经济高质量发展，提高创新水平，发挥了重要的作用。

习近平在 2020 年企业家座谈会上的讲话曾强调，"企业家要立足中国，放眼世界，提高把握国际市场动向和需求特点的能力，提高把握国际规则能力，

---

* 基金项目：国家社会科学基金重点项目（18AGJ001）；国家社会科学基金一般项目（15BJY120）。

** 王明益（1978～　），男，山东财经大学国际经贸学院教授，博士生导师，研究方向为出口产品质量、加成率。石金明（1995～　），男，山东财经大学硕士研究生。

提高国际市场开拓能力，提高防范国际市场风险能力，带动企业在更高水平的对外开放中实现更好发展，促进国内国际双循环"。中央在 2001 年提出"走出去"战略，随后，国家和地方政府逐渐完善"走出去"战略的服务体系，促进企业"走出去"。根据《2019 年中国对外直接投资统计公报》显示，截至 2019 年底，中国对外直接投资流量为 1 369.1 亿美元，同比下降 4.3%。中国境内投资者在境外共设立对外直接投资企业 4.4 万家，主要分布在 188 个国家（或者地区），年末境外企业资产总额约 7.2 万亿美元，对外直接投资存量为 21 988.8 万亿美元。同时，根据联合国贸发会议（UNCTAD）的《2020 世界投资报告》显示，2019 年，全球对外直接投资流出流量为 1.31 万亿美元，年末对外直接投资存量 34.57 万亿美元。在 2019 年期间，中国对外直接投资流量位于全球国家（地区）第二名，同时，中国对外直接投资存量在全球国家（地区）位居第三名。

根据图 1 所示，中国对外直接投资的流量呈现逐年增加的趋势，在 2016 年对外直接投资的流量达到最大，2017 年随着逆全球化的趋势逐步加快，贸易保护主义抬头，中国对外直接投资有所减少。根据冯君（2017）显示，2017 年中国对外直接投资同比下降 19.3%，同时，也是 2003 年中国发布数据以来首次出现负增长，但总体上是递增的趋势。从图 1 的右轴可以看出，中国对外直接投资的企业呈现逐渐增加的，但其波动性较大，中国加入世贸组织

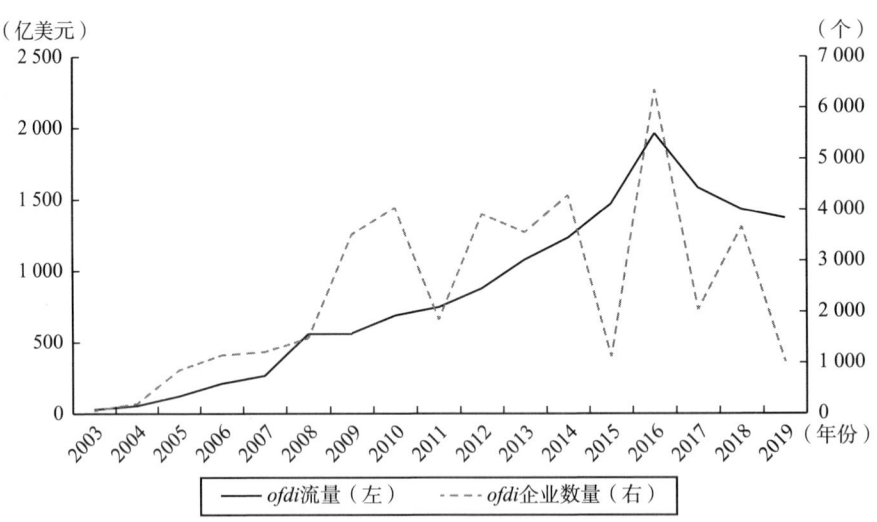

图 1　中国对外直接投资（ofdi）流量与 ofdi 企业数量变化趋势

资料来源：《中国对外直接投资公报》。

(WTO)以来,中国走出去的企业越来越多,尤其是在金融危机爆发以后,中国对外直接投资的企业增加迅速。同样,在2016年中国对外直接投资企业达到高峰。在此之后,对外直接投资的企业出现明显减少的趋势。

"十四五"规划中,党中央明确坚持创新的新发展理念,推动高质量发展为主题,贯彻新发展理念,构建新发展格局能力和水平,为实现高质量发展提供根本保证。本文在此背景下讨论中国外直接投资企业对于企业出口产品质量的影响效应。现有的文献主要集中于中国企业对外直接投资对于企业出口产品质量的影响(杜威剑,2015;陈东杰等,2018;刘宏等,2020),其侧重于企业总体的角度考察企业对外直接投资对企业总体产品质量的影响,但并没有细致考察企业本身出口产品的异质性。产品质量其强调的为产品内的垂直差异(施炳展、邵文波,2014),即同一类型的差异产品所带来的不同的客观特征(耐用性、安全性、兼容性、配套服务等);社会特征(口碑、广告、历史等因素导致);消费者心理视觉满足感(外观设计、虚荣心满足)。在产品数量相同的情况下,能够提升消费者效应水平的特征可以归结为产品质量。企业出口产品质量的提升决定企业在参与国际贸易的过程中国际竞争力大小的重要标志(陈东杰等,2018)。同时,出口产品质量的提升成为中国攀升全球价值链高级分工环节的重要途径(杨勇等,2020)。中国企业"走出去"战略可以利用国外先进的技术水平,进行模仿学习,通过逆向技术溢出效应促进母国企业生产率的提升(李夏玲等,2020),或者进口更高质量的中间品促进出口产品质量提升(樊海潮、李亚波和张丽娜,2020),进而提高在全球价值链分工的地位。在短期内,"走出去"的中国企业在国外设立厂房,付出了固定资产投资引起的成本增加效应以及面对国外激烈的竞争环境减少产品利润的竞争加剧效应,这两种效应综合引起企业加成率下降(诸竹君、黄先海等,2016)。面临企业加成率的下降,企业获取的利润减少,那么企业应该把其拥有的资源配置到其核心产品的生产研发上,促进企业出口产品质量的提升,增加企业的核心竞争力(李胜旗,2016)。

本文的贡献可能体现在以下几个方面:(1)本文按照坎德尔瓦尔等(Khandelwal et al.,2013)需求函数倒推的方法运用海关数据测算2000~2013年出口企业不同HS6位码的出口产品质量,同时用海关数据匹配工业企业数据库,获取企业层面的数据信息。(2)基于企业各产品出口份额,划分企业核心产品与非核心产品,企业中心产品与外围产品(许明、李逸飞,2020),并测算其相应产品的质量。(3)本文从产品、企业、国家异质性的角度综合考察对外直接投资企业对于产品出口质量的影响,并通过相应的核密度图考察产品质量的异质性。

本文结构安排如下:第二部分为相关文献回顾与假说的提出;第三部分介绍了企业不同出口产品质量的测算;第四部分为模型的构建与相应的数据处理与说明;第五部分分析了回归的估计结果;第六部分析了 OFDI 对于企业出口产品质量影响的机制分析。最后一部分为本文的结论与政策建议。

二、文献回顾与研究假说

(一)相关文献回顾

本文的研究对象为对外直接投资对于企业出口产品质量的影响关系,所以与此类研究相关的文献主要包括以下三个方面:其一,对外直接投资的经济效应;其二,企业出口产品质量的研究。其三,对外直接投资对于企业出口产品质量的研究。第一,关于对外直接投资对于母国的全要素生产率的研究,国外学者主要包括,赫策(Dierk Herzer,2010)运用 1980~2005 年的发展中国家 OFDI 数据,发现日益扩张的对外直接投资的企业长期显著促进了发展中国家全要素生产的提升。杨等(Yang et al.,2013)使用从 1987~2000 年中国台湾制造业企业数据并运用倾向得分匹配的方法发现台湾地区对外直接投资企业可以促进本土企业全要素生产率的提升。在国内方面,尹东东等(2016)运用 2003~2012 年省级面板,并通过 GMM 的方法分析了 OFDI 逆向技术溢出效应,只有在国内研发水平、人力资本、经济发展、对外开放、基础设施、金融发展的机制作用下 OFDI 逆向技术溢出效应会呈现正向显著。李夏玲等(2020)运用 DEA 生产率指数测算了 2004~2017 年行业的全要素生产率,通过系统 GMM 估计方法检验对外直接投资对于母国行业全要素生产率的影响。蒋冠宏等(2013)运用 2005~2008 年工业企业数据库,运用倾向的得分匹配的方法得出 OFDI 企业的全要素生产率显著高于非 OFDI 企业的全要素生产率。但这种全要素生产率提升的效应存在 U 型关系,长期来看,促进效果是逐渐减弱的。对外直接投资对于母公司创新的研究,国外的研究主要体现在:布兰施泰特(Branstetter,2006)的研究发现日本对于美国的外商直接投资促使日本逆向技术溢出,促进日本的技术进步与创新。德里菲尔德和莱弗(Driffied & Love,2003)运用英国制造业 1984~1992 年面板数据,采取动态广义矩估计的方法,发现 OFDI 对于国内制造业产生明显的技术溢出效应且此技术溢出效应只有在研发密集型行业更为显著。瓦赫特和马索(Vahter & Masso,2006)

运用企业层面数据发现OFDI对于企业层面存在明显的溢出效应，但对于行业、国家层面而言，并没有明显的技术溢出效应。国内的研究体现在：赵伟（2006）运用LP模型检验对外直接投资对于母国技术进步的关系，发现对外直接投资显著促进了母国的技术进步，尤其是对于创新研发密集型的国家和地区，这种促进效果会更为显著。刘倩倩（2020）运用2010~2017年省际面板数据，基于产业集聚的视角构造OFDI产业多元化集聚，OFDI产业多元化集聚以及OFDI对母国技术创新的决定方程，通过分位数回归发现，OFDI会促进母国专业化集聚，抑制母国产业多样化集聚，在不同的产业集聚水平下，OFDI对于创新水平的影响是不同的。毛其淋、许家云（2014）运用2004~2009年企业层面数据，运用倾向得分匹配的方法发现OFDI在总体上显著延长企业创新的持续时间，不同类型的OFDI企业对创新持续时间是存在差异的。对外直接投资对于母国加成率的研究方面，国外的研究主要有：梯罗尔（Tirole，1988）在其产业组织理论中说明，企业的加成率除了与供给因素相关以外，同时也会受到市场势力的影响。企业进入国际市场，产品面临激烈的国际竞争，企业为保持其市场份额，即便是获得国外技术进步引起的产品加成率的提升，也不足以弥补维持市场份额的加成率的下降。格罗斯曼和霍尔普曼（Grossman & Helpman，1993）发现，跨国公司出口行为发生所引起的规模经济的增加，需要考虑绿地投资所引起的生产成本导致的规模经济下降。安东尼亚德斯（Antoniades，2015）发现企业通过OFDI进入国际市场以后，竞争效应加剧导致短期加成率下降。国内对于企业加成率的研究包括：黄先海（2016）运用倍差法研究OFDI对于企业加成率的影响分析，发现OFDI当期会降低企业加成率。OFDI有显著正向的滞后"加成率效应"，且这种效应是呈现逐渐增加状态的。李胜旗（2016）运用2000~2006年中国工业企业数据库发现出口产品种类与企业加成率呈现负向关系，且企业过度的产品种类会导致出口行为扭曲，企业加成率非常低。所以，对于企业而言，应该培养其核心产品的竞争力。

第二，对于出口产品质量的研究，葛德伯格等（Goldberg et al.，2010）研究发现，进口高质量中间品可以获得国际技术溢出效应，从而提升出口产品质量，提升企业在全球价值链分工的地位。孔祥贞等（2020）研究发现，企业融资约束影响出口产品质量提升。樊海潮与郭光远（2015）运用约翰逊（Johnson，2012）分析企业出口产品价格，出口质量与生产率之间的关系。发现企业出口产品质量与企业生产率之间存在显著的正向质量效应。张洋（2017）通过PSM-DID的方法研究政府补贴对于企业出口产品质量的影响，实证得出政府补贴可以通过企业研发创新与提升进口中间品质量等渠道提升企业出口产品质量。

第三,综合以上两个方面的因素,综合考察对外直接投资对于企业出口产品质量的影响,封肖云(2019)利用2003~2016年联合国数据库发现中国外商直接投资有利于出口产品质量的升级。景光正和李平(2016)运用中国2002~2013年省级面板数据,发现外商直接投资促进出口产品质量的提升,并且存在技术反馈、市场深化、资源配置、产业升级四个效应。张凌霄和王明益(2016)从企业角度出发,运用2002~2008年企业数据研究发现不同寻求型的外商直接投资对于出口产品质量的提升是呈现异质性的。杜威剑和李梦洁(2015)将2001~2006年海关数据、对外投资企业数据、工业企业数据进行匹配,并且运用倾向得分匹配变权的估计方法得出对外直接投资促进出口产品质量的提升。并且在不同的东道国与不同的投资动机的影响是不同的。基于以上的综述分析,本文提出以下假说:

(二)研究假说

国内外已经有很多学者对于对外直接投资对于企业出口产品重量的研究,本文在归纳总结前人研究的基础上,提出了以下几点对外直接投资对于企业出口产品质量的影响机制。

对外直接投资的企业通过"走出去"战略接近研发创新水平高的国家和地区,利用东道国当地先进生产要素进行生产研发创新,同时,通过技术、资源、人才向母公司进行转移(陈菲琼,2013),母公司吸收先进的技术与管理理念促进母公司的技术进步与管理创新,进而通过示范效应与模仿效应促使公司内部不同产品的研发创新,母公司的全要素生产率得到增长,出口产品质量提升。

假说一,对外直接投资企业通过利用国外先进的技术水平进行创新研发促进企业内部不同出口产品质量的提升。

假说二,对外直接投资企业通过逆向技术溢出效应促使母国企业全要素生产率与企业创新水平的提升间接推动企业出口产品质量升级。

对外直接投资企业为母国公司提供更为便捷的途径进口更高质量的中间投入品,中间投入品质量的提升可以给母国公司带来国际技术溢出效应,企业通过进口中间品进行模仿、学习、创新、改进,间接促进出口产品质量的提升(许家云等,2017)。同时通过质量转移效应促进出口产品质量的提升(Bas & Strauss-kahn,2015),中国作为"世界工厂",进口高质量的中间投入品进行组装加工再出口,间接提升了出口产品质量。进口竞争效应,国外厂商为了出口产品，进行竞争降低产品价格，对外直接投资公司可以选择更加优惠的价格为母国提供进口产品信息，母国公司留有足够的资金进行研发创新促进出口产品质量的提升（Fernandes & Paunov，2013）。

假设三，对外直接投资企业可以促进母国企业深度参与全球价值链分工，进口更高质量的中间投入品进行研发学习，间接促进企业出口产品质量的提升。

对外直接投资企业进入外国市场初期进入东道国需要支付沉默成本进行绿地投资，由于成本增加效应短期会抑制企业加成率水平的提升。同时，对外投资的企业面临着国外更为激烈的国际市场，企业要想保持其竞争地位，必须减少利润，降低价格，这也会导致企业加成率水平的下降。同时，由于企业过度的出口产品种类导致企业出口行为发生扭曲，出口企业的加成率非常低（李胜旗，2016），在以上三种机制的影响下，企业出口产品质量出现下降的趋势。长期来看，对外直接投资企业逐步调整企业的战略措施，培养企业的核心产品竞争力，把主要的精力用于核心产品的研发，改善企业的资源配置效应，促进核心出口产品质量的提升。

假设四，对外直接投资企业由于竞争效应与绿地投资抑制企业加成率水平的提升，企业通过提升核心产品与中心产品的质量，降低企业出口产品质量的资源错配程度，使企业资源更多的集中于核心与中心出口产品，促进企业核心竞争力水平的提升。

三、模型构建与数据处理

本文主要借助坎德尔瓦尔等（2013）的方法，考虑到把价格与数量放到方程的左边，对于替代弹性 σ 进行相应的赋值，这种方法的关键在于替代弹性 σ 的取值，本文参照布罗达等（Broda et al.，2006）、樊海潮和郭光远（2015）的方法对于各个国家进口的不同 HS3 位码的需求替代弹性 σ 进行相应的赋值，同时控制年份、目的地、产品层面的固定效应进行回归。

$$\ln q_{injt} + \sigma_{hj}\ln p_{injt} = x_n + x_{jt} + \epsilon_{injt} \tag{1}$$

其中，q 与 p 分别代表企业 i 出口到 j 国 h 产品的数量与价格，已经进行对数处理。σ_{hj} 表示不同目的国 j 的 HS3 位码产品 h 需求替代弹性。x_n 表示 HS6 位出口产品的固定效应，用来控制不同出口产品之间的差异。x_{jt} 表示不同目的国 j 与年份 t 的联合固定效应，用来控制不同目的国的需求偏好所导致的差异。以上方程回归的残差除以 $(\sigma_{hj}-1)$ 得到出口产品质量的对数。为了使不同产品之间的质量具有可比性，分别求出每年的 HS6 位码的出口产品的最大值

$quality_{nt,max}$ 与最小量 $quality_{nt,min}$ 进行标准化处理。则企业 i 的出口产品质量 h 通过以下公式进行标准化处理：

$$quality_{in,standard} = \frac{quality_{in} - quality_{nt,min}}{quality_{nt,max} - quality_{nt,min}} \tag{2}$$

$quality_{in}$ 为本文的核心解释变量，表示企业 i 出口不同产品 n 的质量。

（一）模型构建

由于企业不同出口产品数量较多，本文主要考察企业对于不同出口产品异质性的影响，所以本文主要采取的是高维固定效应模型进行回归，同时控制了年份、国家、行业、企业与 HS6 位出口产品的联合固定效应。为了减少异方差的影响，聚类到企业标准误。高维固定效应可以同时控制多个维度不随时间变化趋势的虚拟变量，通过生成个体虚拟变量的方法来控制个体固定效应。此外，本文在稳健性分析的时候，采取倾向性得分匹配的方法构造"反事实"的对外直接投资的企业进行回归。以下为本文主要的回归模型：

$$\begin{aligned} quality_{int} = & \alpha + \beta_0 ofdi_{it} + \beta_1 \ln kl_{it} + \beta_2 \ln age_{it} + \beta_3 subsidy_{it} + \beta_4 foreign_{it} \\ & + \beta_5 owner_{it} + \beta_6 PERgdp_{jt} + \beta_7 Evcr_{jt} + \beta_8 Dist_{jt} + \beta_9 lab\_md_{zt} \\ & + \beta_{10} HHI_{zt} + \gamma_i + \delta_n + \theta_t + \mu_j + \pi_z + \varepsilon_{injtz} \end{aligned} \tag{3}$$

其中，$ofdi_{it}$ 表示企业出口虚拟变量，若企业 i 在某年 t 实行了对外直接投资战略，则 $ofdi_{it}$ 的取值为 1，否则取值为 0。kl_{it} 表示企业资本劳动比率，用企业固定资产年均值与企业就业人数的比值进行衡量。age_{it} 表示企业年龄，用企业存在当年的年份减去企业开业年份，$subsidy_{it}$ 表示企业是否享受补贴，若企业享受补贴，则 $subsidy_{it}$ 的取值为 1，否则取值为 0。$foreign_{it}$ 表示企业是否为外资企业，若企业为外资企业，则其取值为 1，否则取值为 0。$owner_{it}$ 表示企业是否为国有企业，同理若企业为国有企业，则其取值为 1，否则取值为 0。$PERgdp_{jt}$ 表示东道国人均实际 GDP，同时，按照企业发往不同目的地的贸易额进行加权。$Evcr_{jt}$ 表示企业出口加权实际有效汇率，按照直接标价法，测算中国对于其他国家的有效汇率，并且按照企业发往不同目的国的出口额进行加权。$Dist_{jt}$ 表示中国对于出口目的国之间的距离，同样按照出口额进行相应的加权。lab_md_{zt} 测算行业层面的劳动力市场的扭曲指数。HHI_{zt} 表示行业竞争程度，用行业赫芬达尔指数进行表示。γ_i 表示企业层面的固定效应，δ_n 表示企业产品层面的固定效应，θ_t 表示时间固定效应，μ_j 表示国家固定效应，π_z 表示行业固定效应，以上的固定效应用以控制不可观测的因素对于回归的结果产生的影响，ε_{injtz} 表示随机误差项（见表 1）。

表 1　　　　　　　　　　描述统计量

变量	变量名称	观测值	平均值	标准差	最小值	最大值
quality	出口产品质量	4 163 586	0.476	0.168	0	1
ofdi	对外直接投资企业	4 308 457	0.006	0.076	0	1
lnkl	资本劳动比	3 956 750	-1.479	1.178	-5.262	1.374
lnage	企业年龄	4 298 887	2.139	0.645	0	3.892
subsidy	政府补贴	4 291 930	0.542	0.498	0	1
forgign	外商投资企业	4 308 457	0.614	0.487	0	1
owner	国有企业	4 308 457	0.013	0.112	0	1
PERgdp	贸易额加权人均 GDP	4 308 457	12.688	2.554	0	16.902
Evcr	贸易额加权有效汇率	4 308 457	3.085	3.074	-7.365	11.97
Dist	贸易额加权距离	4 308 457	11.101	1.375	0	15.154
lab_md	行业劳动扭度	4 215 141	0.142	0.121	0	4.383
HHI	行业竞争程度	4 273 961	0.044	0.071	0.001	1

（二）数据来源与处理

首先，对于工业企业数据处理，本文参照布兰德特等（Brandt et al.，2012）的匹配方法构造了从 1998～2013 年的工业企业面板数据，共得到了 2 196 307 条观测值。对各年份的工业企业数据各指标进行统一，删除数据中存在的缺失值，对于个别年份出现缺漏值的情况，进行统一的缺漏值的标识方式，删除不符合会计原则的数据删除人数不符合数据。对于折旧缺失的样本，则采取固定资产投资的 10%（聂辉华等，2012）的折旧率进行计算，"固定资产投资 = 当年固定资产总值 -（1 - 折旧率）× 上年固定资产总值"的原则进行构造。对于 2008～2013 年中间品投入与工业增加值缺失的样本，参照余淼杰（2018）的方法，通过"工业中间投入 = 产出值 × 销售成本/销售收入 - 工资支付 - 本年折旧"和"工业增加值 = 工业总产值 + 增值税 - 工业中间投入"的方法计算所得，对于从业人数缺失的样本则采取插值的方法进行补全。对于数据异常值的处理，本文采取了 1% 的缩尾处理。对于名义价格变量以 1998 年为基期进行价格平减。主要的方法为：对于工业产出值采用各年份的各地区的出厂价格指数进行衡量，对于资本投入则采取各省份的固定资产投资价格指数进行平减，而对于工业中间品投入则采用了全国工业原材料、燃料、动力购进价格指数进行平减。其数据来源自于《中国统计年鉴》。本文借鉴苏锦红等人（2015）的处理方法，对地区固定资产投资的价格指数进行补齐。对于价格指数平减的好处主要分为两点，第一点是可以剔除价格的波动，能够得到真实的估计结果。第二点是熨平数据波动，使数据更加平滑。采取以上的方法构造1998~2013年工业企业面板数据便于计算企业的全要素生产率，方便下一步回归分析。

对于全要素生产率的计算是基于C-D生产函数的基础上所进行的，全要素生产率反映的是各种投入要素的单位平均产出水平，表示投入转化为产出的效率。在固定效应的基础之上，奥雷和佩克斯（Olley & Pakes, 1996）发展了克服固定效应缺陷的半参数估计方法，首先，当前的资本存量与投资决定了下一期的资本存量，构造以预期与资本存量为基础的企业最优投资的反函数，最优投资的反函数与资本存量共同衡量了资本的贡献。通过非线性最小二乘估计出生产函数中劳动与资本的贡献，并且通过结果拟合残差的对数值，作为OP方法计算的全要素生产率。此方法的缺点在于假设投资与总产出保持单调关系，但是在现实中，并不是所有的企业都会存在正向的投资，也有投资为0的企业，此时企业处于生产与消耗相互抵消的状态，能够维持正常的运用状态。为了解决这个问题，莱文索恩和佩特兰（Levonsohn & Petrin, 2003）则是以中间投入品出发，构造以中间投入品为代理变量计算企业的全要素生产率。

其次，对海关数据进行处理，由于海关数据在不同的年份有不同的产品编码，比如HS1996版本、HS2002版本、HS2007版本、HS2012版本，为了避免计算的误差，对于各年份的企业出口产品质量编码统一为HS2007。由于海关产品主要是8位产品编码，为了方便回归分析，统一转化为HS6位产品编码。分别测算企业出口产品质量与企业进口产品质量，其中，2000~2013年企业不同进口产品质量有22 036 645条观测值，企业不同出口产品质量有31 098 230条观测值，分别根据BEC编码，划分出消费品，资本品与中间品。

最后，用工业企业数据库匹配海关数据，分别按照三种方法进行匹配，第一种方法，按照企业名称进行匹配。第二种方法，按照邮政编码+电话后七位进行匹配。第三种方法，按照邮政编码加企业法人代表进行匹配。由于本文主要考察的是出口产品质量，所以在匹配的过程中总共涉及的仅仅是企业出口产品层面数据，企业进口产品数据在后面分析中会被用到。匹配后总共获得从2000~2013年4 297 588条企业不同出口产品数据。

数据来源，主要选取的是2000~2013年《工业企业数据》与《海关数据》。对外直接投资企业名称来自《中国对外投资企业名录》，本文在稳健性分析的部分采用了 2002~2013 年各地区的对外直接中国对外投资流量数据。各地区对外直接流量数据来自于《中国对外投资公报》。

四、回归结果分析

（一）基准回归

本文首先分别计算各年份对外直接投资企业与非对外直接投资企业的出口产品质量，相应的柱状图如图 2 所示，从 2002 年开始，对外直接投资企业的出口产品质量大于非对外直接投资企业的出口产品质量。

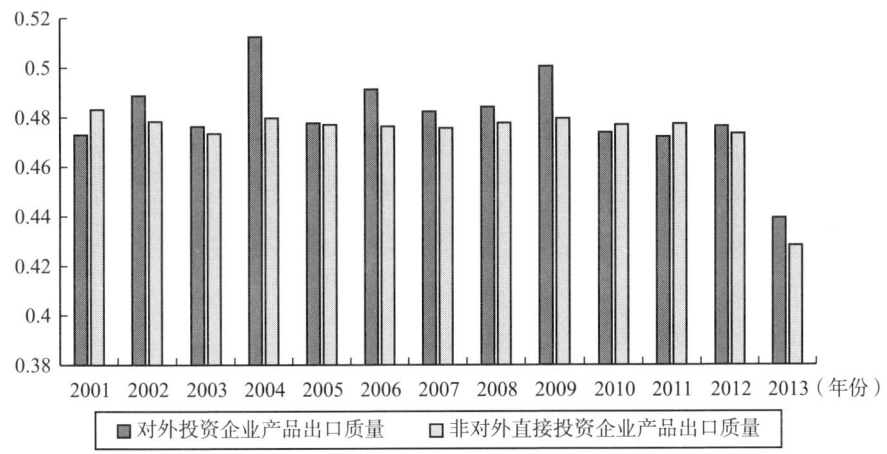

图 2　*ofdi* 企业与非 *ofdi* 企业出口产品质量

资料来源：根据海关数据自行测算。

本文主要采取的是 LSDV 法的多维固定效应进行回归，这样做的好处是可以同时控制多个虚拟变量进行回归。基准回归结果如表 2 所示，在本文的回归中及以下的回归分析，都控制了国家层面的聚类标准误，其中，第（1）列是没有加入控制变量的情况下仅控制年份跟产品企业的联合估计效应回归的结果，回归结果可以看出，对外直接投资可以促进企业出口产品质量的提升，回归的系数在 10% 的统计水平上是显著的。第（2）列是加入企业层面的控制变量进行回归的结果，核心解释变量外商直接投资的系数依然正向显著，并且在 10% 的水平上依然显著。第（3）列是控制国家层面的控制变量与国家固定效应进行回归的结果，核心解释变量依然稳健。第（4）列在第（3）列的基础上控制行业层面的固定效应回归的结果。通过以上四列回归发现，企业对外直接投资显著促进了企业出口产品质量的提升，从而假说一得以验证。控制变量中资本劳动比率的系数为正值，在1%的统计水平上是显著的，随着资本劳动比率增加，企业出口产品质量得到提升。同时，企业年龄（lnage）的回归系数显著为正，企业年龄越大的国家，越能促进企业出口产品质量提升。政府补贴（subsidy）的回归系数为正，这与张洋（2017）的研究一致，政府补贴行为可以促进企业出口产品质量的提升。外资企业与国有企业对于出口产品质量提升的促进作用并不显著。从目的国国家层面的控制变量可以看出，目的国的收入水平提升并不会促进企业出口产品质量的提升，汇率升值虽然会抑制企业出口产品质量的提升，但是并不显著。同时，目的国的加权地理距离产生了显著的负向抑制作用。梅利塔兹（Melitaz，2003）的经典理论认为，只有生产率高与价格低的企业才能出口到更远的市场，所以，其产品的质量会越高。但巴斯多斯和席尔瓦（Bastos & Silva，2010）在其研究中曾指出目的国的距离对于出口产品质量的正向促进作用并不是必然的，本文采取出口额进行加权的目的是为了消除样本自选择的问题（刘啟仁，2020）。从行业层面的控制变量可以看出，劳动市场要素价格扭曲抑制出口产品质量的提升（王明益，2017），并且在5%的统计水平上是显著的。行业竞争对于出口产品质量有正向的促进作用，这与张杰等（2015）的研究，竞争这只"看不见的手"对于企业出口产品质量造成的是促进效应。

表2　　　　　　　　　　基准回归

变量	(1) quality	(2) quality	(3) quality	(4) quality
ofdi	0.00265 * (0.00158)	0.00248 * (0.00147)	0.00311 ** (0.00147)	0.00422 *** (0.00160)
lnkl		0.00105 *** (0.000305)	0.00120 *** (0.000250)	0.000804 *** (0.000267)
lnage		0.00196 ** (0.000866)	0.00345 *** (0.000993)	0.00231 *** (0.000855)
subsidy		0.00149 (0.000932)	0.00236 *** (0.000893)	0.00225 *** (0.000791)

续表

变量	(1) quality	(2) quality	(3) quality	(4) quality
forgign		-0.00718** (0.00317)	-0.00146 (0.00212)	-0.00169 (0.00157)
owner		-0.00297 (0.00439)	-0.00555 (0.00415)	-0.00164 (0.00319)
PERgdp			-3.65e-05 (0.00141)	-0.000179 (0.00124)
Evcr			-0.000326 (0.00110)	-0.000261 (0.000975)
Dist			-0.0161*** (0.00131)	-0.0127*** (0.00121)
lnlab_md				-0.00223** (0.00102)
HHI				0.0151*** (0.00426)
年份固定效应	是	是	是	是
企业—产品固定效应	是	是	是	是
国家固定效应	否	否	是	是
行业固定效应	否	否	否	是
Constant	0.476*** (0.00107)	0.476*** (0.00213)	0.649*** (0.0150)	0.615*** (0.0106)
Observations	4 152 319	3 790 953	3 790 937	3 718 110
R-squared	0.100	0.102	0.108	0.114

（二）稳健性内生分析

表3是稳健性分析的内容，其中，第（1）列是替换核心解释变量，采取2002~2013年各地区对外直接投资的流量（ln$ofdi$）进行表示，由于《中国对外直接投资公报》自2002年开始发布，所以对于2000年与2001年的数据，取值为0。回归结果可以看出，ln$ofdi$的系数显著为正，并且在1%的统计水平

上显著。第（2）列为替换被解释变量进行稳健性分析，用企业各产品的出口价格表示企业对外直接投资的质量进行回归分析，回归的效果可以看出对外直接投资显著的促进企业产品价格提升，通过以上两种方法可以看出回归的效果是稳健的。表3的第（3）、第（4）列为内生性分析的相关内容，第（3）列为内生性分析的遗漏变量部分。对于企业而言，影响企业的出口产品质量除了上述的控制变量以外，还有其他的影响出口产品质量的因素，像是企业的全要素生产率、企业的融资约束、企业的规模增长率三个遗漏变量，为了减少遗漏变量偏误，本文在回归中同时加入了三个企业层面的控制变量，回归可以看出 op 方法计算的全要素生产率的回归系数在1%的统计水平上显著，说明企业全要素生产率显著促进企业出口产品质量的提升。同时我们参照毛其淋（2020）的做法构造企业融资约束（$rongzi$），用企业利息支付除以企业固定资产投资表示企业融资约束，该指标数值越大表示企业融资约束越小，回归的结果可以看出企业融资约束的系数在10%的统计水平上显著，说明融资约束越小的企业，有足够的资金用于企业其他产品的研发设计，促进企业出口产品质量的提升，培养企业核心产品竞争力（孔祥贞等，2020）。同样，借鉴王永进等（2017）的做法用企业销售额增长率表示企业出口规模扩张企业出口规模扩张（$scale\_rate$），回归的系数在1%的统计水平上显著，说明企业对外直接投资会引起母国企业出口贸易的增加，企业出口贸易的增加引起企业生产规模的扩大，为满足生产规模扩大企业需要增加投入品并进口中间品（毛其淋，2020），企业通过进口中间品进行模仿学习，促进企业出口产品质量提升。第（4）列为内生性分析的样本选择偏误部分，主要是采取倾向得分匹配减少样本选择偏差造成内生性，因为在基准回归中可能有两个原因对于回归的结果造成干扰，分别为选择性偏差（研究对象并不是随机根据某种标准进行取舍）与混合性偏差（对于处理组与对照组并不是仅仅在干扰因素方面存在差异，同样，在其他方面也存在差异，这种差异同样会导致回归结果差生偏误）（毛其淋、许家云，2014），所以对于两个变量之间实际因果推断方面，最理想的方法就是构造协变量相同的随机试验的回归方法。赫克曼（Heckman，1997）曾提出倾向得分匹配的方法处理上述的选择性偏差与混合性偏差问题，其基本思想是构造与对 $ofdi$ 企业特征相似的非 $ofdi$ 企业，这两部分的差异仅仅是在于对外直接投资政策发生所导致的，其企业方面的特征都是一致的，由此来判断对外直接投资对于企业出口产品质量影响的因果关系，本文选取的匹配变量主要包括企业全要素生产率、企业出口密集度、企业规模、企业年龄、融资约束，并且采取1∶1的最近邻方法进行匹配，由回归的结果可以看出，核心解释变量 $ofdi$ 在1%的统计水平上显著,部分解决了样本选择性偏差与样本混合性偏差,同时,证明了本文回归结果的稳健性。

表3　　　　　　　　　　稳健性内生性分析

变量	地区 ofdi 流量 (1) quality	产品出口价格 (2) Price	增加企业遗漏变量 (3) quality	倾向得分匹配 (4) quality
ofdi		0.225*** (0.0372)	0.00379* (0.00196)	0.0283*** (0.00854)
lnofdi	0.00129*** (0.000273)			
lntfp_op			0.0103*** (0.00249)	
rongzi			0.00537* (0.00310)	
scale_rate			0.00364*** (0.000293)	
控制变量	是	是	是	是
年份固定效应	是	是	是	是
企业—产品固定效应	是	是	是	是
国家固定效应	是	是	是	是
行业固定效应	是	是	是	是
Constant	0.601*** (0.0104)	6.744*** (0.378)	0.612*** (0.0105)	0.542*** (0.0621)
Observations	3 962 694	4 099 969	3 485 871	28 544
R-squared	0.112	0.884	0.110	0.146

(三)异质性分析

本文主要从三个角度进行异质性分析考察,分别从国家宏观角度与行业企业等中观的角度与产品微观的角度进行考察,并且按照不同的划分刻画各自的核密度图,给予不同角度的政策建议。

首先，从东道国角度进行考察，对于企业出口的目的国，分成五类国家，分别是经合组织（OECD）等发达国家①、东盟十国②、避税地国家和地区③、"一带一路"国家和地区④、区域全面经济伙伴关系协定（RCEP）国家和地区⑤，首先，从图3可以看出，我国企业对外出口产品质量中，对于东盟国家和RCEP国家的总体出口产品质量是相对较高的，自2010年中国全面建立中国东盟自由贸易区，其作为中国现阶段实现性较高合作最为密切的区域贸易协定，中国东盟自贸区的签订可以有效地促进中国区域贸易自由化的实现，通过降低中间品的关税进口高质量的中间投入品，促进企业的出口产品质量提升。2020年11月15日在东盟十国的基础上历经8年谈判逐渐加入中国、日本、韩国、澳大利亚、新西兰五国国家签订的多边贸易协议，同时，作为人口最多、规模最大、最具有发展潜力的自由贸易实验区，在投资、货物贸易、服务贸易、自然人移动方面逐步开放，促进要素的高效率的流通，本文根据2000~2013年海关数据测算的出口产品质量的核密度图可以看出，我国对外出口产品质量中，对于RCEP国家的出口产品质量要求是相对较高的，可以看出RCEP的签订可以有效促进出口产品质量的提升，通过签订RCEP逐步降低货物贸易的进口关税，并逐步降低至零关税水平。通过降低中间品进口关税进口高质量中间投入品促进企业进出口产品质量提升，同时，在自然人流动方面，对于技术人才的跨国引进优惠政策，通过技术转移促进企业出口产品质量的提升。

---

① 澳大利亚、奥地利、比利时、加拿大、智利、丹麦、爱沙尼亚、芬兰、法国、德国、捷克、希腊、匈牙利、冰岛、爱尔兰、以色列、意大利、日本、韩国、拉脱维亚、卢森堡、墨西哥、荷兰、新西兰、挪威、波兰、葡萄牙、斯洛伐克、斯洛文尼亚、西班牙、瑞典、瑞士、土耳其、英国、美国。

② 印度尼西亚、马来西亚、菲律宾、新加坡、泰国、文莱、越南、老挝、缅甸、柬埔寨。

③ 瑞士、卢森堡、荷兰、巴哈马、英属维尔京群岛、马尔代夫、百慕大群岛、开曼群岛、瑙鲁、爱尔兰、中国香港、巴拿马。

④ 蒙古国、新加坡、马来西亚、印度尼西亚、缅甸、泰国、老挝、柬埔寨、越南、文莱、菲律宾、伊朗、伊拉克、土耳其、叙利亚、约旦、黎巴嫩、以色列、巴基斯坦、沙特阿拉伯、也门、阿曼、阿联酋、卡塔尔、斯威特、巴林、希腊、塞浦路斯、埃及西奈半岛、印度、巴基斯坦、孟加拉国、阿富汗、斯里兰卡、马尔代夫、尼泊尔、不丹、哈萨克斯坦、乌兹别克斯坦、土库曼斯坦、塔吉克斯坦、吉尔吉斯斯坦、俄罗斯、乌克兰、白俄罗斯、格鲁吉亚、阿塞拜疆、亚美尼亚、摩尔多瓦、波兰、立陶宛、爱沙尼亚、拉脱维亚、捷克、斯洛伐克、匈牙利、斯洛文尼亚、克罗地亚、波黑、黑山、塞尔维亚、罗马尼亚、保加利亚、北马其顿、阿尔巴尼亚。

⑤ 印度尼西亚、马来西亚、菲律宾、泰国、新加坡、文莱、柬埔寨、老挝、缅甸、越南、中国、日本、韩国、新西兰、澳大利亚。

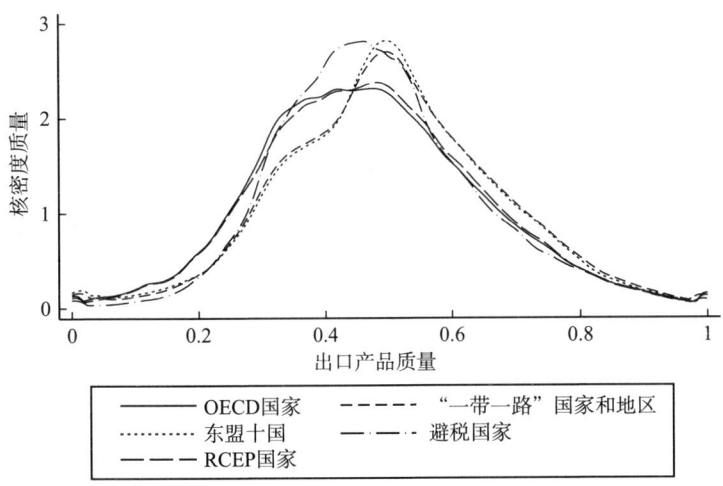

图 3　不同东道国出口产品质量核密度

资料来源：根据 Stata 自行测算。

根据不同的东道国，考察企业对外直接投资对于企业出口产品质量的影响，如表4所示，从回归的结果可以看出，企业 ofdi 对于 OECD 等发达国家，"一带一路"国家和 RCEP 国家逆向促进出口产品质量提升，说明对外直接投资的企业通过逆向技术溢出促进母国出口产品质量的提升，但是对于东盟十国和避税地国家对外直接投资对于企业出口产品质量提升并不显著，中国对于东盟国家的出口主要是集中于纺织行业、轮胎制造行业等初级工业制成品，同时，对于东盟进口产品中主要集中于初级的电子零部件产品。虽然从图3看出中国对东盟的出口产品质量相对较高，但通过回归发现 ofdi 对于东盟国家的逆向技术溢出效应并不显著，同样，对于避税地国家和地区的 ofdi 逆向技术效应并不显著，虽然对于避税地国家地区进行投资可以有效地规避税收，提高母国企业的收入水平，但从回归结果可以看出，对于避税地国家和地区进行投资并不会提升母国企业出口产品质量。

表4　　　　　　　　　　国家层面异质性分析

变量	OECD 国家	东盟十国	避税国家	"一带一路"国家	RCEP 国家
	（1）	（2）	（3）	（4）	（5）
	quality	quality	quality	quality	quality
ofdi	0.00381** （0.00181）	0.00615 （0.00512）	0.00234 （0.00375）	0.00948* （0.00517）	0.00765*** （0.00145）

续表

变量	OECD 国家	东盟十国	避税国家	"一带一路"国家	RCEP 国家
	（1）	（2）	（3）	（4）	（5）
	quality	*quality*	*quality*	*quality*	*quality*
控制变量	是	是	是	是	是
年份固定效应	是	是	是	是	是
企业—产品固定效应	是	是	是	是	是
国家固定效应	是	是	是	是	是
行业固定效应	是	是	是	是	是
Observations	2 633 908	135 032	216 393	183 457	1 612 594
R - squared	0.113	0.309	0.208	0.301	0.125

异质性分析的第二部分，分别从中观行业层面与企业角度地区异质性角度分析对外直接投资对于企业出口产品质量的影响。从图4核密度图可以看出，对于东部企业、劳动密集型行业，大型企业和加工贸易的出口产品质量相对较高。东部地区企业发展较快，可以有效地学习国外的技术进行创新研发，促进出口产品质量的提升。加入世界贸易组织以来，中国依据丰富的劳动力优势参与国际分工，在劳动密集型行业中，企业出口产品质量相对较高。我们分别按照企业的固定资产与企业的从业人员划分不同类型的企业，可以看出，不论是通过固定资产划分还是通过企业从业人员划分，大型企业的出口产品质量相对高于小型企业的出口产品质量。同样，相对于一般贸易而言，加工贸易主要是通过进口中间品进行组装加工再出口，所以对于加工企业的出口产品质量相对较高。

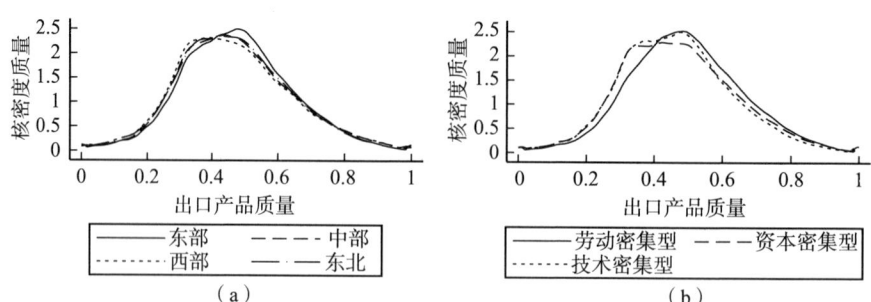

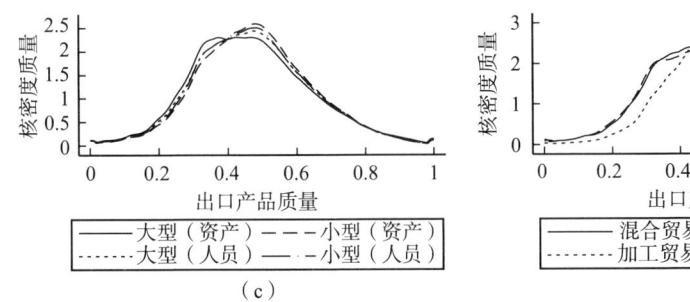

图4 地区、行业、企业、贸易方式核密度图

资料来源:根据Stata自行测算。

我们按照不同地区、行业、企业、贸易方式进行异质性考察,企业对外直接投资对于不同出口产品质量的影响,如表5所示,企业对外直接投资对于东部企业的出口产品质量有显著的促进作用,但是对于西部地区的出口产品质量的提升具有显著的抑制作用,西部企业通过降低出口产品的价格参与国际竞争,企业为了维持出口,减少成本,抑制企业出口产品质量的提升。同样,在劳动资本密集型行业,企业对外接投资的企业可以显著促进企业出口产品质量的提升。分别按照企业的资产和人员划分的大型企业与小型企业,企业对外直接投资可以显著促进大型企业的出口产品质量,相较于小型企业,大型企业具有更加丰厚的劳动力和资本用于产品研发。所以,对于大型企业而言,企业对外直接投资可以促进企业出口产品质量的提升。虽然在核密度图中,加工贸易的出口产品质量相对较高,因为从事加工贸易的企业主要通过进口半制成品用于组装加工进行出口,所以其出口产品质量而言相对较高,通过实证回归发现,对于从事加工贸易的企业而言,企业对外直接投资并不会促进企业出口产品质量的提升,企业并没有形成竞争优势用于出口产品质量的提升。但是,对于从事混合贸易的企业而言,其可以更加有效地利用一般贸易与加工贸易的优势(刘晴,2013),从事对外贸易促进企业形成竞争优势,通过对外直接投资参与国际竞争促进企业出口产品质量提升。

表5 地区行业层面异质性分析

变量	东部	中部	西部	东北	劳动密集型	资本密集型	技术密集型
	(1)	(2)	(3)	(4)	(5)	(6)	(7)
	quality	quality	quality	quality	quality	quality	quality
ofdi	0.00402**	0.0207	−0.0170***	0.00345	0.00778**	0.00603***	0.00231
	(0.00166)	(0.0127)	(0.00608)	(0.00358)	(0.00344)	(0.00199)	(0.00186)

续表

变量	东部	中部	西部	东北	劳动密集型	资本密集型	技术密集型
	(1)	(2)	(3)	(4)	(5)	(6)	(7)
	quality	quality	quality	quality	quality	quality	quality
控制变量	是	是	是	是	是	是	是
年份固定效应	是	是	是	是	是	是	是
企业—产品固定效应	是	是	是	是	是	是	是
国家固定效应	是	是	是	是	是	是	是
行业固定效应	是	是	是	是	是	是	是
Observations	3 329 464	91 363	70 426	226 724	1 335 248	617 814	1 706 307
R-squared	0.113	0.145	0.139	0.110	0.145	0.145	0.071

变量	大型公司(资产划分)	小型公司(资产划分)	大型公司(人员划分)	小型公司(人员划分)	混合贸易	一般贸易	加工贸易
	(8)	(9)	(10)	(11)	(12)	(13)	(14)
	quality	quality	quality	quality	quality	quality	quality
ofdi	0.00284**	0.00461	0.00340***	0.00755	0.00436***	0.0145	-0.0969*
	(0.00126)	(0.00363)	(0.00125)	(0.00488)	(0.00162)	(0.0105)	(0.0516)
控制变量	是	是	是	是	是	是	是
年份固定效应	是	是	是	是	是	是	是
企业—产品固定效应	是	是	是	是	是	是	是
国家固定效应	是	是	是	是	是	是	是
行业固定效应	是	是	是	是	是	是	是
Observations	1 528 105	2 189 180	2 032 347	1 684 248	3 304 137	215 295	192 169
R-squared	0.086	0.139	0.101	0.139	0.103	0.259	0.181

异质性分析的第三个角度，通过微观出口产品 HS 编码与 BEC 编码进行匹配划分企业出口资本品，企业出口消费品，企业出口中间品，并画出相应的核密度图，如图 5 所示，从图中可以看出企业出口中间品的质量相对较高，而且在实证分析中第（3）列的回归系数大于企业出口资本品与企业出口消费品的回归系数，并且在 1% 的统计水平上显著。可以说明，中国已经深度融入了全

球分工体系,中国从原来的进口中间品用于简单的组装加工,到出口高质量的中间的转型,中国在全球价值链分工体系中扮演着越来越重要的位置。我国企业通过走出去战略,学习到国外先进的技术水平促进母国企业出口产品质量的提升,出口高质量的中间投入品。

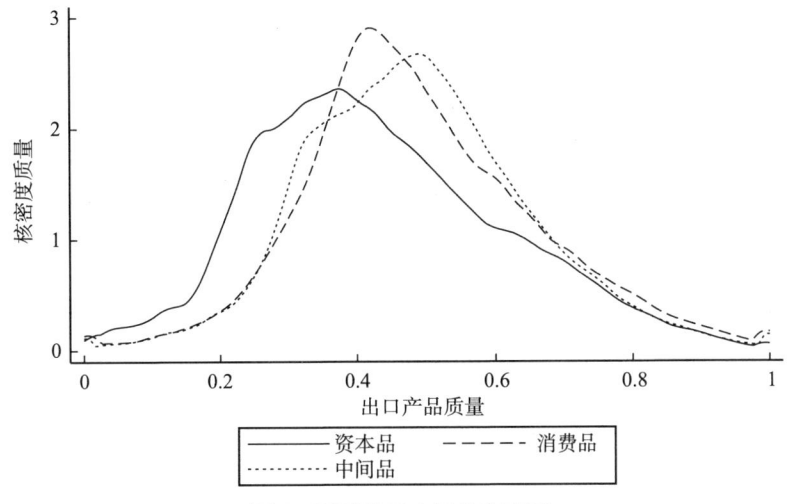

图 5　不同出口产品核密度图

资料来源:根据 Stata 自行测算。

我们参照许明等(2020)的做法,把企业出口产品的贸易额进行排序,其中单个企业贸易额最大的出口产品为企业的核心产品,其他的产品为企业非核心产品。同样,企业所有的出口产品按照企业各自的贸易额进行排序,排名前 50% 的产品为企业的中心产品,排名后 50% 的产品为企业的外围产品,然后分别计算各个年份中对外直接投资企业核心产品与非核心产品,中心产品与外围产品的出口产品质量的柱状图,如图 6 所示,企业核心出口产品与中心出口产品的质量均大于 0.5,根据施炳展(2014)的划分,企业出口产品质量大于 0.5 的,为高质量的出口产品,具有出口竞争力,而企业出口产品质量小于 0.5 的,为低质量出口产品,不具有出口竞争力。通过图 6 可以看出,企业的核心产品与中心产品是具有竞争潜力的。同样把样本划分为核心产品与非核心产品,中心产品与外围产品回归后发现,企业对外直接投资对于企业出口产品质量都具有促进作用,且对于企业核心产品的出口质量的促进作用更大,回归系数中,企业核心产品的出口质量系数比企业非核心出口产品质量要大,说明对外直接投资的企业学习国外先进的技术创新,培养企业产品核心竞争力参与

产业质量研究

国际竞争(见表6)。

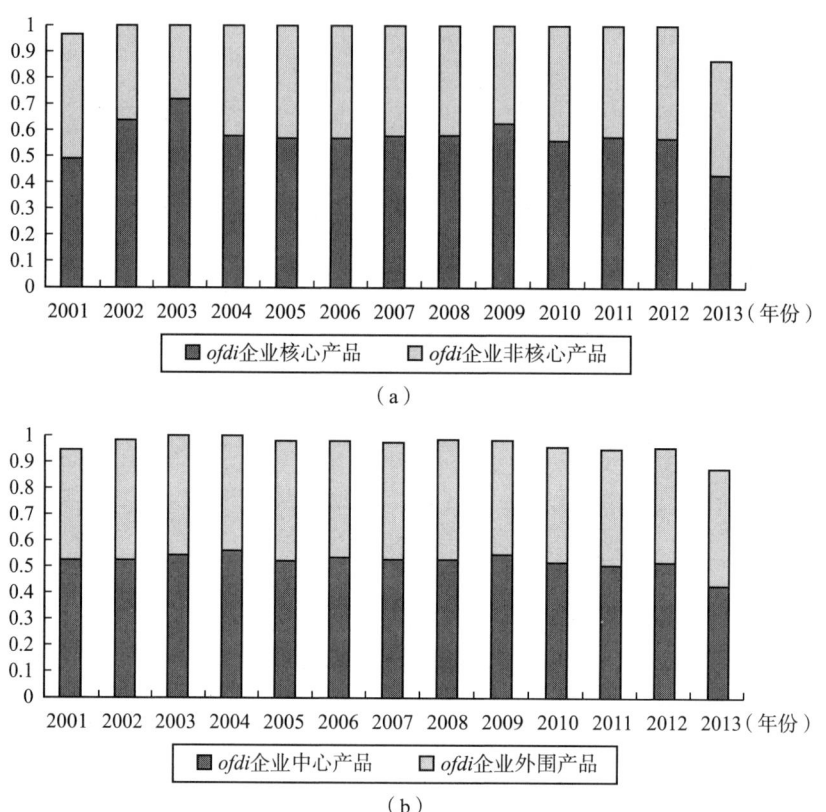

(a)

(b)

图6 对外投资企业核心产品、非核心产品、企业中心产品、企业外围产品出口质量

资料来源：根据海关数据自行测算。

表6　　　　　　　　　　微观产品层面异质性分析

变量	出口资本品	出口消费品	出口中间品	核心产品	非核心产品	中心产品	外围产品
	(1)	(2)	(3)	(4)	(5)	(6)	(7)
	quality	quality	quality	quality	quality	quality	quality
ofdi	0.000726 (0.00236)	0.0155 ** (0.00707)	0.00601 *** (0.00195)	0.0108 * (0.00581)	0.00421 *** (0.00142)	0.00315 * (0.00174)	0.00471 *** (0.00154)
控制变量	是	是	是	是	是	是	是
年份固定效应	是	是	是	是	是	是	是

续表

变量	出口资本品 (1) quality	出口消费品 (2) quality	出口中间品 (3) quality	核心产品 (4) quality	非核心产品 (5) quality	中心产品 (6) quality	外围产品 (7) quality
企业—产品固定效应	是	是	是	是	是	是	是
国家固定效应	是	是	是	是	是	是	是
行业固定效应	是	是	是	是	是	是	是
Observations	768 724	262 209	2 651 973	198 390	3 499 045	1 845 696	1 858 623
R-squared	0.136	0.270	0.128	0.513	0.101	0.186	0.134

五、机制分析考察

本文主要通过中介效应进行机制考察，分别检验企业进口中间品质量、企业全要素生产率、企业加成率、企业产品要素资源配置程度对于企业出口产品质量的影响，分别构造了中介效应模型，如公式（4）、公式（5）所示。

首先，将解释变量与中介变量进行回归，检验解释变量对于中介变量的影响。

$$channel_{itn} = \alpha + \beta_0 ofdi_{it} + \beta_i \sum_{i=1}^{i=10} X_{ijzt} + \gamma_i + \delta_n + \theta_t + \mu_j + \pi_z + \varepsilon_{injtz} \quad (4)$$

其次，把中介变量当做控制变量纳入方程中再次进行回归，检验中介变量对于核心解释变量的影响程度。

$$quality_{int} = \alpha + \beta_0 ofdi_{it} + \beta_i \sum_{i=1}^{i=10} X_{ijzt} + channel_{itn} + \gamma_i + \delta_n + \theta_t + \mu_j + \pi_z + \varepsilon_{injtz}$$

(5)

其中，$channel_{itn}$表示中介变量，分别表示企业进口中间品质量，LP方法测算企业全要素生产率、企业的加成率、企业的要素资源的配置程度。首先，对于企业进口产品质量测算，我们同样参照公式（1）、公式（2）测算企业进口产品质量，并且按照年份、企业名称、HS6位编码与企业出口产品的年份、企业名称，HS6位编码进行匹配，并且按照广义经济分类的BEC编码进行划分出中间品、资本品、消费品。本文的回归中，只保留企业进口的中间品数据进行中介效应回归,在表7第(1)列回归中发现,企业对外直接投资可以促进中间品进口质量的提升,并且在10%的统计水平上是显著的,我们把中介变量放入模型中进行回归,回归结果可以看出进口中间品质量的提升可以有效的促进企业出口产品质量的提升,并且在1%的统计水平上是显著的,假说三得以验证,这与沈国兵等(2019)的研究是相同的,中间品进口对于中国企业出口产品质量是具有促进作用的。在上述分析中,我们分别用OP、LP方法测算企业的全要素生产率,在遗漏变量处理的部分,用到OP方法测算的企业全要素生产率,同时为了稳健性检验,在中介效应回归时考虑到了LP方法测算的企业的全要素生产率,表现企业的创新水平,从表7的第(3)可以看出对外直接投资可以通过逆向技术溢出,促进母国公司的全要素生产提升,促进企业创新水平的提升。在第(4)列中,加入企业全要素生产率进行回归,同样可以看出企业全要素生产率的提升可以有效的促进企业出口产品质量的提升,假说二得以验证。

表7　　　　　　　　　　　　中介效应分析

变量	进口中间品质量		全要素生产率(LP)	
	imquality	*quality*	*tfp_lp*	*quality*
ofdi	0.0115 * (0.00678)	0.00731 * (0.00381)	0.0437 *** (0.00255)	0.00265 ** (0.00118)
imquality		0.0540 *** (0.00133)		
tfp_lp				0.00678 *** (0.000254)
控制变量	是	是	是	是
年份固定效应	是	是	是	是
企业—产品固定效应	是	是	是	是
国家固定效应	是	是	是	是
行业固定效应	是	是	是	是
Observations	198 266	192 453	3 369 217	3 258 093
R - squared	0.445	0.523	0.947	0.431

接下来从企业加成率和出口产品质量要素资源配置的角度分析,对于企业

加成率，我们参照多默维茨等（Domowitz et al.，1988）、毛其淋等（2016）的做法，通过会计法测算企业的加成率，其测算公式如（6）式所示，其中 i 表示企业，t 表示时间，$price_{it}$ 表示企业产品价格，$cost_{it}$ 表示企业产品边际成本，mpk_{it} 表示企业的加成率，$valued_{it}$ 表示企业的工业增加值，$wage_{it}$ 表示企业的工资额，$medialmaterial_{it}$ 表示企业中间投入品合计，企业加成率表示企业价格超出边际成本的部分，表示企业的利润所得。

$$\frac{price_{it} - cost_{it}}{price_{it}} = 1 - \frac{1}{mpk_{it}} = \frac{valued_{it} - wage_{it}}{valued_{it} + medialmaterial_{it}} \quad (6)$$

从表8第（1）列可以看出，对外直接投资抑制企业加成率的提升，企业对外直接投资的过程中，为了维持国际竞争力、保持国际地位、降低企业的出口产品价格，同时，在表8的第（2）列中，加成率的回归系数是负向显著的，企业对外直接投资，较低的加成率抑制了企业对外出口产品质量的提升，说明出口企业的加成率水平很低（李胜旗，2016）。作为"走出去"的企业，要想在激烈的国际竞争中建立品牌优势，树立核心竞争力，企业应该把主要资源用于核心产品的开发与研究上。同样，我们参照许明（2020）的做法，用企业内部出口产品质量的标准差与均值的比值表示企业内部资源的配置效率（cvquality），这是一个负向指标，指标越小表示企业资源配置越合理，从表8的回归结果可以看出，虽然企业"走出去"战略抑制了企业加成率水平的提升，但可以通过逆向技术溢出，企业全要素生产率提升，技术调整，产品升级，进口高质量中间投入品进行模仿学习促进企业核心产品的出口质量提升，改善企业资源配置效率，提升企业核心产品的出口竞争力，假说四得以验证。

表8 中介效应分析

变量	企业加成率		资源配置效应	
	mpk	*quality*	*cvquality*	*quality*
ofdi	-0.0410*** (0.00176)	0.00192* (0.00111)	-0.000922* (0.000530)	0.00386** (0.00150)
mpk		-0.00239*** (0.000348)		
cvquality				-0.328*** (0.0667)
控制变量	是	是	是	是

续表

变量	企业加成率		资源配置效应	
	mpk	*quality*	*cvquality*	*quality*
年份固定效应	是	是	是	是
企业—产品固定效应	是	是	是	是
国家固定效应	是	是	是	是
行业固定效应	是	是	是	是
Observations	3 348 731	3 239 522	3 717 732	3 717 732
R - squared	0.636	0.430	0.320	0.120

六、结论与政策建议

本文主要运用 2000～2013 年《中国工业企业数据库》与《海关企业数据库》和《境外投资企业（机构）名录》三个数据进行合并，从微观的角度系统的考察了企业对外直接投资对于企业出口产品质量的因果效应。回归的结果可以看出，企业对外直接投资可以有效地促进企业出口产品质量的提升，我们在更换核心解释变量与核心被解释变量以后，回归的结果依然稳健，为了防止遗漏变量导致的回归结果的偏误，控制企业层面的遗漏变量（op 方法测算的企业全要素生产率、企业融资约束、企业出口规模扩张），本文通过倾向得分匹配解决样本选择导致的内生性的问题。

在异质性分析考察的部分，本文主要从宏观、中观、微观三个角度进行异质性考察，并同时借助核密度图和实证结果进行分析。在宏观层面，我国对 OECD 等发达国家、"一带一路" 国家、RCEP 国家的对外直接投资可以有效促进企业出口产品质量的提升，说明我国对外的外交策略选择是高瞻远瞩的。在中观行业层面，对外直接投资对于东部地区的出口产品质量的提升具有促进作用，同时，在资本、劳动密集型行业对外直接投资可以促进出口产品质量提升，但是对于技术密集型行业并不显著。按照企业的固定资产与从业人员划分的大型企业和小型企业，发现企业对外直接投资可以有效地促进大型企业出口产品质量的提升。按照企业从事的贸易类型进行划分，企业对外直接投资可以促进混合贸易的出口产品质量，由于加工贸易企业从事简单的出口加工，对加工贸易企业的出口产品质量具有抑制作用的。微观产品层面，按照 BEC 编码进行分类，对外直接投资有效地促进中间品的出口质量的提升，说明中国深入融入全球价值链的分工体系，从原来进口中间品从事简单加工贸易转变为出口高质量的中间投入品。按照企业不同产品的贸易额进行划分核心产品与中心产品，企业对外直接投资对核心产品质量的促进作用最为明显。

在机制考察的实证分析中可以看出，企业对外直接投资通过进口高质量的中间投入品，逆向提升企业的全要素生产率促进出口产品质量的提升。虽然，企业对外直接投资对企业加成率有抑制作用，但是企业通过产业升级，技术调整改善企业资源的配置效率，促进企业核心产品竞争力的提升，总体上促进企业出口产品质量的提升。

因此，政府应该积极引导企业实行"走出去"的战略提升企业出口产品质量。首先，政府一方面应引导企业对发达国家的进行投资，因为发达国家有先进的技术水平和高效的管理经验，企业通过对外直接投资学习到这些技术管理水平逆向促进母国企业的发展。另一方面建立高效的自由贸易协议促进要素的自由流通，促进出口产品质量的发展。其次，协调区域发展，以构建以国内大循环为主体，国内国际双循环的新发展格局。坚持开放战略不动摇，以国内的市场开展国内的大循环。加强区域化的分工与合作，第一个层次，建设集群分工，长板合作的长三角区域内循环产业链。第二个层次，构建长三角与长江经济带及中西部地区的东西互动型大循环产业链。第三个层次，构建长三角与"一带一路"等海外市场多元联动的国际大循环产业链。促进东中西要素的自由流动，协调促进总体的企业出口产品质量提升。最后，企业在参与国际竞争时，应该重点培养企业各自的核心产品，形成企业的技术优势，通过规模经济减少生产成本，获得竞争优势，抵御国际市场风险。同时，核心产品可以获得更高的利润，促进制造业企业服务化转型，形成企业品牌优势，提升企业的加成率，有效降低企业对外直接投资对于企业加成率的抑制作用，实现中国出口企业由"量"到"质"的转变。

参考文献

[1] 陈菲琼，钟芳芳，陈珧. 中国对外直接投资与技术创新研究 [J]. 浙江大学学报（人文社会科学版），2013，43（4）：170 – 181.

[2] 陈东杰，孟祺. 对外直接投资与出口产品质量提升——基于2000~2017年的面板数据研究 [J]. 现代管理科学，2018（7）：15 – 17.

[3] 杜威剑，李梦洁. 对外直接投资会提高企业出口产品质量吗——基于倾向得分匹配的变权估计 [J]. 国际贸易问题，2015（8）：112 – 122.

[4] 樊海潮,郭光远. 出口价格、出口质量与生产率间的关系:中国的证据[J]. 世界经济,2015,38(2):58-85.

[5] 冯君. 前11月我国对外进出口再创佳绩[J]. 中国招标,2017(50):15-16.

[6] 封肖云. 中国OFDI影响出口的质量效应与成本效应研究——基于异质性产品价格分解模型[J]. 贵州财经大学学报,2019(3):12-22.

[7] 樊海潮,李亚波,张丽娜. 进口产品种类、质量与企业出口产品价格[J]. 世界经济,2020,43(5):97-121.

[8] 刘啟仁,铁瑛. 企业雇佣结构、中间投入与出口产品质量变动之谜[J]. 管理世界,2020,36(3):1-23.

[9] 蒋冠宏,蒋殿春,蒋昕桐. 我国技术研发型外向FDI的"生产率效应"——来自工业企业的证据[J]. 管理世界,2013(9):44-54.

[10] 景光正,李平. OFDI是否提升了中国的出口产品质量[J]. 国际贸易问题,2016(8):131-142.

[11] 孔祥贞,覃彬雍,刘梓轩. 融资约束与中国制造业企业出口产品质量升级[J]. 世界经济研究,2020(4):17-29,135.

[12] 刘晴,史青,徐蕾. 混合贸易企业形成机制及选择行为分析——基于异质性企业贸易理论的视角[J]. 财经研究,2013,39(6):28-38.

[13] 鲁晓东,连玉君. 中国工业企业全要素生产率估计:1999—2007[J]. 经济学(季刊),2012,11(2):541-558.

[14] 李胜旗,徐卫章. 我国制造业出口企业产品种类对企业加成率的影响研究[J]. 经济问题探索,2016(9):101-109.

[15] 刘宏,刘玉伟,张佳. 对外直接投资、创新与出口产品质量升级——基于中国微观企业的实证研究[J]. 国际商务(对外经济贸易大学学报),2020(3):100-114.

[16] 李夏玲,殷凤,王志华. 对外直接投资对母国全要素生产率的影响[J]. 统计与决策,2020,36(7):113-117.

[17] 毛其淋,许家云. 中国对外直接投资如何影响了企业加成率:事实与机制[J]. 世界经济,2016,39(6):77-99.

[18] 毛其淋. 贸易政策不确定性是否影响了中国企业进口?[J]. 经济研究,2020,55(2):148-164.

[19] 沈国兵,于欢. 中国企业出口产品质量的提升:中间品进口抑或资本品进口[J]. 世界经济研究,2019(12):31-46,131-132.

[20] 施炳展, 邵文波. 中国企业出口产品质量测算及其决定因素——培育出口竞争新优势的微观视角 [J]. 管理世界, 2014 (9): 90-106.

[21] 苏锦红, 兰宜生, 夏怡然. 异质性企业全要素生产率与要素配置效率——基于1999~2007年中国制造业企业微观数据的实证分析 [J]. 世界经济研究, 2015 (11): 109-117, 129.

[22] 吴国杰. 开放经济条件下中国创新驱动研究 [D]. 杭州: 浙江大学, 2017.

[23] 王明益, 戚建梅. 我国出口产品质量升级: 基于劳动力价格扭曲的视角 [J]. 经济学动态, 2017 (1): 77-91.

[24] 许家云, 毛其淋, 胡鞍钢. 中间品进口与企业出口产品质量升级: 基于中国证据的研究 [J]. 世界经济, 2017, 40 (3): 52-75.

[25] 许明, 李逸飞. 最低工资政策、成本不完全传递与多产品加成率调整 [J]. 经济研究, 2020, 55 (4): 167-183.

[26] 尹东东, 张建清. 我国对外直接投资逆向技术溢出效应研究——基于吸收能力视角的实证分析 [J]. 国际贸易问题, 2016 (1): 109-120.

[27] 余淼杰, 金洋, 张睿. 工业企业产能利用率衡量与生产率估算 [J]. 经济研究, 2018, 53 (5): 56-71.

[28] 杨勇, 刘思婕, 陈艳艳. "FTA战略"是否提升了中国的出口产品质量? [J]. 世界经济研究, 2020 (10): 63-75, 136.

[29] 张杰, 郑文平, 翟福昕. 中国出口产品质量得到提升了么? [J]. 经济研究, 2014, 49 (10): 46-59.

[30] 张凌霄, 王明益. 企业对外投资动机与母国出口产品质量升级 [J]. 山东社会科学, 2016 (9): 116-121.

[31] 张洋. 政府补贴提高了中国制造业企业出口产品质量吗 [J]. 国际贸易问题, 2017 (4): 27-37.

[32] 诸竹君, 黄先海, 王煌. 产品创新提升了出口企业加成率吗 [J]. 国际贸易问题, 2017 (7): 17-26.

[33] Antoniades A. Heterogeneous Firms, Quality, and Trade [J]. Journal of International Economics, 2015, 95 (2): 263-273.

[34] Branstetter L. Is foreign direct investment a channel of knowledge spillovers? Evidence from Japan's FDI in the United States [J]. Journal of International Economics, 2006, 68 (2): 325-344.

[35] Bastos P, Silva J. The quality of a firm's exports: Where you export to

matters [J]. Discussion Papers, 2010, 82 (2): 99 - 111.

[36] Brandt L, Biesebroeck J V, Zhang Y. Creative Accounting or Creative Destruction? Firm - level Productivity Growth in Chinese Manufacturing [J]. Journal of Development Economics, 2012, 97 (2): 339 - 351.

[37] Broda C, Greenfield J, Weinstein D E. "From Groundnuts to Globalization: A Structural Estimate of Trade and Growth," Working Paper. 2013.

[38] Bas M, Strauss - Kahn V. Input - trade liberalization, export prices and quality upgrading [J]. Journal of International Economics, 2015, 95.

[39] Domowitz I, Hubbard R G, Petersen B C. Market Structure and the Cyclical Fluctuations in U. S [J]. Review of Economics & Statistics, 1988, 70 (1): 55 - 66.

[40] Driffield N L, Love J H. Foreign Direct Investment, Technology Sourcing and Reverse Spillovers [J]. Manchester School, 2010, 71 (6): 659 - 672.

[41] Fernandes A M, Paunov C. Does trade stimulate product quality upgrading? [J]. Canadian Journal of Economics, 2013, 46 (4): 1232 - 1264.

[42] Grossman G M, Helpman E. Innovation and Growth in the Global Economy [J]. Mit Press Books, 1993, 1 (2): 323 - 324.

[43] Goldberg P K, Khandelwal A, Pavcnik N et al Imported Intermediate Inputs and Domestic Product Growth: Evidence from India [J]. Quarterly Journal of Economics, 2010, 125 (4): 1727 - 1767.

[44] Heckman J J, Ichimura H, Todd P. Matching As an Econometric Evaluation Estimator [J]. Review of Economic Studies, 1998 (2): 261 - 294.

[45] Herzer, Dierk. Outward FDI and economic growth [J]. Journal of Economic Studies, 2010, 37 (5): 476 - 494.

[46] Johnson R C. Trade and prices with heterogeneous firms - ScienceDirect [J]. Journal of International Economics, 2012, 86 (1): 43 - 56.

[47] Khandelwal, A, K. Schott and S. Wei. Trade Liberalization and Embedded Institutional Reform: Evidence from Chinese Exporters [J]. Social Science Electronic Publishing, 2011, 103 (6): 2169 - 2195.

[48] Melitz M J. The Impact of Trade on Inter - industry Reallocations and Aggregate Industry Productivity [J]. Econometrica, 2003, 71 (6): 1695 - 1725.

[49] Olley G S, Pakes A. The Dynamics of Productivity in the Telecommunications Equipment Industry [J]. Social Science Electronic Publishing, 1996, 64

(6): 1263 - 1297.

[50] Petrin L A. Estimating Production Functions Using Inputs to Control for Unobservables [J]. The Review of Economic Studies, 2003, 70 (2): 317 - 341.

[51] Tirole J., The Theory of Industrial Organization [M]. Cambridge, Mass: MIT Press, 1988.

[52] Vahter P, Masso J. Home Versus Host Country Effects of FDI: Searching for New Evidence of Productivity Spillovers [J]. Social Science Electronic Publishing, 2006, 53 (2): 165 - 196.

[53] Yang S F, Chen K M, Huang T H. Outward foreign direct investment and technical efficiency: Evidence from Taiwan's manufacturing firms [J]. Journal of Asian Economics, 2013, 27: 7 - 17.

我国数字产业高质量发展研究

——基于 BvD – Osiris 全球上市公司数据库的比较分析

郭　凛　吴布儿*

摘　要：本文基于 BvD – Osiris 全球上市公司数据库企业层面的微观数据，通过数字产业与传统产业的比较分析，从结构特征、竞争格局与发展指标三个方面入手，量化测度全球数字产业的发展质量，并对标全球数字产业发展态势，定位我国数字产业发展质量。研究发现，全球数字产业具有典型的产业集聚特征，我国已成为全球数字产业超级大国；全球数字产业形成"三足鼎立"的格局，我国地位重要但受到美国的制衡；全球数字产业高质量发展优于传统产业，我国数字产业体现出发展韧性；中美德数字产业具有异质性质量优势，我国的突出亮点在于资源利用水平，创新能力有待加强。本文建议推进实体经济数字化转型，培育数字经济产业集群，着力提升数字产业竞争能力，深化数字经济开放合作。

关键词：数字产业；高质量发展；竞争格局

一、引言

当今世界，全球科技创新呈现指数级、爆发式增长，产业集成融合加速数字化、智能化转型。作为一种新型经济形态，数字经济重塑了国民经济的生产方式、产业结构与治理体系，为国民经济提供了更加高效、协同的运行模式，世界各国也纷纷开展数字产业发展战略布局，以抢占数字经济时代的至高话语权。因此，增强我国数字产业的发展质量、培育现代化数字产业生态系统，将成为数字经济时代产业转型升级、实现经济高质量发展的关键抓手。

---

* 作者简介：郭凛（1980～　）女，武汉大学经济与管理学院副教授，硕士生导师，研究方向为世界经济；吴布儿（1998～　），女，武汉大学本科生。

当前文献多基于国别或区域层面对数字产业的发展质量进行规范性分析，基于微观企业对比数字产业与传统产业的定量研究偏少。本文基于 BvD – Osiris 全球上市公司数据库中数字产业与传统产业的企业微观数据，从三方面进行比较分析：一是通过统计分析刻画全球数字产业发展质量的产业特征，刻画数字企业国别地区分布、行业门类结构和主要业务布局；二是运用社会网络分析法构建全球数字产业网络关系图，展现全球数字产业发展质量的竞争格局；三是通过综合评价指标动态测度数字产业的发展质量及演变过程。本文基于产业结构特征、产业竞争格局与产业发展指标三个方面测度全球数字产业的发展质量，从而为我国数字产业高质量发展提供全球定位和靶向路径的具体策略。

二、文献评述

现有文献关于产业发展质量的研究以传统产业居多，侧重传统产业的产品质量、产业增长、国际竞争力等。例如，刘伟丽和陈勇（2012）基于坎德尔瓦尔（Khandelwal）国际贸易产品质量模型，构建了中国制造业的产品质量阶梯和产业质量阶梯，以反映测算产业内各行业质量的相对大小；胡树华（2012）基于产业的国际竞争力、自主创新力和效益贡献力三大层面构建了产业发展水平的"三力"评价模型，并以钢铁、汽车、石化等七大重点产业为例予以实证诊断；康红祥等（2019）依据制造业发展质量系统和国际竞争力系统评价测度了制造业的综合发展质量，并通过构建互动指标和耦合模型，对2001～2016年我国制造业的发展质量进行实证分析；付晨玉和杨艳琳（2020）根据新发展理论构建产业发展质量评价指标体系，利用1997～2016年全国和30个省份的工业数据及35个二位码工业行业数据对我国工业化进程中的产业发展质量进行总体测度。此外，产业发展质量相关研究文献亦对工业、制造业、服务业、高端产业、战略性新兴产业、高技术产业等具体行业的发展质量进行了综合测度（刘以成，2009；中国电子信息产业发展研究院，2013；陈文锋和刘薇，2016；张智楠，2017；来有为和陈红娜，2017；赵玉林和谷军健，2018；刘伟丽和林玮菡，2018）。现有文献对产业发展质量的动机、规模结构、效益效率等进行了研究，但缺少对于数字产业发展质量的专题研究。

研究我国数字产业发展质量的文献定性研究居多，比如国别区域比较、政策制度创新、细分行业等。例如，任贵生和李一军（2006）从宽带接入的角度对欧盟缩小数字鸿沟的对策措施进行研究，从而为提升我国数字产业的发展质量予以策略借鉴；钟春平等（2017）基于中美比较的视角，通过对中美数字经济发展特征的比较及美国发展经验的介绍,为推进我国数字产业高质量发展建言献策;范恒山(2017)从发展水平、市场活力及资金流入三个层面剖析了我国数字创意产业的发展特征,并基于"四个抓住"和"三个加快"为实现数字创意产业的高质量发展提供政策指引;刘淑春(2019)从技术经济范式透视我国数字经济发展短板,进而构建推演我国数字产业高质量发展的靶向路径与政策供给。以上文献对当前我国数字产业发展的现状、短板及优化路径进行了定性研究,但对数字产业发展质量的定量研究偏少。

对数字产业发展质量的定量研究文献使用了宏观层面的数据。例如,吴翌琳(2019)基于对传统国际竞争力"钻石模型"的延伸拓展,构建国家数字产业竞争力评价指标体系并基于 k – Means 聚类系统评估了全球数字产业竞争格局;周莹(2019)以黑龙江省为例,基于改进的层次分析方法构建数字产业指标评价体系,并对黑龙江省 2013 ~ 2017 年的数字产业指数予以实际测算和对比分析;吴晓怡(2020)综合利用主成分分析法和功效得分法,分别构建了省际、国际数字产业发展测评体系,并基于 2003 ~ 2017 年国内省级面板数据和跨国数据对数字产业的发展水平予以实证测度。窦凯(2020)基于层次分析法构建了中国数字内容产业评价指标体系,并依据灰色关联分析法考察了 2010 ~ 2017 年间 G20 国家数字内容产业的国际竞争力水平。产业质量的微观基础是企业,以上文献通过构建竞争力指标评价体系对数字产业的发展质量予以量化分析,但数据来源基于国别或区域层面,现有文献基于企业层面的微观测算不足。

国内外已经有行业报告针对现有文献的不足,对数字产业发展质量的微观测度进行研究。其中,国外研究以福布斯于 2019 年发布的《全球数字经济 100 强榜》为代表,该榜单选取销售额、利润、资产以及市值四大维度,对《福布斯全球企业 2000 强》榜单中的科技、媒体、数字零售和电信企业进行了综合评分与排序。但是,该研究成果重在评价财富水平,不能有效刻画数字产业发展质量的产业特征和发展路径。国内研究最具代表性的是上海社会科学院《全球数字经济企业竞争力评价研究》系列报告,该报告根据福布斯、财富 500 强榜单圈定其中的数字企业,并根据这些企业在 BvD – Osiris 全球行业分类标准中的行业代码界定数字经济行业,再通过专家评价法构建数字企业竞争力评价指标体系,从而得出 2019 年全球综合竞争力排名前 100 位的数字企业。但是,上述报告没有使用数字产业全样本企业,也没有就数字产业与传统产业进行横向或纵向对比。

综上所述,数字产业质量研究有待从以下方面继续探索,在研究范畴上运用数字产业的时序样本,在研究方法上进行横向和纵向的定量比较分析,在研究层次上基于企业层面的数据评估测算,在研究视角上对比数字产业与传统产业的差异,在研究视野上放眼全球开展对标。鉴于此,本文通过比较数字产业和传统产业分析数字产业发展的特点,通过对全球数字企业的描述统计刻画数字产业发展的结构特征,通过全球数字产业网络关系图展现数字产业发展的竞争格局,并通过综合评价指标测度全球数字产业的发展质量及动态演变,最终通过将我国数字产业发展质量与全球水平对标提出相关政策建议。

三、变量界定与数据来源

(一)变量界定

数字经济发展的典型特征是产业集成和融合,数字经济与传统产业的融合正在逐渐逐步使数字化向越来越多产业渗透,对数字产业的划分是一支快速增加的研究文献。虽然文献中对数字产业的界定因研究背景和研究目的差异有细节上的差异,但本文通过将数字化程度高的产业与几乎未数字化的产业对比,一定程度上突出了数字化对产业质量带来的新变化。因此,本文中,数字产业与传统产业是基于产业数字化程度差异的相对概念,其中数字产业是指完全或主要特征为数字化的产品所对应的行业,传统产业是指完全或主要特征为非数字化的产品所对应的行业。在具体划分方式上,本文综合了目前对产业划分的相关文献。本文对数字产业发展质量的评估测算基于许宪春(2020),以"界定数字经济范围——筛选数字产品——明确数字产业"的步骤界定数字产业;本文结合闫志俊(2017)和赵霄伟(2014)等文献界定传统产业。需要说明的是,除本文界定的数字产业和传统产业之外,亦有部分产业目前产品数字化相对不充分。但是,由于不完全数字化产业难以对不完全数字化产品中不明确的数字化内容作出准确划分,考虑到量化分析对准确性和可靠性的要求,本文仅对以上方式界定数字产业和传统产业进行比较,未考虑不完全数字化产业。数字产业和传统产业的比较能相对显著的剥离数字化对产业质量产生的差异化区别,因此对研究数字产业质量有可行性和针对性。

本文延用许宪春(2020)将数字经济划分为数字化赋权基础设施、数字化媒体、数字化交易以及数字经济交易产品四大版块。在该框架下,本文基于《统计用产品分类目录》筛选数字产品,并在《2017年国民经济行业分类》中明确该产品所在的数字产业编号。为对标国际数据库,本文将《2017年国民经济行业分类》的产业分类标准与《GICS 全球行业分类标准》相匹配，进而确定 GICS 全球行业分类标准下的数字产业编号体系。最后，本文从 BvD - Osiris 全球上市公司数据库中筛选符合上述产业编号的全球上市公司，作为全球数字产业的企业样本。数字产业行业分类标准详见表 1。本文传统产业延用闫志俊（2017）和赵霄伟（2014）的界定，主要涵盖了以农副食品加工业、纺织业、金属制品业、工艺品制造业等为代表的传统制造业，以及以商贸业、餐饮业、住宿业、旅游业等为代表的传统服务业。传统产业行业分类标准详见表 2。

表 1　　　　　　　　　　数字产业行业分类标准对照表

数字经济		GB/T 4754 - 2017		GICS 全球行业分类标准
数字化赋权基础设施 核心构成：计算机硬件、软件、电信设备	电信设备与服务	I - 信息传输、软件和信息技术服务业	电信业务	501010 综合电信业务 501020 无线电信业务
	计算机软件	I - 63 电信、广播电视和卫星传输服务 I - 64 互联网和相关服务 * I - 65 软件和信息技术服务业 *	软件与服务	451010 互联网软件与服务 451020 信息科技服务 451030 软件
	计算机硬件	C - 制造业 C - 39 计算机、通信和其他电子设备制造业	技术硬件与设备	452010 通信设备 452020 电脑与外围设备 452030 电子设备与仪器 452040 办公电子设备 452050 半导体设备与产品
数字化媒体 核心构成：直接销售型数字媒体、免费数字媒体、大数据数字媒体	互联网发行与出版	R - 86 新闻和出版业 R - 8624 音像制品出版 R - 8625 电子出版物出版 R - 8626 数字出版	媒体	25401010 广告 25401020 广播与有线电视 25401030 电影与娱乐 25401040 出版
	互联网广播	R - 87 广播、电视、电影和录音制作业 R - 8710 广播 R - 8720 电视 R - 8740 广播电视集成播控 R - 8750 电影和广播电视节目发行		
	流量与下载	R - 87 广播、电视、电影和录音制作业 R - 8730 影视节目制作 R - 8760 电影放映 R - 8770 录音制作		

续表

数字经济		GB/T 4754-2017		GICS 全球行业分类标准
数字化媒体 核心构成： 直接销售型 数字媒体、 免费数字媒 体、大数据 数字媒体	相关支持 服务	I-64 互联网和相关服务* I-6421 互联网搜索服务* I-6422 互联网游戏服务* I-6429 互联网其他信息服务* I-6490 其他互联网服务* I-65 软件和信息技术服务业* I-6531 信息系统集成服务* I-6550 信息处理和储存支持 服务*	媒体	25401010 广告 25401020 广播与有线电视 25401030 电影与娱乐 25401040 出版
数字化交易 核心构成： 数字订购、 平台实现与 数字传递	B2B 批发	F-51 批发业 5193 互联网批发 5181 贸易代理	互联网与 售货目录 零售	25502020 互联网零售
	B2C 零售	F-52 零售业 5292 互联网零售		

注：
① *表示该行业存在多种数字经济要素划分方式，如I-64互联网和相关服务业既涵盖数字化赋权基础设施类要素的内容，又具有数字化媒体类要素的特征，未免重复计算，表1根据与其各要素所含内容的相对贴进度进行归类，其余*产业处理相同。
② 相关支持服务中的各小类同时包含在数字化赋权基础设施和数字化媒体中，按照BEA的处理方法，它们在数字化赋权基础设施和数字化媒体两者间的份额分别是90%和10%；
③ 生产数字化产品的产业与数字化赋权基础设施产业存在较大的重合。为避免重复计算未单列生产数字经济产品的产业分类，而是认为其增加值已经包含在了数字化赋权基础设施产业的增加值之中。
资料来源：作者根据《2017年国民经济行业分类》与《GICS全球行业分类标准》整理。

表2　　　　　　　　　传统产业行业分类标准

所属大类	行业类别	行业组	行业	子行业
传统制造业	15 原材料	1510 原材料	151010 化学制品	15101010 商品化工 15101020 各样化学制品 15101030 化肥与农用药剂 15101040 工业气体 15101050 特种化学制品
			151020 建筑材料	15102010 建筑材料
			151030 容器与包装	15103010 金属与玻璃容器 15103020 纸包装

续表

所属大类	行业类别	行业组	行业	子行业
传统制造业	15 原材料	1510 原材料	151040 金属与采矿	15104010 铝 15104020 多种金属与采矿 15104030 黄金 15104040 贵重金属与矿石 15104050 钢铁
			151050 纸产品与林产品	15105010 林产品 15105020 纸制品
	25 消费者相机选购品	2510 汽车与汽车零部件	251010 汽车零配件	25101010 机动车零配件与设备 25101020 轮胎与橡胶
		2520 耐用消费品与服装	252010 家庭用耐用消费品	25201010 消费电子产品 25201020 家庭装饰品 25201030 住宅建筑 25201040 家用电器 25201050 家用电器与特殊消费品
			252030 纺织品、服装与奢侈品	25203010 服装、服饰与奢侈品 25203020 鞋类 25203030 纺织品
	30 日常消费品	3020 食品、饮料与烟草	302010 饮料	30201010 啤酒酿造商 30201020 酿酒商与葡萄酒商 30201030 软饮料
			302020 食品	30202010 农产品 30202020 肉类、禽类与鱼类 30202030 包装食品与肉类
			302030 烟草	30203010 烟草
		3030 家庭与个人用品	303010 家常用品	30301010 家常用品
			303020 个人用品	30302010 个人用品
传统服务业	25 消费者相机选购品	2530 酒店、餐馆与休闲	253010 酒店、餐厅和休闲	25301010 赌场和游戏 25301020 酒店、度假村和邮轮公司 25301030 休闲设施 25301040 餐馆
		2550 零售业	255030 多元化零售	25503010 百货商店 25503020 综合货品商店
			255040 专营零售	25504010 服装零售 25504020 电脑与电子产品零售 25504030 家庭装潢零售 25504040 专卖店

续表

所属大类	行业类别	行业组	行业	子行业
传统服务业	30 日常消费品	3010 食品与主要用品零售	301010 食品与主要用品零售	30101010 药品零售 30101020 食品分销商 30101030 食品零售 30101040 大卖场与超市

资料来源：作者根据《GICS全球行业分类标准》整理。

（二）数据来源

BvD – Osiris 数据库研究全球125个国家的证券交易所全部72 652家上市公司的大型专业财务分析库（含中国深/沪及海外上市公司数据）。根据表1和表2对于数字产业和传统产业的行业分类标准代码，BvD – Osiris 全球上市企业数据库共有7 342家数字企业、14 769家传统企业。本文以上述企业为研究对象，以 Osiris-Financial Data-Global Detailed Format 子数据库与 Osiris-Global Ratios 子数据库为主要数据来源，收集汇总2016～2020年数字企业和传统企业关于国别地区分布、所属行业门类、主要活动类型、主要制造商所在国、主要经销商所在国、主要业务代表所在国、主要客户所在国等方面的公司基础信息，以及关于总资产、净利润、研发支出、净资产收益率、存货周转率、主营业务收入增长率、市盈率、员工工资、社会性支出、增值税、销售税、所得税等方面的微观财务数据。

四、全球数字产业发展的结构特征与我国数字产业发展机遇

（一）数字产业与传统产业的国别（地区）分布对比

数字产业明显具有地域集聚性。由图1可知，2020年我国数字企业数量在全球具有明显优势，中国和美国是数字企业最多的国家。其中，美国的数字企业高达1 233家，占数字企业总数的17%；中国有985家，占比13%；中国台湾地区有759家，占比达10%。其余数字经济企业数排前十的国家（地区）分别为日本、韩国、印度、开曼群岛、澳大利亚、英国与加拿大，仅这十个国家（地区）就囊括了全球数字企业总数的75%。

产业质量研究

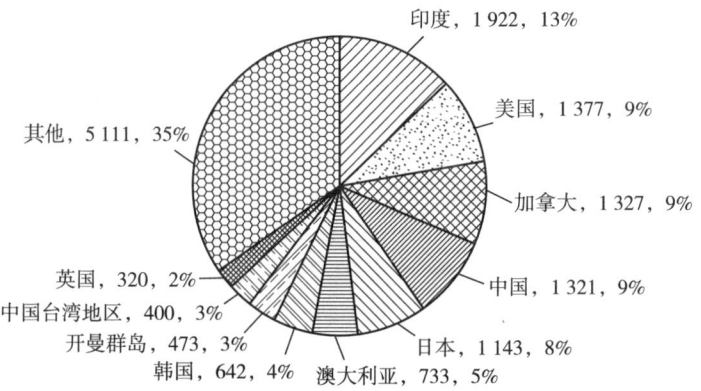

图1　2020年全球数字企业所在国别（地区）分布（N=7 342）

资料来源：作者根据 BvD–Osiris 数据自行绘制。

数字产业的集聚性甚至比传统产业更强。图2展示了2020年传统企业的国别（地区）分布情况，印度（1 922家，占比13%）、中国（1 721家，占比12%）分列传统经济规模前两名，其余传统企业数量排名前十的国家（地区）依次为美国、加拿大、日本、澳大利亚、韩国、开曼群岛、英国。

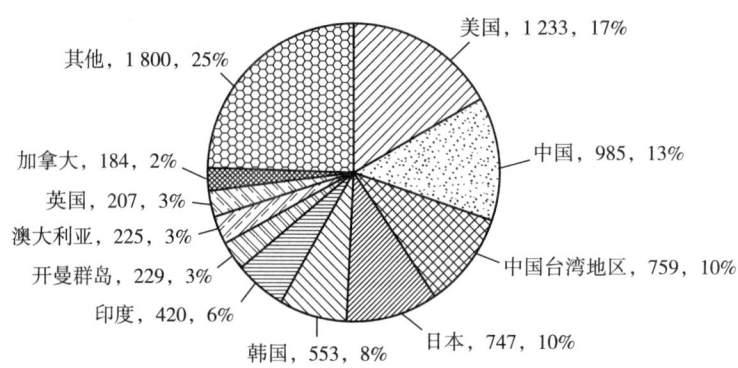

图2　2020年全球传统企业所在国别（地区）分布（N=14 769）

资料来源：作者根据 BvD–Osiris 数据自行绘制。

对比数字产业与传统产业的国别（地区）分布情况发现，全球数字产业的国别（地区）分布更加集中，全球数字经济整体呈现"两超多强"的竞争格局。我国和少数发达国家共同成为数字产业发展高地。

（二）数字产业与传统产业的行业分布对比

数字产业的行业集聚性特点也很突出。由图3可知，2020年数字企业主要分布在10大行业中，其中应用软件业的企业数量最多，达1 018家，占比14%；信息科技咨询与其他服务业占比次之，共有726家，占比为10%；第三至五位的数字行业依次为：共有646家数字企业（占比9%）的电子设备业，共有608家数字企业（占比8%）的电子元件业以及共有510家数字企业（占比7%）的半导体产品制造业。

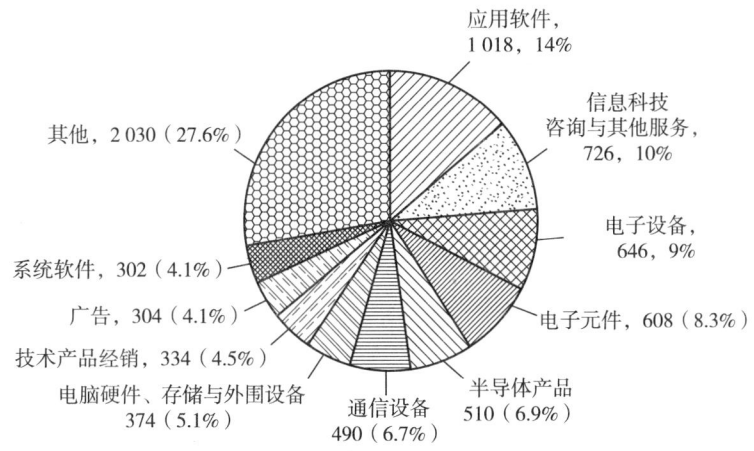

图3　2020年全球数字产业行业分布（N = 14 769）

资料来源：作者根据BvD - Osiris数据自行绘制。

如图4所示，2020年传统产业主要集中于金属采矿业、食品包装业等行业，传统产业的前10大行业中企业数占比约为56%。而数字产业中前10大行业企业数占比超72%，再次证明了全球数字产业的行业分布更具集聚性，且主要集中于"数字化赋权基础设施"这一数字产业板块。

根据中国信息通信研究院《中国数字经济发展白皮书（2020年）》，数字产业化占比逐年下降、产业数字化占比逐年提升是数字经济结构优化升级的必然趋势。当前数字产业行业分布仍以数字产业化相关行业为主，这固然与产业数字化相关行业具有更多的"不完全数字化产品"、进而导致对其的测算划分缺乏完善的数据基础有关，但也提示了未来数字经济发展的行业重心：以智能网联汽车、智能无人机、智能机器人等为代表的制造业融合新业态，以及以移动支付、电子商务、共享经济、平台经济为代表的服务业融合新业态。

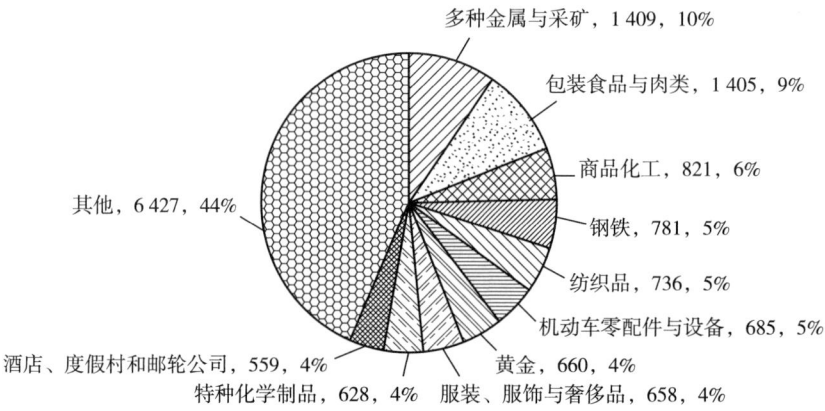

图 4　2020 年全球传统产业行业分布（N = 14 769）

资料来源：作者根据 BvD – Osiris 数据自行绘制。

（三）数字产业和传统产业的业务类型对比

除了国别（地区）分布和行业分布的集聚性，数字产业的业务集聚性甚至更加突出。如图 5 所示，2020 年数字企业的主要业务类型中，数字服务占据了绝对重心，7 294 家数字企业（剔除缺失值后）中共有 4 151 家以提供数字服务为主要业务，占比超 50%；以数字产品制造为主要业务的数字企业次之，共有 1 880 家，占比超 23%，二者的占比之和超过 73%。此外，兼具制造、批发、零售与服务的数字企业规模亦不容小觑，这部分企业的存在进一步印证了数字经济的融合性、综合性与渗透性。鉴于数字企业多以数字制造或数字服务作为主要活动，本文在第六部分将对数字企业与传统制造业、传统服务

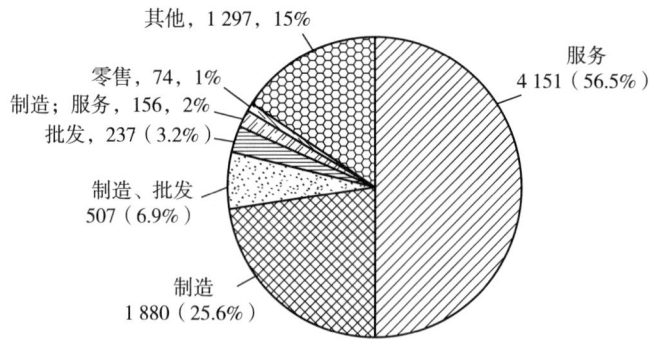

图 5　2020 年全球数字产业主要业务分布（N = 7 342）

资料来源：作者根据 BvD – Osiris 数据自行绘制。

业的发展质量进行指标评估与动态对比分析,用以说明数字产业相较于传统产业的发展现状、竞争优势及演变趋势。

五、全球数字产业发展的竞争格局与我国数字产业发展挑战

数字企业国际业务往来也是产业质量的重要组成部分。本章基于业务往来密集度的视角,运用社会网络分析法,以 2020 年数字企业数量名列前 30 的国家[①]为研究对象,根据数字企业的主要制造商、主要经销商、主要业务代表及主要客户所在国家或地区,将一国(地区)与其最大的数字经济伙伴用直线连接,箭头所指国家(地区)为该国(地区)最大的数字经济业务伙伴。2020 年全球数字经济网络详见图 6,反映了各国(地区)之间的数字经济关联密集度,用于判断全球数字经济网络的中心节点国家和边缘从属国家,以及数字经济网络对现有全球贸易、消费和生产格局的影响。

2020 年全球数字经济形成了以美国、中国为中心、德国为次中心的"北美—亚洲—欧洲"三足鼎立的经济结构。其中,美国是北美、澳洲以及大部分亚洲发达国家最大的数字经济业务伙伴(例如加拿大、澳大利亚、日本);中国是大部分发展中亚洲、非洲、欧洲经济体(例如泰国、南非、俄罗斯)及少部分发达亚洲经济体(例如韩国、新加坡、中国港台地区)最大的数字经济业务伙伴;欧洲国家主要的数字经济业务伙伴为德国、美国、中国。美国、中国在各自所处区域的数字经济网络中均处于中心节点位置,且中美两国互为最大的数字经济业务伙伴。德国在所处区域的数字经济网络中位于仅次美中的次中心节点位置。

鞠建东(2020)基于全球贸易、消费和生产等维度的网络关联分析密集度,也发现了以美国、中国和德国为中心节点的"北美—亚洲—欧洲"三足鼎立的格局。从全球经济整体来看,美国和中国的中心节点地位呈现出明显的此消彼长的趋势。然而,图 6 中数字经济企业的业务伙伴网络显著削弱了中国

---

① 这 30 个国家(地区)分别为:美国(1 233)、中国大陆(985)、台湾地区(759)、日本(747)、韩国(553)、印度(420)、澳大利亚(225)、英国(207)、加拿大(184)、法国(161)、瑞典(150)、德国(147)、波兰(138)、马来西亚(133)、以色列(84)、泰国(75)、新加坡(67)、意大利(57)、印度尼西亚(43)、芬兰(39)、越南(34)、荷兰(29)、瑞士(29)、南非(28)、希腊(26)、香港地区(25)、挪威(25)、菲律宾(24)、西班牙(24)、俄罗斯(23)。考虑到开曼群岛(229)及百慕大群岛(83)的特殊性和复杂性,数字经济网络测算并未涵盖这两个地区,所选 30 个国家(地区)数字经济企业数达 6 674 家,占比超过 90%,具有典型代表性。括号内为各个国家的数字企业数。

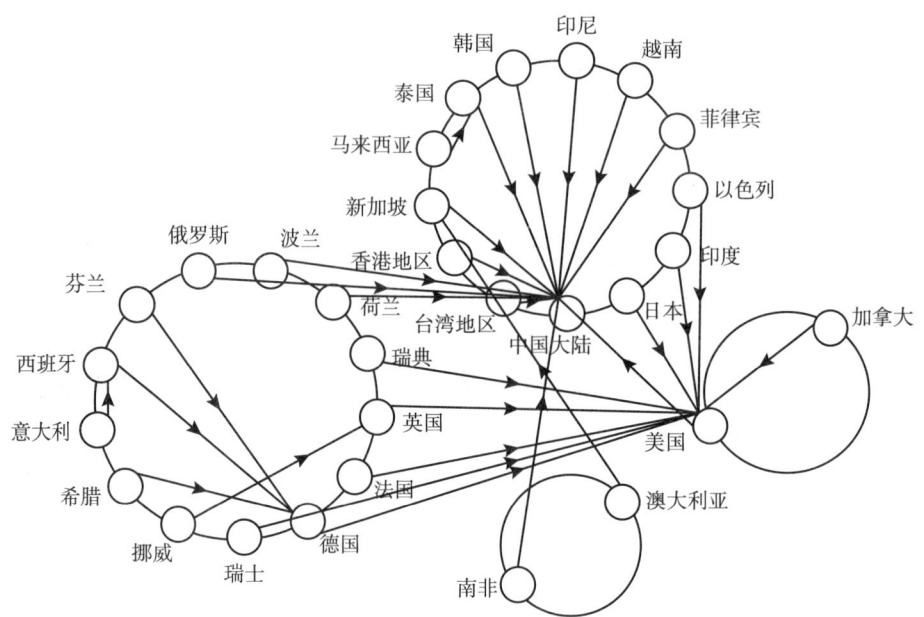

图 6　基于业务往来密集度的 2020 年全球数字经济网络

资料来源：作者根据 BvD – Osiris 数据自行绘制。

作为亚洲中心，以及德国作为欧洲中心的竞争力量与关系联结，美国作为世界科技中心与发达国家网络的核心，目前似乎成为数字经济时代构建全球治理体系的"新霸权"。

当前，全球疫情防控严峻、世界治理失序凸显，全球经济正在步入深度调整与结构再平衡的"新平庸"（new mediocre）状态。知识创新要求构建新的全球治理体系，数字经济将成为新全球化时代下最重要的发展驱动力。中美数字企业在数量上差距逐步缩小，但在全球业务网络密集度方面的差距仍不容忽视。美国在全球数字产业格局中的"新霸权"给中国开启数字经济时代带来了巨大的外部挑战。

六、全球数字产业高质量发展的指标评估与我国数字产业质量评价

数字产业高质量发展内涵丰富，应包括多个维度。本文基于李卫东（2007）企业竞争力评价体系，通过构建综合测度指标，将数字企业与传统企业进行横向和纵向的比较分析，从而评估数字产业发展质量。本文选取创新维度、盈利维度、成长维度、资源利用维度、市场维度及社会贡献维度的多元指标，经过

标准化处理构建企业高质量发展综合评价指标。本文具体选取研发支出作为创新维度的代表性指标，选取净资产收益率作为盈利维度的代表性指标，选取主营业务收入增长率作为成长维度的代表性指标，选取存货周转率作为资源利用维度的代表性指标，选取市盈率作为市场维度的代表性指标，并选取社会贡献率作为社会贡献维度的代表性指标。各指标的定义、计算公式及指标含义详见表3。

表3　　　　　　　　　产业高质量发展指标体系概览

测评维度	代表性指标	计算公式	指标含义
创新维度	研发支出	研发支出指在研究与开发过程中所使用资产的折旧、消耗的原材料、直接参与开发人员的工资及福利费、开发过程中发生的租金以及借款费用等	研发支出是企业发展与核心能力形成的核心驱动力
盈利维度	净资产收益率	$ROE = \dfrac{税后利润}{平均净资产} \times 100\%$	衡量公司运用自有资本的效率，是评价上市公司盈利能力的重要财务指标。ROE越高，企业盈利能力越强
成长维度	主营业务收入增长率	$主营业务收入增长率 = \dfrac{当期主营业务收入}{上期主营业务收入} - 1$	衡量公司的产品生命周期与所处发展阶段。主营业务收入增长率超过10%则处于成长期；在5%~10%之间属于稳定期；低于5%进入衰退期
资源利用维度	存货周转率	$存货周转率 = \dfrac{销货成本}{平均存货余额}$	衡量企业投入生产、存货管理水平、销售收回能力的综合性指标。存货周转率越高，企业存货资产变现能力越强，资源利用能力与运营效率越高
市场维度	市盈率	$市盈率 = \dfrac{股票价格}{每股收益}$	评估股价水平是否合理的指标。市盈率越低、市价相对于股票的盈利能力越低、投资回收期越短、投资风险越小、股票的投资价值越大
社会贡献维度	社会贡献率	社会贡献率 =（工资 + 社会性支出 + 利息支出净额 + 增值税 + 销售税 + 所得税 + 净利润）/ 平均资产总额 × 100%	反映企业对劳动者群体及社会福祉做出的贡献

资料来源：作者根据李卫东（2007）自行编制。

图 7 ~ 图 12 分别刻画了 2016 ~ 2020 年数字产业和传统产业上述六大维度的指标演变情况。数字产业在多个维度表现出高质量的特征。通过比较 2016 ~ 2020 年数字产业和传统产业 6 个维度的变化，数字产业在创新水平、资源利用水平、社会贡献率、市场水平、成长水平等方面都优于传统产业。数字产业盈利水平虽然曾低于传统产业，但 2020 年也开始出现逆转。

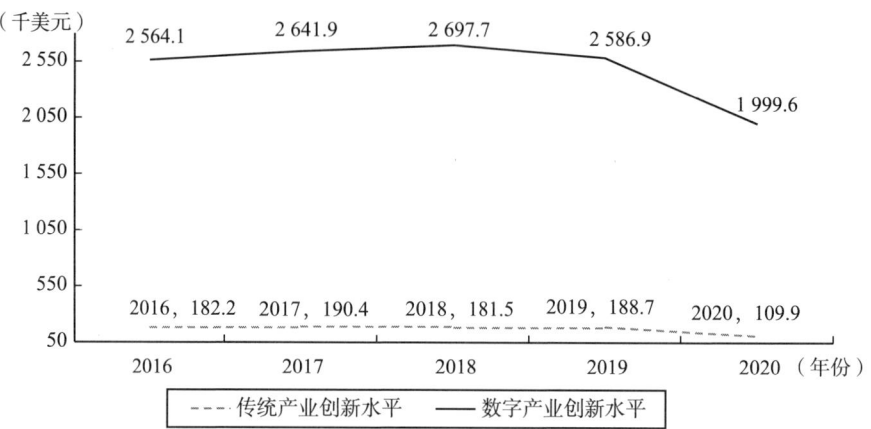

图 7　2016 ~ 2020 年全球数字产业和传统产业创新水平的动态演变

资料来源：作者根据 BvD – Osiris 数据自行绘制。

图 8　2016 ~ 2020 年全球数字产业和传统产业盈利水平的动态演变

资料来源：作者根据 BvD – Osiris 数据自行绘制。

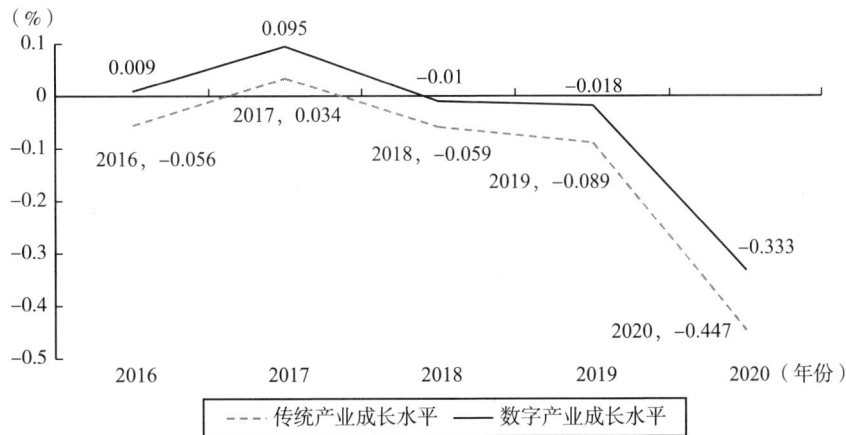

图9　2016~2020年全球数字产业和传统产业成长水平的动态演变

资料来源：作者根据BvD-Osiris数据自行绘制。

图10　2016~2020年全球数字产业和传统产业资源利用水平的动态演变

资料来源：作者根据BvD-Osiris数据自行绘制。

数字产业和传统产业高质量发展的综合指标体系和测评结果详见表4。为突出科技创新对于数字产业的核心驱动作用，本文对创新维度指标赋予25%的权重，而对盈利维度、成长维度、资源利用维度、市场维度及社会贡献维度指标各赋予15%的权重。如表4所示，2016~2020年数字产业高质量发展整体优于传统产业，其中创新水平、成长水平、市场水平及资源利用水平等构筑了数字产业的核心质量优势。

产业质量研究

图 11　2016～2020 年全球数字产业和传统产业市场水平的动态演变

资料来源：作者根据 BvD - Osiris 数据自行绘制。

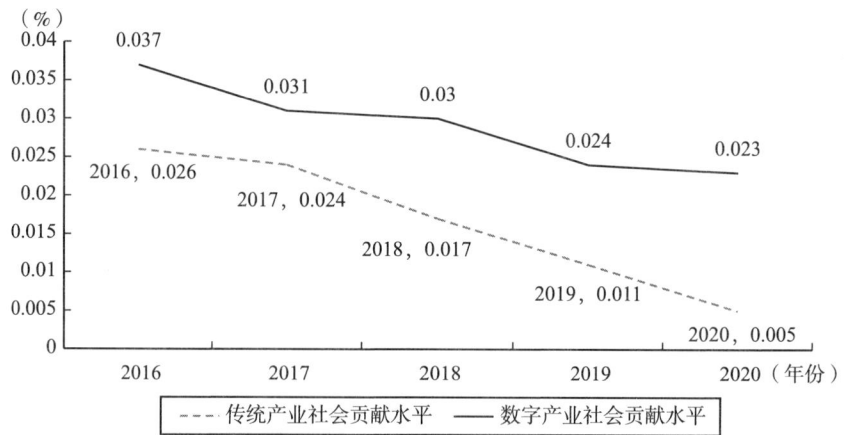

图 12　2016～2020 年全球数字产业和传统产业社会贡献水平的动态演变

资料来源：作者根据 BvD - Osiris 数据自行绘制。

表 4　2016～2020 年全球数字产业和传统产业高质量发展综合指标测评

测评指标	产业类型	2016 年	2017 年	2018 年	2019 年	2020 年
创新维度 R&D（25%）	数字产业	5.842	5.847	5.767	5.737	4.730
	传统产业	2.164	2.276	2.222	2.219	1.457
盈利维度 ROE（15%）	数字产业	68.695	69.831	71.239	73.330	66.777
	传统产业	69.293	70.539	71.655	73.439	65.341
成长维度主营收入增长率（15%）	数字产业	48.117	48.421	54.888	56.674	42.892
	传统产业	45.897	47.043	54.222	54.126	36.524

续表

测评指标	产业类型	2016 年	2017 年	2018 年	2019 年	2020 年
资源利用维度存货周转（15%）	数字产业	11.717	11.242	10.949	11.050	9.694
	传统产业	9.564	9.110	8.852	8.891	8.881
市场维度市盈率（15%）	数字产业	14.901	18.004	17.644	18.055	13.819
	传统产业	13.804	16.435	15.708	14.606	9.728
社会贡献维度社会贡献率（15%）	数字产业	74.825	73.925	73.280	74.596	71.371
	传统产业	75.383	74.654	73.576	74.762	70.651
产业高质量发展综合指标总分	数字产业	**38.087**	**38.555**	**39.283**	**40.481**	**45.540**
	传统产业	36.065	36.670	37.752	38.236	41.402

注：表中 ROE、主营业务增长率、存货周转率、市盈率与社会贡献率均已进行离差标准化和缩尾处理，其中离差标准化公式为：$y_i = \dfrac{x_i - \min\limits_{1 \leq j \leq n}\{x_j\}}{\max\limits_{1 \leq j \leq n}\{x_j\} - \min\limits_{1 \leq j \leq n}\{x_j\}}$；缩尾处理的口径为 5%。

资料来源：作者根据 BvD – Osiris 数据自行编制。

图 13 展示了 2016～2020 年数字产业和传统产业高质量发展综合评分的动态演变。从产业质量动态演变情况来看，2016～2020 年数字产业与传统产业的发展质量呈现出一定的同步性，这体现了数字产业与传统产业交叉渗透、融合共生的发展生态。2020 年，数字产业高质量发展综合评分相较于传统产业发生明显跃迁，体现出后疫情时代下数字产业的韧性。数字产业发展的以上特

图 13　2016～2020 年全球数字产业和传统产业高质量发展评分的动态演变

资料来源：作者根据 BvD – Osiris 数据自行绘制。

性对于应对 UCVA（不确定性、复杂性、动荡性、模糊性）时代的全球性外部冲击、提升宏观经济的稳定性、改善国家治理效率、推进我国经济复苏均具有重要意义。

为分析作为全球数字经济网络中心节点的中国、美国和德国其数字产业发展质量的比较优势及动态竞争，本文基于前文构建的高质量发展综合指标体系，从创新、盈利、成长、资源利用、市场及社会贡献六大维度对 2016~2020 年中国、美国、德国数字产业的发展质量进行测度。表 5 报告了 2016~2020 年中美德数字产业各维度指标得分及综合指标得分，图 14~图 19 分别刻画了 2016~2020 年中美德数字产业基于上述六大维度的指标演变情况。

表 5　2016~2020 年中美德数字产业高质量发展综合指标测评

测评指标	产业类型	2016 年	2017 年	2018 年	2019 年	2020 年
创新维度 R&D（25%）	中国数字产业	6.676	6.363	6.225	6.740	4.654
	美国数字产业	5.307	5.428	5.168	5.057	5.734
	德国数字产业	6.744	6.164	6.082	7.332	6.300
盈利维度 ROE（15%）	中国数字产业	58.064	64.706	68.544	71.417	43.503
	美国数字产业	72.250	72.193	68.939	72.840	71.103
	德国数字产业	61.489	63.871	61.555	60.249	45.851
成长维度主营收入增长率（15%）	中国数字产业	39.888	38.592	46.914	49.178	41.452
	美国数字产业	53.097	49.067	47.903	48.515	54.255
	德国数字产业	37.314	51.669	58.222	63.356	48.913
资源利用维度存货周转（15%）	中国数字产业	13.900	13.291	11.825	16.488	18.275
	美国数字产业	6.981	7.083	7.205	7.028	6.633
	德国数字产业	10.109	11.443	10.596	12.135	9.491
市场维度市盈率（15%）	中国数字产业	13.606	15.175	16.462	14.405	14.814
	美国数字产业	12.898	13.561	13.371	13.144	11.715
	德国数字产业	21.166	21.209	19.215	17.139	17.780
社会贡献维度社会贡献率（15%）	中国数字产业	13.606	15.175	16.462	14.405	14.814
	美国数字产业	12.898	13.561	13.371	13.144	11.715
	德国数字产业	53.469	39.049	34.330	44.341	34.091

续表

测评指标	产业类型	2016 年	2017 年	2018 年	2019 年	2020 年
产业高质量发展综合指标总分	中国数字产业	30.849	32.272	34.797	36.664	40.301
	美国数字产业	44.810	44.855	42.746	44.505	47.335
	德国数字产业	35.557	34.065	33.781	37.720	39.861

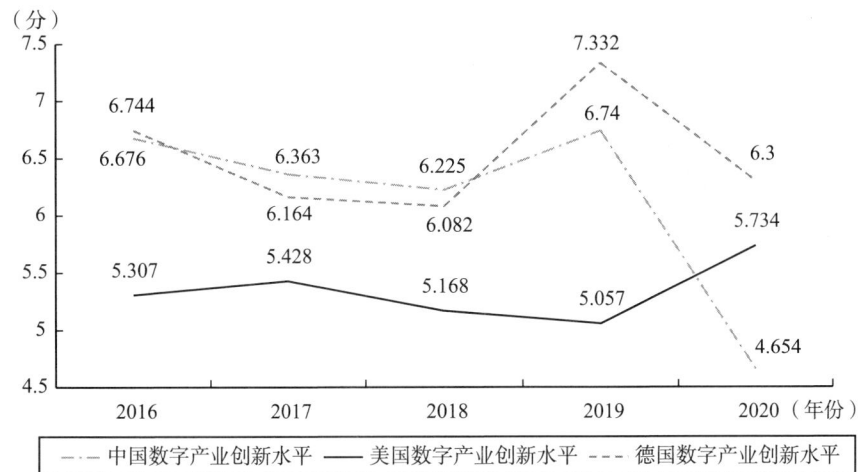

图 14　2016～2020 年中美德数字产业创新水平的动态演变

资料来源：作者根据 BvD‑Osiris 数据自行绘制。

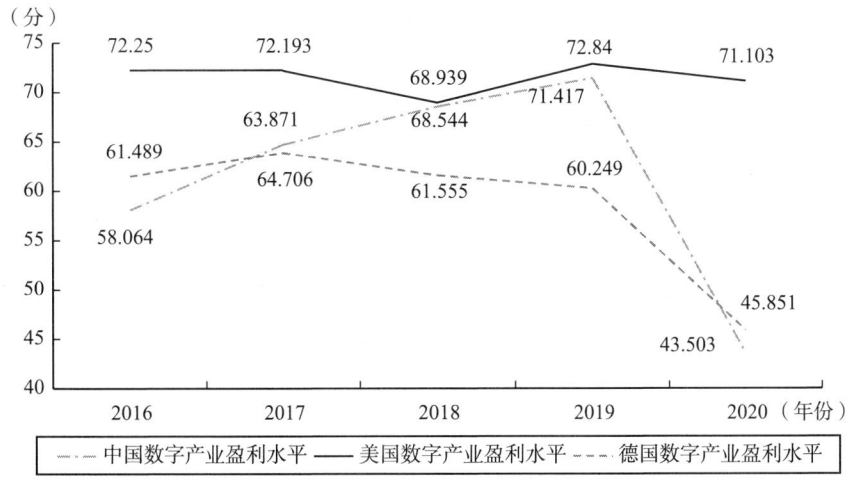

图 15　2016～2020 年中美德数字产业盈利水平的动态演变

资料来源：作者根据 BvD‑Osiris 数据自行绘制。

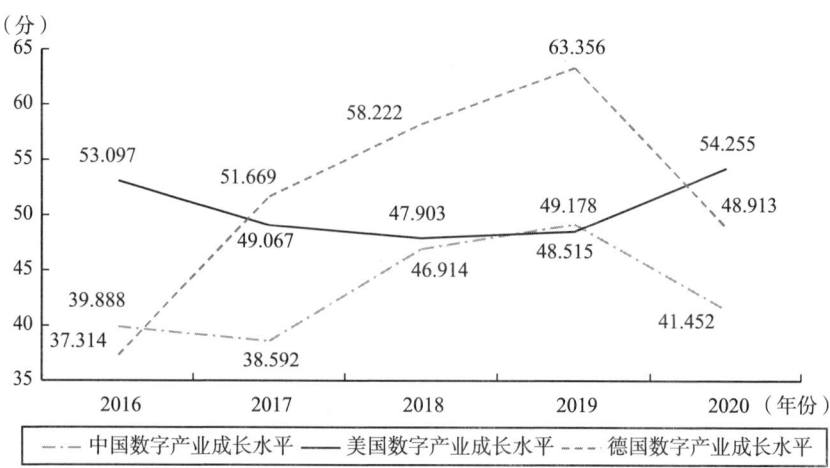

图16 2016~2020年中美德数字产业成长水平的动态演变

资料来源：作者根据 BvD-Osiris 数据自行绘制。

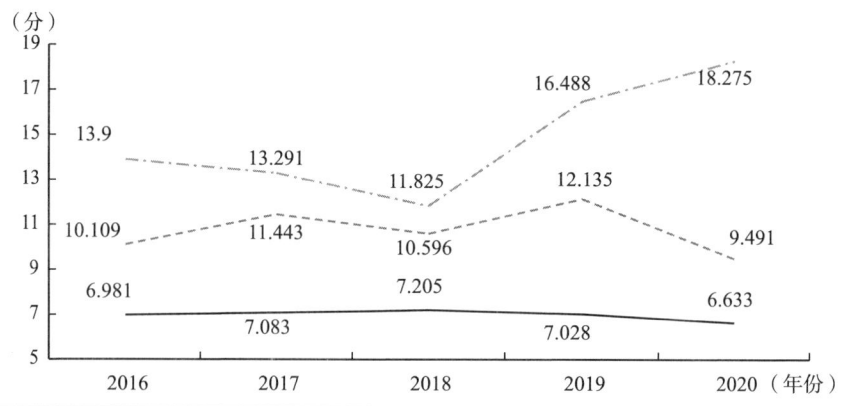

图17 2016~2020年中美德数字产业资源利用水平的动态演变

资料来源：作者根据 BvD-Osiris 数据自行绘制。

整体来看，三个数字中心节点国家具有异质性质量优势。2016~2020年，美国数字产业盈利维度的评分均值为71.465，远高于中国（61.247）和德国（58.603），展现出美国数字产业优异的盈利能力。德国数字产业社会贡献维度的评分均值为41.056，分别是中国的2.76倍、美国的3.17倍，体现出德国数字产业卓越的社会责任担当；同时，德国数字产业在市场维度的评分均值19.302亦高于中国（14.892）和美国（12.938）。我国数字产业的核心竞争优

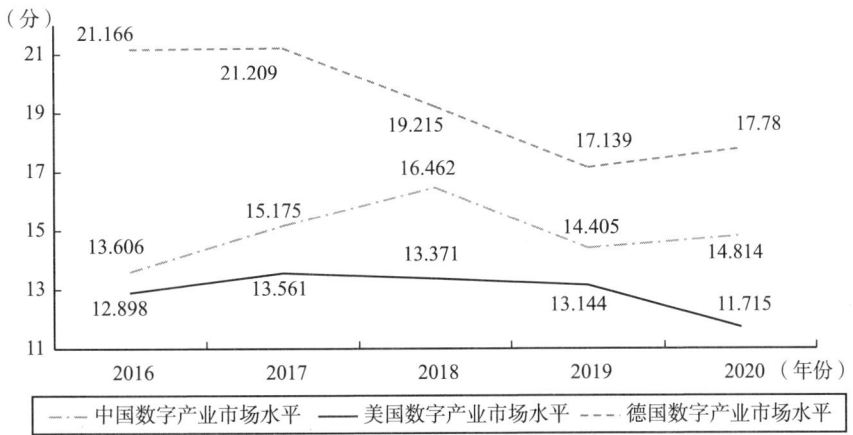

图 18　2016～2020 年中美德数字产业市场水平的动态演变

资料来源：作者根据 BvD – Osiris 数据自行绘制。

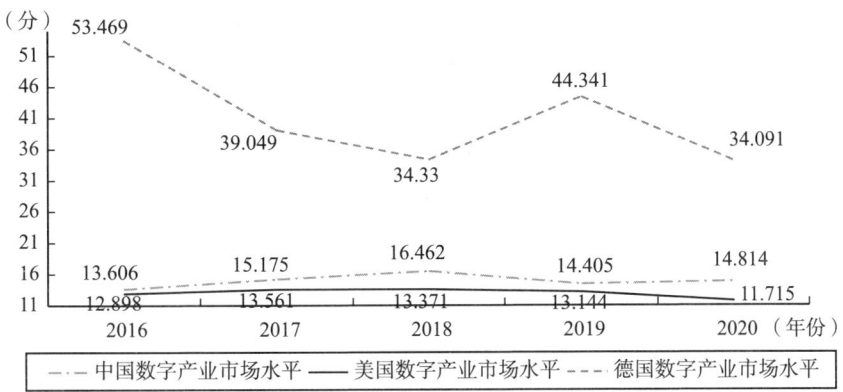

图 19　2016～2020 年中美德数字产业社会贡献水平的动态演变

资料来源：作者根据 BvD – Osiris 数据自行绘制。

势主要体现在资源利用方面，该维度的五年均值为 14.756 分，是美国和德国数字产业该维度评分的 2.11 倍和 1.37 倍。此外，中美德数字产业在创新维度及成长维度的评分均值相差不大，呈现出此消彼长的竞争态势。

图 20 展示了 2016～2020 年中美德数字产业高质量发展综合评分的动态演变。美国数字产业在 2016～2020 年具有显著的质量优势，中国与德国数字产业的发展质量交互攀升，并不断缩减与美国的差距。

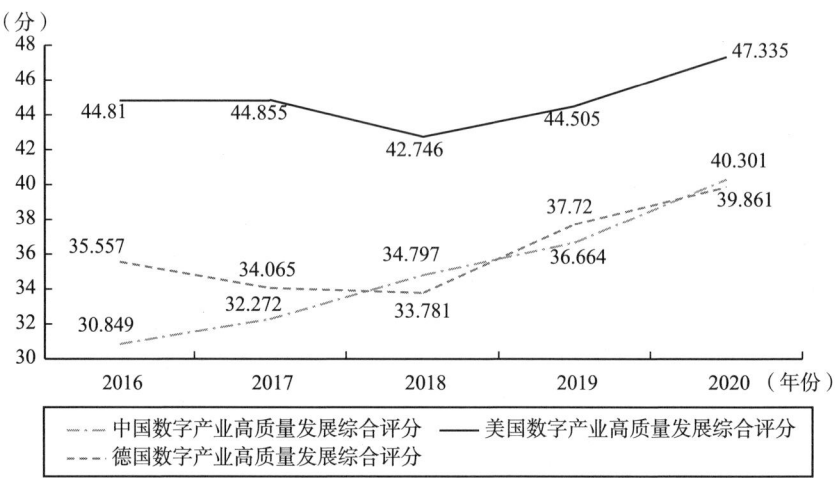

图20　2016~2020年中美德数字产业高质量发展综合评分的动态演变

资料来源：作者根据BvD-Osiris数据自行绘制。

七、结论与建议

（一）结论

本文以BvD-Osiris全球上市公司数据库为主要数据来源，从结构特征、竞争格局、指标测评三方面对数字产业和传统产业进行横向和纵向的比较分析。研究发现：

1. 数字产业具有典型的产业集聚特征，我国已成为数字产业超级大国

全球数字产业整体呈现"两超多强"的竞争格局，中美两国是全球数字产业规模最大的国家。数字产业最主要的行业是"数字化赋权基础设施"。数字服务是数字产业中占比最大的业务，占据了绝对的重心，而兼具制造、批发、零售与服务的数字业务规模亦不容小觑，印证了数字产业的融合性、综合性与渗透性。

2. 全球数字产业形成"三足鼎立"的格局，我国地位重要但受到美国的制衡

全球数字产业正逐渐形成以美国、中国为中心，德国为次中心的"北美—亚洲—欧洲"三足鼎立的格局。但是，相较于全球价值链以美国、德国和中国为中心节点的"北美—亚洲—欧洲"三足鼎立的格局，数字经济企业的业务伙伴网络显著削弱了中国作为亚洲中心，以及德国作为欧洲中心的竞争力量与关系联结，美国具有数字经济时代构建全球治理体系的"新霸权"，明显处于世界科技中心与发达国家网络的核心。

3. 全球数字产业高质量发展优于传统产业，我国数字产业体现出发展韧性

全球数字产业高质量发展总体水平连续 4 年优于传统产业，各维度发展质量也体现相对于传统产业的优势，其中创新、成长及资源利用等维度构筑了数字产业的核心质量优势。2020 年，数字产业综合评分相较于传统产业的跃升尤为突出，体现出后疫情时代下，数字产业比传统产业更具有发展韧性。

4. 中美德数字产业具有异质性质量优势，我国的突出亮点在于资源利用水平

作为全球数字经济网络的三大中心节点，美国在盈利水平方面具有显著优势，中国在资源利用水平方面具有显著优势，德国在市场水平及社会贡献水平方面具有显著优势，而中美德数字产业在创新水平及成长水平方面呈现出你追我赶的竞争态势。

（二）建议

我国已经成为全球屈指可数的数字产业大国，在全球数字产业格局中具有举足轻重的地位。我国数字产业发展应遵循全球数字产业的结构特征，应对全球数字产业格局的竞争挑战，对标数字产业高质量发展的国际水平，在引领全球数字产业质量标准领域积极作为。具体建议如下：

1. 推进实体经济数字化转型

全球数字产业的高质量发展综合水平连续四年优于传统产业，迸发出强大的经济活力与增长动能。因此，我国应推动产业数字化改造，不断推进生产制造、经营管理、市场服务等环节的数字化应用；同时，加快产业数字化升级，针对钢铁、石化、机械等重点行业，制定数字化转型路线图，形成一批可复制、可推广的产业数字化转型系统解决方案。

2. 培育数字经济产业集群

与传统产业的增长范式不同，数字产业依托于大规模协作与实时化联动，具有显著的集聚效应。因此，我国应打造高质量数字化集群，因地制宜推进云计算产业园、大数据交易中心、智能制造示范基地、数字经济先行示范区等数字产业集聚区的建设，并加快重点集群基础设施的数字化改造，培育具有世界竞争力和影响力的数字产业集群。

3. 着力提升数字产业竞争能力

数字产业国际竞争呈现出典型的中美对弈的格局。我国应继续发挥数字产业的市场优势和资源利用效率，着手攻克"卡脖子"瓶颈。一方面，加快突破信息领域核心关键技术，不断提升原始创新能力；另一方面，补齐产业基础短板,引导企业培育数据驱动的新模式新业态,持续完善数字经济的发展战略举措和长效支持机制,从而逐步提升数字产业的成长空间和盈利能力。

4. 深化数字经济开放合作

随着数字产业对传统产业的渗透融合,世界各国将在全球数字网络优势互补、价值共创。一方面,我国应积极参与全球数字产业质量标准的制定,推广数字经济相关技术、产品、服务、规则和共识,深化国际互利共赢;另一方面,我国应深度参与全球数字经济创新合作,推进数字经济技术、标准、园区和人才培养的试点示范,让世界各国平等参与数字产业创新发展进程,共享发展机遇。

参考文献

[1] 窦凯. 中国数字内容产业国际竞争力研究 [D]. 北京:对外经济贸易大学,2020.

[2] 范恒山. 加快发展数字创意产业,培育壮大新动能 [J]. 宏观经济管理,2017(10).

[3] 付晨玉,杨艳琳. 中国工业化进程中的产业发展质量测度与评价 [J]. 数量经济技术经济研究,2020,37(3):3-25.

[4] 胡树华,李增辉,牟仁艳,汪秀婷,李荣. 产业"三力"评价模型与应用 [J]. 中国软科学,2012(5):40-47.

[5] 鞠建东,彭婉,余心玎. "三足鼎立"的新全球化双层治理体系 [J]. 世界经济与政治,2020(9):123-154,159-160.

[6] 蓝庆新,窦凯. 基于"钻石模型"的中国数字贸易国际竞争力实证研究 [J]. 社会科学,2019(3):44-54.

[7] 李京文,甘德安. 建设"数字城市"的内涵、任务与对策 [J]. 中国工业经济,2001(10).

[8] 李卫东. 企业竞争力评价理论与方法研究 [D]. 北京:北京交通大学,2007.

[9] 刘淑春. 中国数字经济高质量发展的靶向路径与政策供给 [J]. 经济学家,2019(6):52-61.

[10] 刘伟丽,陈勇. 中国制造业的产业质量阶梯研究 [J]. 中国工业经济,2012(11).

[11] 刘伟丽,林玮菡. 质量创新与创新质量空间差异及耦合协调研究——基于中国高技术产业的经验分析 [J]. 财经问题研究,2018(6).

[12] 任贵生,李一军. 欧盟缩小数字鸿沟的策略及对我们的启示[J]. 管理世界, 2006 (5).

[13] 上海社会科学院经济研究所. 全球数字经济竞争力发展报告[M]. 北京:社会科学文献出版, 2020.

[14] 唐红祥,张祥祯,吴艳,贺正楚. 中国制造业发展质量与国际竞争力提升研究[J]. 中国软科学, 2019 (2): 128-142.

[15] 吴晓怡,张雅静. 中国数字经济发展现状及国际竞争力[J]. 科研管理, 2020, 41 (5): 250-258.

[16] 吴翌琳. 国家数字竞争力指数构建与国际比较研究[J]. 统计研究, 2019, 36 (11): 14-25.

[17] 徐丽梅. 全球数字经济企业竞争力评价研究[J]. 上海经济, 2020 (3): 77-90.

[18] 许宪春,张美慧. 中国数字经济规模测算研究——基于国际比较的视角[J]. 中国工业经济, 2020 (5): 23-41.

[19] 闫志俊,于津平. 政府补贴与企业全要素生产率——基于新兴产业和传统制造业的对比分析[J]. 产业经济研究, 2017 (1): 1-13.

[20] 赵玉林,谷军健. 中美制造业发展质量的测度与比较研究[J]. 数量经济技术经济研究, 2018 (12).

[21] 中国信息通信研究院. 中国数字经济发展与就业白皮书(2020年)[R]. 中国信息通信研究院, 2020.

[22] 钟春平,刘诚,李勇坚. 中美比较视角下我国数字经济发展的对策建议[J]. 经济纵横, 2017 (4).

[23] 周莹,曲家兴,谷俊涛,冯亚娜. 基于层次分析的区域数字经济指标体系研究——以黑龙江省为例[J]. 产业科技创新, 2019, 1 (20): 7-9.

[24] Forbes. Digital 100 [EB/OL]. http://www.forbeschina.com/lists/1724, 19-10-11.

[25] Measuring the Digital Economy: A New Perspective. OECD. OECD Publishing, 2019.

[26] UNCTAD. Digital Economy Report 2019 | Value Creation and Capture: Implications for Developing Countries [R]. U. N., 2019.

全球价值链下中国轴承产业集群质量升级分析

——以聊城为例*

马中东** 李绍东 孔凡洋

摘　要：本文首先分析了国内外轴承产业集群的发展现状，并从标准、计量、检验检测和认证认可四个方面分析轴承集群的质量基础设施；其次以山东聊城轴承产业集群为例，概述聊城轴承产业集群的发展历程及其在全球价值链中的位置，分析全球价值链下聊城轴承产业集群质量升级存在的问题，最后提出对策建议。

关键词：全球价值链；轴承产业集群；质量升级；聊城

轴承作为工业生产中的核心零部件，应用范围十分广泛，市场需求旺盛，对于最终产品精度和技术水平有重要影响，甚至成为决定某一产业核心竞争力的关键因素。轴承产业集群成为轴承工业发展的主要组织形态，美、欧、日轴承产业集群占据全球价值链的研发、设计、品牌等高附加值环节，中国轴承产业集群位于生产加工低附加值环节，近二十年来，中国轴承产业集群不断加强技术创新，提升轴承钢质量，引进国际先进制造设备，尤其是加强标准、计量、检验检测、认证认可等质量基础设施建设，推进轴承产业集群质量升级，在全球价值链中的地位不断提升。

一、全球价值链下轴承产业集群质量升级文献综述

从全球价值链下产业集群质量升级来看，汉弗雷和施密茨（Humphery &

---

* 基金项目：国家社科基金一般项目：全球价值链视角下产业集群的质量升级路径与对策研究（17BJL007），阶段性成果。

** 作者简介：马中东（1968～　），男，聊城大学商学院（质量学院）教授，研究方向为产业集群与质量管理。

Schmitz，2000）提出全球价值链视角下产业升级要落实的四个具体方面：工艺流程升级、产品升级、产业功能升级和链条升级。张辉（2004）认为产业升级的中心可以包括价值环节内在属性和外在组合两个方面的变动，这两方面都连接在同一链条中。随着产业升级的不断深化，参与价值链中实体经济活动的环节变得越来越少。研究和应用全球价值链理论，需要将一个产业或产品的各个价值环节和辅助环节进行分割，有机整合，然后根据自身已有条件和价值链的治理模式来找到最合适的切入点或价值环节，并安排未来发展战略以谋求产业升级。

刘志彪（2009）提出，中国的产业升级要实现在全球价值链中的"战略突围"，需构建网络体系和治理结构为主的国家价值链，服务于国内市场。在最新文献中，马中东、宁朝山（2020）对实现产业集群的质量升级的启示给出了政策性的建议：加强国家质量基础对产业集群质量升级的技术支撑能力和创新引领作用，通过加强计量体系建设、集群产业共性标准的研制、国际先进标准的跟踪研究实现产业集群质量升级。

从轴承产业集群质量升级来看，叶军（2001）认为，技术创新是轴承产业发展的必由之路，应树立创新意识，建立轴承工业创新体系，通过技术创新促进中国轴承工业持续发展。何加群（2015）对轴承产业质量升级问题，提出中国轴承产业应加快转型升级，实现组织、技术、产品结构优化升级，提高核心竞争力。通过优化组织机构、技术结构和产品结构，实现轴承产业质量升级。淳悦峻（2018）根据临清市轴承产业发展现状，提出要想加快轴承产业新旧动能转换的步伐，必须加大园区建设力度、加大培育龙头企业力度、加大品牌建设力度、加大培训教育力度、加大优化融资环境力度，最终实现轴承产业高质量发展。

现有对轴承产业集群质量升级研究从全球价值链的角度研究较少，同时，全球产业链升级中关于轴承产业质量升级的研究较少，关于轴承产业集群质量升级的文章相对匮乏。本文从全球价值链角度出发，通过比对分析国内外轴承产业集群发展现状，利用计量、标准、检验检测和认证认可四个方面来分析轴承工业的质量基础，并给出相应的质量升级对策，弥补了学术界在全球价值链角度下轴承产业集群质量升级研究的不足。

二、全球价值链下我国轴承产业集群发展现状及质量基础设施分析

（一）全球价值链下轴承产业分析

目前伴随新一轮技术革命，全球工业发展进入工业4.0和智能制造发展阶段，国际市场对于轴承的需求与日俱增（见图1）。从全球轴承市场结构来看，市场集中度相对较高，市场结构为典型的垄断竞争型，SKF、FAG、NSK、TIMKEN、NTN、KOYO等十大企业垄断了全球的轴承市场。相对于国外轴承制造先进企业，我国的轴承企业在全球市场的占有率偏低。具体来看，世界轴承市场排名前十的企业占有70%以上的市场份额；从各个国家轴承企业来看，美国的轴承企业占全球市场的23%，欧盟占21%，日本企业占19%。同时，世界轴承行业的高端市场被上述企业所垄断，中低档市场则主要集中于中国。目前，国内轴承市场上虽然国产品牌众多，但高端轴承主要依赖于进口。国内80%的市场份额主要被"SKF、FAG、NTN、NSK、TIMKEN"这五大知名外国品牌所占领，国产品牌只有"瓦轴、洛轴、哈轴、人本、天马"等部分品牌能够与之比拼。

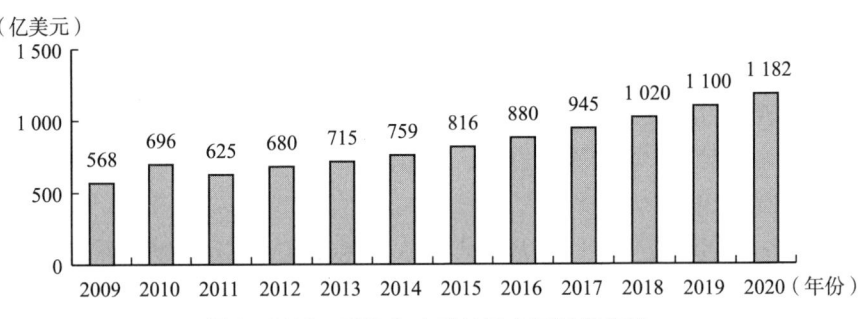

图1　2009~2020年全球轴承市场规模走势

资料来源：prweb.

我国轴承行业集中度偏低，轴承产品总体位于价值链的低端位置，经过近些年的发展轴承产品的自动化程度、稳定性和精准性虽已经取得较大提升，但企业竞争力特别是核心技术相对于国外知名企业依然差距较大。

世界轴承企业2017年主营业务收入约为800亿美元，中国以外的企业占有625亿美元的市场，大约78%。2017年中国轴承业务收入约为1 240亿元，

除去外资企业330亿元，内资企业的轴承业务收入约为910亿元，折合135亿美元，约占世界轴承销售总额的16.9%。同年，我国轴承出口（含外资出口）40.4亿美元，仅占世界外部市场的6.59%；如果除去外资企业出口，国内轴承企业的出口仅占世界外部市场的4%，可见我国轴承企业的出口竞争力偏弱，在国际市场中的市场份额偏低，表明我国轴承产品的技术水平较为落后。因此，提升我国轴承产品的质量和品牌知名度，提高世界外部市场的占有率，是我国轴承产业未来发展的重点任务。

（二）国内轴承产业集群现状

我国轴承工业具有较为显著的区域化发展特色，主要形成了东北、洛阳、浙东、苏南和聊城五个轴承产业集群。东北和洛阳轴承产业集群以国有企业为主，东北地区以哈尔滨轴承制造有限公司、瓦房店轴承集团有限责任公司两个传统国有企业，以及国企改制设立的大连冶金轴承集团有限公司为代表，洛阳地区以国有企业洛阳LYC轴承有限公司为代表，哈轴、瓦轴和洛轴是我国轴承行业的三大国有龙头企业。华东地区的浙东、苏南、聊城轴承产业集群以民营和外资企业为主，发展尤为迅速，产品质量提升明显，部分产品达到国际先进水平，出口到欧美发达国家。

瓦房店轴承产业集群，有轴承生产及配套企业600余家，主营产品主要为大型、特大型重大装备轴承，特色产品有冶金矿山轴承、风力发电机轴承、铁路货车轴承、石油机械轴承、精密机床轴承、水泥机械轴承和非标准轴承等。典型代表企业有：瓦轴、大冶轴、瓦冶轴等。瓦房店产业集群共有6个工业园区，形成核心轴承产业园区、锻造和热处理、轴承零部件等专业化工业园区，建成了研发设计、质量检测、培训教育、市场营销四大公共服务平台，其中瓦轴的轴承研发中心属国家级；另外，省级的质量检测中心已投入运行。

苏南轴承产业集群，以"长三角"地区的苏州、无锡、常州等城市为中心，地缘优势非常明显。该轴承集群发展十分迅猛，江苏省轴承工业生产总量已达百亿元，居国内同行业前三位。轴承代表企业主要有常州光洋轴承、常熟长城轴承、无锡华洋、江苏迪邦、江苏力星、江苏南方、张家港AAA轴承等，轴承产品以小型、中型轴承、轴承座、钢球为主，产品主要应用于汽车、纺织机械、家电等领域。

浙东轴承产业集群，以浙江东部杭州、宁波、绍兴等城市为中心，北部与江苏轴承产业集群相邻。该产业集群经过几十年的发展已经成为我国重要的轴承产业基地，无论是龙头企业和产业集群整体竞争力都在国内位居前列。目前集群内具有一定影响力和规模的轴承企业200余家。浙东轴承产业集群产品以生产中小型和微型轴承为主，主要应用于办公器械、微型电机、仪表仪器、激光雕刻等领域，在全国轴承产业布局中和产品结构中具有十分重要的地位。浙江轴承产业集群的代表企业有天马轴承、万向轴承、人本轴承、万马轴承、五洲新春等。

（三）国内轴承产业集群在全球价值链的地位

我国虽已是世界轴承生产大国，轴承进出口规模和金额都占国内外市场的较大比重；但我国还不是世界轴承生产强国，轴承产业集群的产业结构、研发能力、技术水平、产品质量、效率效益都与国际先进水平存在较大差距。

首先，我国已是世界轴承生产大国。

我国轴承工业已形成一整套独立完整的工业体系，轴承产量和销售额表明我国已经迈入轴承工业大国行列，位列世界第三。

图2显示，2020年，我国轴承行业规模以上企业主营业务收入1930亿元，同比增长9.04%。2019年，由于受到下游汽车、机床等行业需求下降的影响，我国轴承行业产量出现下滑现象，产量降至196亿套，同比下降8.8%。2020年我国轴承产量回升至198亿套，同比增长1.02%。从数据可知，我国已经是一个轴承生产大国，轴承产量和轴承产业主营业务收入两方面在全球已名列前茅。

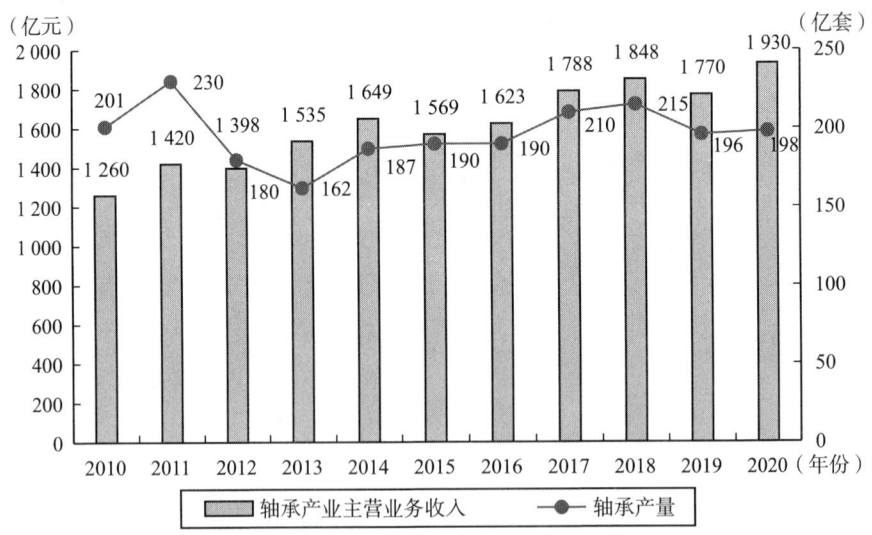

图2　2010~2020年中国轴承产业主营业务收入和轴承产量走势

资料来源：中国产业信息网。

其次,我国轴承进出口金额和数量稳步增加,但进口平均单价远远高于出口。

我国已经成为轴承出口大国。从出口数量上看,近十年轴承出口呈现稳定上升趋势,维持在40亿套到60多亿套之间,2018年达到最高点,近两年有所回落,2020年与2019年基本持平。从出口金额上看,大体呈现上升趋势,稳定在45亿到50多亿美元之间,但近两年回落较大,2020年出口金额大致与2015年的水平持平(见图3)。

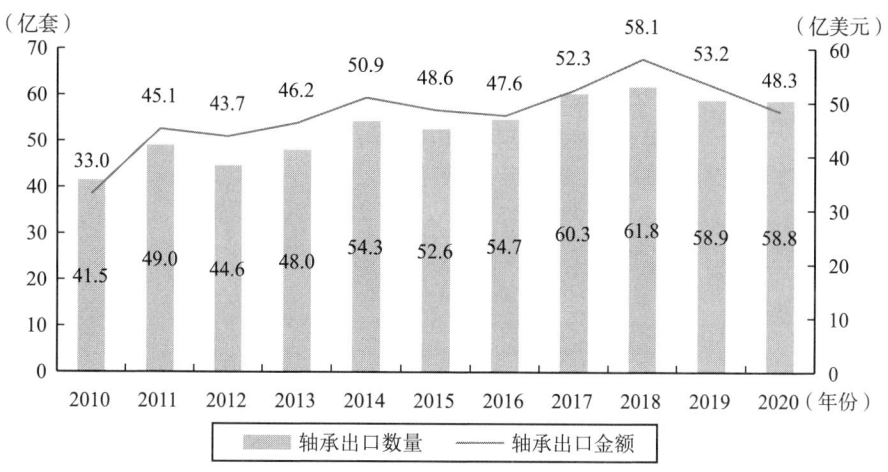

图3　2010~2020年中国轴承产品出口趋势

资料来源:中国轴承工业协会。

我国轴承进口规模也比较大,主要是对国际高端轴承的需求。根据中国轴承产品近十年进口数据看,进口数量呈现缓慢增长趋势,2017年之前基本维持在20亿套以下,2017年开始增长到24亿套左右,2020年达到新高,超过25亿套。从进口金额上看,近十年波动较为频繁,同样是在2020年达到最高点(见图4)。

我国进出口的轴承产品平均每套价格悬殊,出口单价基本为进口单价的一半,2016年以来差距虽然有所减小,但2020年基本又回到2∶1水平,这也在一定程度上说明我国出口的轴承产品附加值较低,我国轴承产品亟须攀升全球价值中高端,提高产品出口竞争力(见图5)。

图4 2010～2020年中国轴承产品进口趋势

资料来源：中国轴承工业协会。

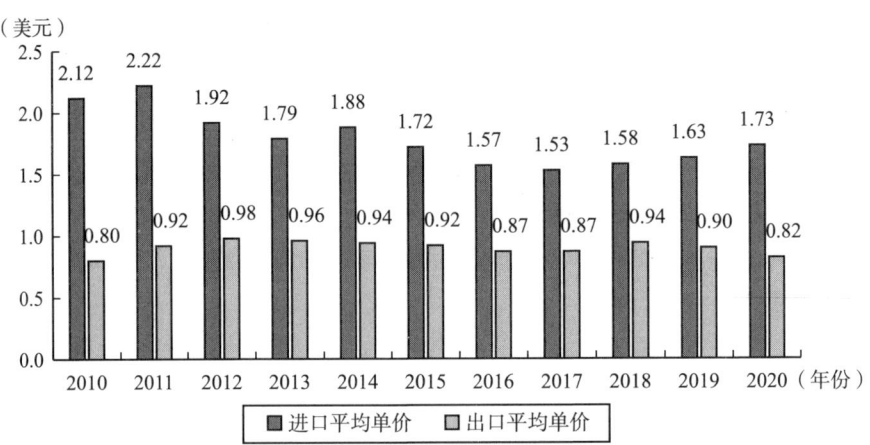

图5 2010～2020年中国轴承产品进出口平均单价

资料来源：作者计算得到。

再次，民营企业成为轴承产业集群主力军。

随着我国市场化程度的不断提高，民营轴承企业发展迅猛，在轴承行业中的比重不断增加，民营企业已经成为我国轴承产业集群的主力军，规模比较大的民营轴承企业有天马控股集团有限公司、万向钱潮股份有限公司、人本集团有限公司、慈兴集团有限公司等。

轴承钢是决定轴承质量的核心环节，我国民营企业在轴承钢行业发展迅速。从图6可以看出，目前轴承钢产量较大的分别是：中信特钢（新冶钢、兴澄特钢、青岛钢铁）、中天和巨能，占总产量的57%。2018年1~6月轴承钢整体产量在增加，中特、中天、南钢、沙钢、苏钢等钢厂产量相比去年同期均有所增加，但邢钢、本特、建龙、西宁、北满等钢厂产量略有减少。

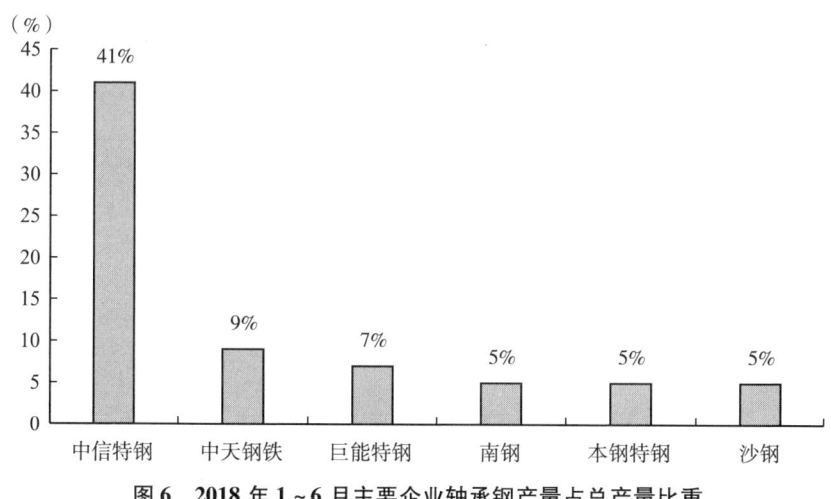

图6 2018年1~6月主要企业轴承钢产量占总产量比重

资料来源：www.mysteel.com。

最后，轴承制造行业市场集中度不高，国内轴承高端市场由外资企业控制。

我国轴承制造行业的企业数量众多，市场集中度不高。根据中国轴承工业协会数据显示，2019年我国轴承行业实现营业收入1 770亿元，其中排名前十的轴承制造企业实现营业收入506.7亿元，占比约为28.63%。以尺寸大小分类来看，随着我国轴承技技术水平的不断提高，目前我国轴承企业在微、小型轴承领域已经开始与国外企业全面竞争，市场占有份额不断增加。但是，在中大型以上的轴承产品产量上仍相对较小。随着我国重大装备制造行业如航天军工、机床、风电等的发展，对中大型以上的轴承产品需求逐渐增加，企业也在不断引进、研发生产该类轴承产品，产量和质量都有所上升。

从竞争层次来看，我国轴承制造高端市场主要由八大跨国轴承集团——瑞典斯凯孚（SKF）、德国舍弗勒（FAG、INA）、美国铁姆肯（TIMKEN）日本恩斯克（NSK）、日本恩梯恩（NTN）、日本捷太格特（Koyo）、日本美蓓亚（NMB）、日本不二越（NACHI）——占领。八大跨国轴承公司均已在国内设立公司并不断加大投资力度，建立轴承生产工厂，设立区域总部和工程技术中心。在国内轴承市场中，外资品牌所占的比重越来越大。

我国本土企业主要占据中低端市场，代表性企业有人本集团有限公司、万向钱潮股份有限公司、瓦房店轴承集团有限责任公司等。随着本土轴承制造企业提高制造技术，部分大型本土企业已经能够生产高端产品，如瓦轴集团生产的大型电动轮自卸车配套轴承，可以成功替代进口产品。

三、全球产业价值链下轴承产业集群质量基础设施建设分析

质量基础设施主要包括标准、计量、检验检测、认证认可四大要素，对于支撑产业升级、加强质量安全、保护消费者、促进公平竞争、推进国际贸易便利化、营造商业环境具有积极促进作用。分析质量基础设施和轴承产业集群升级的关系，具有非常重要的理论意义和现实意义。

（一）轴承产业集群质量基础设施建设成就分析

首先，轴承工业标准体系建设日趋完善。轴承工业的标准体系分为国际标准、国家标准、行业标准、地方标准和团体标准。轴承工业的国际标准主要是ISO/TC4标准，我国轴承国家标准与国际标准基本都有对应。如图7所示，从国家标准信息网检索到轴承相关标准中，国家标准234项，行业标准284项，地方标准1项。

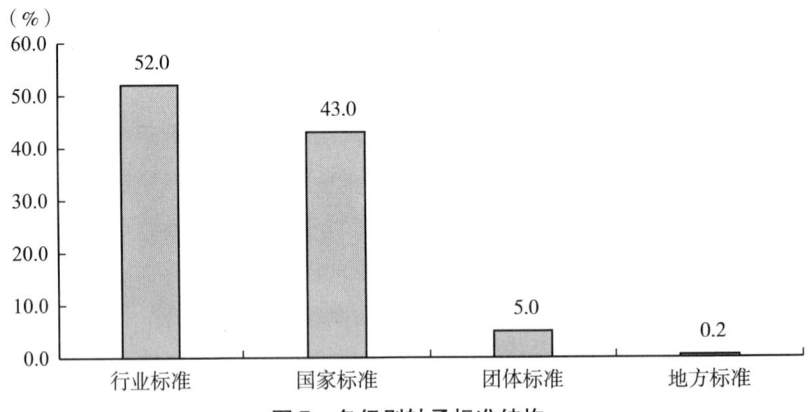

图7　各级别轴承标准结构

资料来源：国家标准信息公共服务平台。

如表1所示，从全国团体标准信息平台检索到轴承相关的团体标准共15

项,均为2017年之后发布的。从团体标准的地域分布来看,浙江省品牌建设联合会共发布了17项,占了总数的68%,这表明在团体标准的发展上浙江走在了全国轴承产业集群的前列。

表1　　　　　　　　　　轴承工业团体标准

序号	团体名称	标准名称	公布日期
1	中山市脚轮行业协会	无轴承轮盐雾检测技术规范	2020/6/28
2	浙江省品牌建设联合会	卡车轮毂轴承热锻套圈	2020/2/18
3	浙江省品牌建设联合会	商用车轮毂轴承单元	2020/2/10
4	浙江省品牌建设联合会	汽车转向系统三角支架滚针轴承套圈车件	2020/1/17
5	中国电器工业协会	屏蔽泵用碳石墨轴承材料及制品技术要求	2020/1/6
6	浙江省品牌建设联合会	汽车减振器用轴承及其单元	2020/1/3
7	浙江省品牌建设联合会	纤维缠绕自润滑轴承	2020/1/3
8	浙江省品牌建设联合会	钢基铜合金镶嵌固体润滑剂轴承	2020/1/3
9	馆陶县轴承协会	滚动轴承微型低速碳钢深沟球轴承	2019/10/9
10	中国电器工业协会	风力发电机组主轴滚动轴承认证实施规范	2019/7/16
11	中国特钢企业协会	轿车轮毂用碳素轴承钢	2019/6/24
12	浙江省品牌建设联合会	高承载工程塑料滑动轴承	2019/5/10
13	浙江省品牌建设联合会	中小型深沟球轴承套圈车件	2019/4/29
14	浙江省品牌建设联合会	双列调心滚子轴承热锻套圈	2019/3/14
15	浙江省品牌建设联合会	电机用低噪声深沟球轴承	2019/3/13
16	浙江省品牌建设联合会	空调压缩机电机轴承套圈车件	2019/3/13
17	浙江省品牌建设联合会	工业机器人谐波齿轮减速器用柔性轴承	2019/3/12
18	浙江省品牌建设联合会	圆锥滚子轴承套圈磨超机床	2019/3/6
19	浙江省品牌建设联合会	工程机械用烧结双金属轴承	2019/3/5
20	浙江省品牌建设联合会	钢背复合自润滑轴承	2019/3/4
21	馆陶县轴承协会	馆陶县轴承协会团体标准	2018/12/21
22	大连市机械行业协会	高速深沟球轴承	2018/9/12
23	大连市机械行业协会	短圆柱滚子轴承	2018/9/12
24	浙江省品牌建设联合会	汽车轮毂轴承单元	2018/1/9
25	浙江省品牌建设联合会	汽车转向器用四点接触球轴承	2017/3/6

资料来源:国家标准信息公共服务平台。

其次，计量和检验检测技术水平不断提升，机构数量增加迅速。计量和检验检测是一个行业技术水平提升的重要保障。随着技术水平的不断提升，轴承产品的精确度要求越来越高，对轴承计量和检验检测的要求也在不断提升。在轴承生产过程中，轴承零件的尺寸精度决定了产品的技术含量和产品质量，轴承计量器具精度的高低，直接影响到轴承产品鉴定精度的高低，轴承计量器具的检定、校准工作是保证轴承产品质量的重要基础。

当前轴承的计量工作主要由官方的轴承质量监督检验机构和独立的第三方企业来实施。我国最早实施轴承计量机构为成立于1986年的国家轴承质量监督检验中心，是行业专用计量器具（尺寸系列、游隙、振动）的授权鉴定单位。此外，国内从事轴承计量工作的还有国家中小型轴承产品质量监督检验中心（浙江）、国家轴承及管道元件产品质量监督检验中心（辽宁）、国家轴承产品质量监督检验中心（山东）。

除了官方机构，开展轴承计量和检验检测的还有第三方的检验检测机构。综合来看，截至2019年底，我国共有检验检测机构44 007家，较上年增长11.49%，从业人员128.47万人，全年实现营业收入3 225.09亿元。检验检测行业共拥有各类仪器设备710.82万台套，仪器设备资产原值3 681.17亿元，共对社会出具各类检验检测报告5.27亿份。检验检测行业的稳步增长，为轴承产品质量检测提供了充足的资源。

最后，认证认可建设国际化程度不断提升。从我国几大主要轴承企业的认证认可情况来看，轴承产业集群中的核心企业认证认可达到了较高水平，详细情况见表2。

表2　　　　　　　　　轴承典型企业认证认可情况

企业名称	认证认可
浙江天马轴承集团有限公司	ISO9001、OHSA18001、ISO/TS16949、ISO14001
洛阳LYC轴承有限公司	ISO9001、ISO14001、TS16949、CRCC
人本集团	ISO17025、ISO14001、OHSAS18001
瓦房店冶金轴承集团有限公司	ISO9001：2000、ISO19002：2003

资料来源：根据企业网站资料整理。

从我国总体认证认可行业发展情况来看，截至2019年底，我国认证机构共计599家，其中规模以上认证机构172家，认证从业人员共计11.59万人，认证服务业实现营业收入276.05亿元。认证服务行业的快速发展为轴承产业集群的认证认可提供了重要的服务支撑。

（二）国内轴承产业集群质量升级的先进经验分析

尽管我国轴承产业集群还面临一些挑战，但是国内轴承产业集群由无到有，由小到大，由弱到强，是我国特色道路优势的体现，具有丰富的成功经验，尤其是在质量升级方面的经验值得提炼和总结。

首先，注重两化融合，走智能制造之路。

推进工业化信息化融合是轴承产业快速发展和产业竞争力提升的重要推动力。以浙东轴承产业集群为例，新昌县工业化与信息化融合发展指数达到84.58，其中工业应用指数44.76，被列为国家新型工业化产业示范基地、两化深度融合国家综合示范区。新昌以轴承行业为切入口，撬动传统制造业转型升级。新昌县制定轴承相关政策，对智能制造项目、县智能制造示范项目、建成的数字化工厂等给予一定奖励等。2017年，全县共落实智能制造行业税收优惠超7 200万元。

浙江省积极推进"设计研发信息化、生产装备数字化、生产过程智能化和经营管理网络化"，通过将信息技术融入轴承行业，把轴承产业打造成为信息产业和数字产业。同时积极推进轴承行业的技术创新，推动"机器换人"提升企业生产率，通过引进物联网技术和大数据管理平台等实现企业生产、管理的自动化和智能化。另外，还大力推广新商业模式，推动轴承产业与电子商务相融合的营销模式，提升轴承品牌的整体影响力。

中小企业规模小、资金短缺，如何走向智能制造，是业界难题。浙江省新昌县政府、陀曼智造公司每年向100家左右的中小轴承企业提供一定范围免费改造服务，帮助新昌具有一定基础的约300家中小企业完成智能制造应用改造。截至2018年底已在65家轴承企业中安装"陀曼智造"的"微智造系统"，联网设备5 250台，涉及优惠减免和财政补贴1 350万元。"轴承云"系统能够解决轴承企业智能生产线的设备检测难、故障预防难和企业内网安全保障难等单一企业难以解决的问题。

其次，淘汰落后产能，向全球价值链中高端攀升。

淘汰落后产能，合理发展中小企业。落后产能不仅占用大量的经济资源，而且影响产业转型升级，对于产业内的落后产能，必须通过适度提高市场进入门槛，对于作坊式小企业进入市场加以限制，推动行业内中小企业健康发展。通过逐渐淘汰落后产能，引导和支持行业内中小企业向"专、精、特、新"

方向发展，推动中小企业融入大企业的产业链，推动产业集聚和产业融合。

随着经济进入新常态，轴承和其他传统制造业一样，也存在成本优势不再、低端竞争激烈、有效供给不足的问题。为了提高产品质量，公司不断引进先进设备，进行技术改造，反复提高产品精度。年营业收入超过10亿元的"五洲新春"，业务主要分轴承套圈和成品轴承两部分，正在从加工轴承套圈转向研发精密轴承，重点发展成品轴承业务，研发高端、高附加值的精密产品。长期以来，国外产品占据着精密轴承领域的绝大部分市场份额，国内高端产品取代进口会成为一种趋势。

最后，实施差异化发展策略，明确企业成长周期的质量层次。

实施差异化发展策略。差异化战略主要是指相对于竞争对手提供不同的产品和服务，依托差异化的产品和服务形成市场竞争优势和核心竞争力。区域内的轴承企业如何避免同质产品导致的恶性竞争是区域产业发展的关键问题，必须对区域内的轴承企业加以引导，避免恶性竞争。

从企业成长周期的质量层次分析，企业成长发展有其自然规律，质量在企业成长的不同时期所扮演的角色不同，针对不同企业及产业发展的阶段，制定企业质量提升的策略。

四、全球价值链下聊城轴承产业集群发展历程与质量升级分析

（一）聊城轴承产业集群发展历程分析

聊城市轴承产业集群（以下简称聊城轴承）是以临清烟店镇全国性轴承市场为基础发展起来的，聊城市烟店轴承市场是目前全国最大轴承专业批发市场，经营轴承型号1.7万余种，2017年年交易额200多亿元，销售网络覆盖30多个国家和地区，许多世界知名轴承制造厂家均在该市场设有直销处或分公司。市场的繁荣带动了产业的发展，形成以烟店为中心辐射周边几个县市、几十个乡镇的集生产、加工、销售为一体的轴承产业集群。其中，产业集群中核心的临清轴承加工业发展至今，由小到大、从弱到强，由零散到集中、从家庭作坊生产方式向规模企业不断发展壮大，并形成了自己独特的产业优势，成为临清的一大支柱产业。

依据临清轴承产业集群的成长过程，可以划分为四个阶段：20世纪80年代轴承交易市场阶段，20世纪90年代临清烟店镇轴承产业集群初步形成阶段，21世纪第一个十年的大发展阶段，第二个十年的稳定发展阶段。临清轴

承产业集群经历了先有市场、前店后厂、规模扩张、形成区域品牌的过程。

2019 年，临清市轴承产业规模以上企业完成工业总产值 311.54 亿元，实现主营业务收入突破 310.9 亿元，利润 2.53 亿元。同年，聊城市全市滚动轴承产量达到 1.9 亿套，其中大部分为临清地区出产的轴承。

从表 3 和图 8 来看，2013 年以来，聊城市轴承产业产量以较平稳的态势增长，以年均 8% 作用的速度增长。但随着 2018 年全国整体经济形势不乐观，聊城市轴承产业的产量也有较明显的下滑，出现 35.6% 的负增长。2019 年聊城市轴承产量仍在下滑，出现了 29.6 的负增长。但仅从产量上并不能说明聊城市轴承产业发展变化的全部问题。

表 3　　　　　2013～2019 年聊城市滚动轴承产量及增长情况

	2013 年	2014 年	2015 年	2016 年	2017 年	2018 年	2019 年
滚动轴承产量（亿套）	20.96	20.96	26.75	22.11	24.23	5.35	1.9
增长率（%）	7.8	7.84	7.6	0.1	13.3	-35.6	-29.6

资料来源：根据聊城市统计局 2013～2019 年统计公告整理得到。

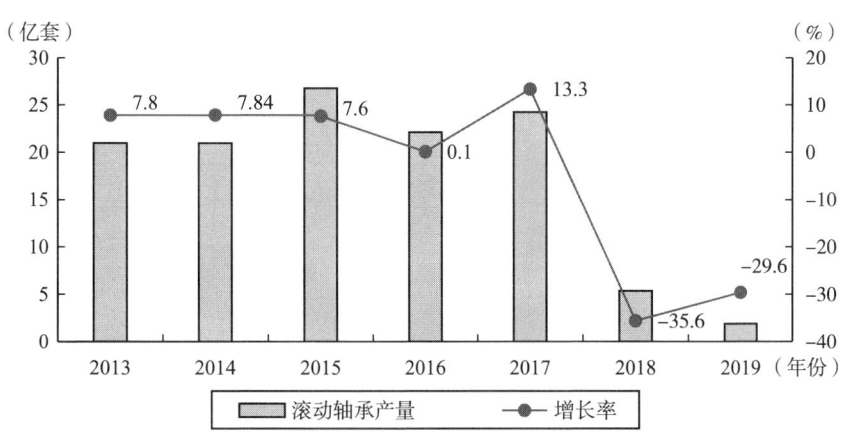

图 8　聊城市滚动轴承产量及增长变动示意

资料来源：根据聊城市统计局 2013～2019 年统计公告整理得到。

随着国家高质量发展及产业转型升级战略的实施，聊城市轴承产业也在不断通过淘汰落后产能、资源优化整合等措施，使产量下降，产品附加值与资源利用效率提高。以上数据从一个侧面表明，聊城轴承产业正在逐渐转变过去依靠低端产品以量取胜的历史，向价优质高的新产品新动能转换，因此 2018～

2019年产量下行趋势背后也有产品优化转型的因素在里面。

（二）聊城轴承产业集群嵌入全球价值链分析

目前，聊城轴承产业集群已形成以轴承钢、滚动体、保持器、轴承锻造、热处理、轴承组装等专业化分工明确、配套能力强的产业链条。主要的轴承零配件生产聚集区有冠县清水镇轴承内外圈锻造聚集区、东昌府郑家镇的保持架加工聚集区及东阿县轴承滚动体制造聚集区、临清烟店轴承组装产业集群和专业市场聚集区（见图9）。

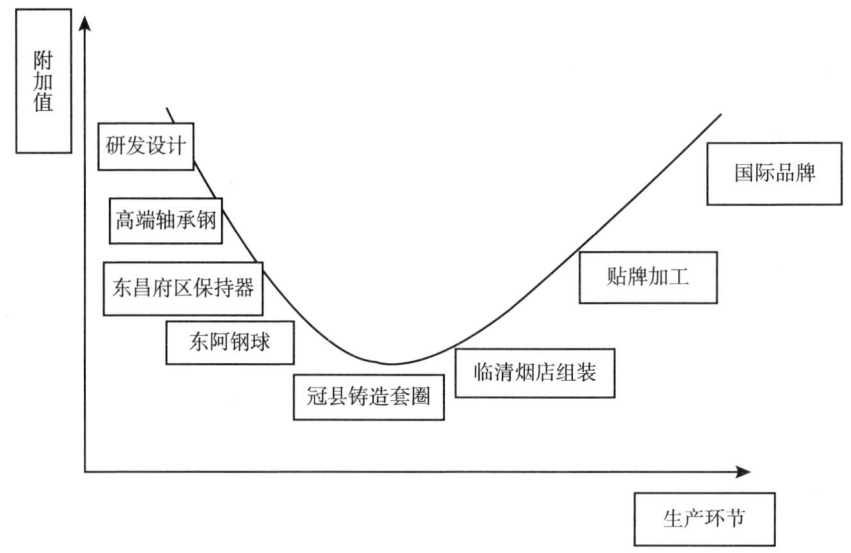

图9　全球价值链下聊城轴承产业集群区域布局

资料来源：作者整理。

经过40多年发展，临清轴承产业集群已形成涵盖轴承钢、轴承钢管、套圈、保持器、滚动体等各个加工销售门类，包含从锻造、车、磨、热处理、装配到检测、销售、物流和科技研发、人才培训、信息中介等专业化明确、配套能力较强的产业体系和产业链条。形成了以烟店为中心，辐射周边几个县市、几十个乡镇的集生产、加工、销售为一体的轴承产业集群。

截至2019年底，全市拥有注册轴承生产加工企业2 000余家，其中规模以上轴承企业79家，中轴协会员企业22家，理事单位6家，山东省轴协会员企业52家，从事轴承生产销售的注册个体工商户4 000余户，从业人员10万余人，可生产0~9类和非标轴承等11类、5000多种型号产品，远销欧美、东南亚等地的30多个国家。具备年生产轴承25亿套、产值220亿元生产能力，分别占全国轴承产业的1/10、1/10，可生产0~9类和非标轴承等11类、5000多种型号的产品。中国轴承协会将烟店轴承与洛阳轴承、瓦房店轴承、浙江轴承并列为中国轴承"四大集聚区"（见表4）。

表4　　　　　　　　临清轴承技术研发与品牌建设情况

轴承品牌		研发中心	参与标准制修订数	技术专利
中国驰名商标	1个	国家级热处理新技术实验研究中心1个	国家标准起草单位2个（中瑞、宇捷）	发明及实用新型专利43项
山东名牌	2个	省级企业技术中心5家		
山东省著名商标	7个	省级"一企一技术"研发中心企业1家，省级"一企一技术"创新企业6家		
注册商标	420个	山东省首批制造业单项冠军企业1个		

资料来源：根据临清烟店镇调研数据整理取得。

截至2019年，临清轴承产业拥有省级单项冠军企业1家、省级隐形冠军企业5家，省级"专精特新"企业10家；国家级高新技术企业7家、省级企业技术中心5家、省级"一企一技术"研发中心企业1家、省级"一企一技术"创新企业6家，山东省技术创新项目32个、省创新驱动百强企业1家、省创新驱动优秀企业1家。其中，临清哈鲁轴承已取得澳大利亚国家证券交易所上市核准函；宇捷轴承被认定为全国轴承行业"十二五"发展先进企业、山东省首批制造业单项冠军企业；中瑞轴承、博特轴承被认定为山东省首批中小企业"隐形冠军"企业，蓝宇轴承被纳入全省中小企业"隐形冠军"企业数据库；鲁润轴承、万瑞达轴承被认定为山东省"专精特新"中小企业。

（三）全球价值链下聊城轴承产业集群质量升级的机理分析

聊城市轴承产业集群虽然经过多年的发展已经具有一定的产业规模，在轴承钢、轴承钢管、套圈、保持器、滚动体等多个生产链条上形成了一批具有一定实力的轴承企业，在国内轴承市场也获得了一定的市场占有率，但从全球价值链的角度来看，聊城轴承产业集群还处在价值链附加值较低的位置，亟须进行质量升级（见图10）。

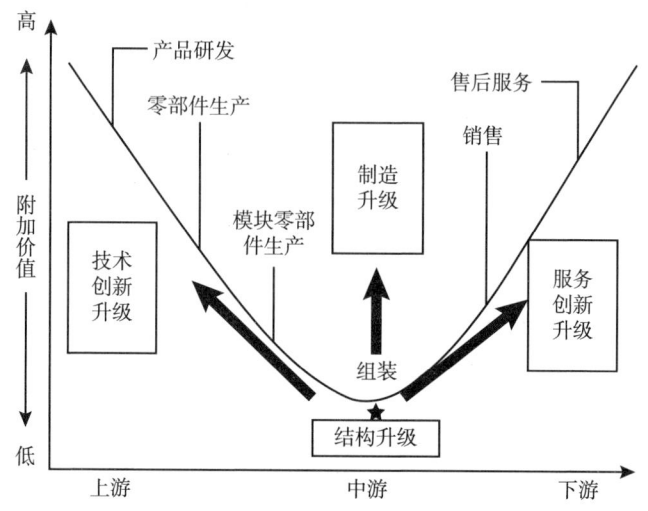

图 10 聊城市轴承产业集群质量升级示意

资料来源：罗勇，曹丽莉. 全球价值链视角下我国产业集群升级的思路 [J]. 国际贸易问题，2008 (11)：92 - 98.

首先，基于聊城轴承产业集群的发展现状和产品结构，继续巩固其在全球价值链制造环节的优势，提高生产制造环节的核心竞争力，吸引全球供应链核心企业选择"中国制造"，进而推动整个价值曲线向上移动，实现在同一制造环节附加值的提升、价值的增加。聊城轴承产业集群的一个主要优势在于成本，这是其产业集群竞争力的一个重要方面，需要在未来继续维持其成本优势。除了成本优势还要通过质量、效率、成本、服务等多方面竞争要素的培育，将劳动力低成本的单一竞争优势转变为基于多要素的全面竞争优势，使轴承产业集群的生产呈现出集约化、清洁化、高效化、快速响应的特征，推动聊城轴承产业集群转型升级[①]。

其次，通过技术创新推动聊城轴承产业集群在全球价值链中的位置攀升。推动产业集群从价值链微笑曲线中间的制造环节向左边的高附加值环节移动，由劳动密集型的生产环节向技术密集的关键零部件研发设计等环节移动。由于聊轴承产业集群以中小企业为主，核心企业的技术创新能力也距离高端产品有一定的差距，集群内整体创新能力不强，这也是聊城轴承集群升级中最关键的问题。如何解决创新的动力问题，构建以核心企业为主导的"中卫型"的产业集群，开展供应链上的合作创新是一条有效途径。为此，一是要促进以集群内核心企业为主体的自主创新，积极培育技术型企业，推进企业研发机构建

---

① 罗勇，曹丽莉. 全球价值链视角下我国产业集群升级的思路 [J]. 国际贸易问题，2008 (11)：92 - 98.

设,提高企业的技术创新能力;二是要实施协同创新战略,集合集群中各个企业的技术特长,促进企业之间进行研发合作,加大对地方产业集群升级具有关键作用的共性技术攻关,解决单个企业无法解决的技术问题,在更短时间内实现技术突破;三是积极实施产学研合作创新战略,加强与高等院校、科研机构、政府有关部门的合作,积极参与相关行业标准制定①。

最后,推动轴承产业从价值链曲线的中间制造环节向右边移动,通过实施制造服务战略推动轴承产业攀升高附加值的营销、品牌和服务。一方面,聊城轴承产业集群的转型升级需要加快塑造自主品牌的步伐,在现有基础上进一步拓展品牌的影响力,提升品牌价值。根据价值曲线,市场营销和品牌推广都是附加值很高的环节,沿着价值链曲线向右边移动,标示着制造业集群的升级。

另一方面,实施集群企业服务发展模式,根据聊城轴承产业集群的规模和现状,可以选择中小企业集群服务制造模式(见图11)。该模式可以对集群内的优势资源进行有效整合,加强供求双方的练习,推动价值链延伸和产业集群升级。由于产品处于产业链的低端,产品同质的问题比较突出,所以聊城轴承产业集群内存在企业间过度竞争、无序竞争、同质竞争的问题,这也导致企业绩效不佳,创新动力严重不足。对于现有问题,需要延伸产业集群供应链,加快培养龙头企业的步伐,促进上下游企业之间的合作,优化集群网络内节点关系,推动聊城轴承产业集群组织结构升级。

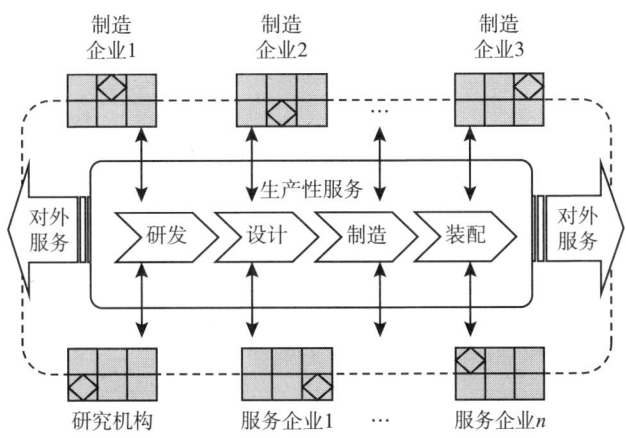

图11 聊城轴承产业集群服务制造模式示意

---

① 胡大立. 我国产业集群全球价值链"低端锁定"战略风险及转型升级路径研究[J]. 科技进步与对策,2016,33(03):66-71.

五、全球价值链下聊城轴承产业集群质量升级的问题

我国现有瓦房店、浙东、长三角、洛阳、聊城五大轴承产业集群。瓦房店是我国最早的轴承产业基地,洛阳是新中国成立初期国家重点建设的工业基地,这两个轴承产业集群发展起步早,具有较好的工业基础;浙东和长三角地区的轴承行业起步相对较晚,但由于浙东和长三角都是国内的经济发达地区,对外开放程度高,地方经济发展具有较大活力,当地的工业发展需求也有力推动了轴承产业集群的发展,弥补了其起步晚的缺点。与其他产业集群相比,聊城轴承产业集群以草根经济的方式在夹缝中成就了自己的事业,但进一步升级遇到瓶颈,在科技基础、经济发展水平和对外开放程度上均存在不足。

(一)集群大而不强,产品处于产业链条中低端

作为区域分工体系,产业集群是一种把大多数零部件和生产工艺分散于千家万户、由众多小生产组成的社会大生产体系。聊城轴承产业集群是一些中小乡镇企业基于低成本集聚而自然发展起来的产业集群。集群中企业数量众多但个体规模普遍偏小,大多以简单加工为主,停留在低端生产,只重模仿而自主创新能力差,追求的是逐底的利润。轴承产业集群中的产品档次太低,缺乏竞争力,处于价值链最底层,广大小微加工户基本都是家庭作坊式生产,生产设备一般为大企业淘汰的落后旧设备和二手设备,属于简单粗加工和低端生产,造成同质产品大量过剩,挤占了市场资源;同时集群中的恶性竞争会迫使中小企业转移他地甚至衰退消亡。例如,冠县清水镇轴承圈锻造过程中低端高耗能淬火炉、磨超设备数量较多,"三去一降一补"任务较重。规模小、工艺差、产能落后的轴承业户由于环保意识缺失、环保设备缺乏、环评手续缺少,在国家环保政策不断趋严、各级环保督查力度加大的形势下,已经部分关停或倒闭,最终面临被淘汰的命运。

(二)专业化分工不明确,合作水平差

聊城轴承产业集群以乡镇企业、私营企业起步,产业链条中企业之间相互协调合作水平差,协作意识差,缺少强有力的生产协调组织,造成无序与恶性竞争。产品同质生产还减少了企业之间的交流与合作,限制了集群创新氛围的形成和集群效应的充分发挥。

聊城轴承产业集群内企业间协作化程度不高,大企业倾向于搞"大而

全"，小企业搞"小而全"，不但不能合理配置生产要素，也严重阻碍了企业的技术创新和产品质量的提升。在没有明确专业化分工的前提下，大多数中小企业的生产都呈现小而全的模式，从零部件到最终产品都由企业一手包办，由于生产的产品同质性较强，这也在一定程度上加剧了企业之间的竞争。最终不仅影响了产业集群内企业的合作和交流和经济绩效，阻碍了集群内企业规模的扩大，也影响了产业集群的快速发展。

（三）技术创新能力不足，四大质量基础设施建设有待提高

聊城轴承产业集群技术创新能力相对落后，企业在技术研发、高端人才引进、行业标准制定、设备工艺流程等方面跟国内先进轴承生产基地还存在一定差距。绝大多数轴承企业还没有实现从技术模仿、技术追踪向技术创新转变，缺乏核心、专利技术，致使自身没有拳头产品。产业高质量发展所需的标准、计量、检验检测、认证认可四大质量基础设施平台建设有待进一步提高，建设、培育和推广品牌的力度还不够大，各检测机构管理及运营效率有待提高。集群缺乏具有核心竞争力、带动性强、知名度高的龙头企业。现有规模企业缺乏自主创新的内生动力和活力，对集群内的中小企业的辐射带动作用弱。

（四）企业自身管理水平低，质量管控措施不强

聊城轴承产业集群内企业管理者整体素质不高，管理水平低，企业的优秀管理人才少。集群内企业特别是中小企业的现代化管理意识不强，规模较大的企业难以招聘到高水平的企业经理人和管理人员，中小企业多采用家族式管理模式，将企业交与家人、亲戚管理，企业产权具有明显的血缘、亲缘和地缘特点。在这种企业制度下，企业的决策权、经营权和管理权高度集中，企业难以及时迅速对市场变化做出正确的决策，导致企业的资源得不到合理利用，这种"一言堂"的决策模式人为地提高了企业的决策与运营风险，阻碍了企业的快速发展。另外，聊城轴承产业集群主要分布在县域的乡镇和农村，各方面条件跟大城市比差距巨大，对高水平管理人员的吸引力不大。

（五）品牌意识薄弱，人文环境需优化提升

集群发展缺乏大品牌、大企业的引领带动，集群内企业和加工业户产品的科技含量和附加值较低、核心竞争力不强，高、精、尖产品较少，且产品同质化现象严重，整体质量档次不高，已经成为聊城轴承产业长远发展的"软肋"。

良好的人文环境是轴承产业集群发展的必要条件，如洛轴所、中机十院、

河南科技大学可以作为洛阳轴承产业技术依托，为产品设计、研发等技术创新活动提供技术支撑和人才支持，提供优质的劳动力和人才保障。相比之下，临清轴承产业的技术工人和企业管理者的受教育水平还有待大力提升。目前，临清能提供技术培训的学校或机构比较少，科研与教育力量不足，不足以为轴承产业的发展提供人才支持。

六、全球价值链下聊城轴承产业集群质量升级的对策

党的十九大报告明确提出要加快建设制造强国，支持传统产业优化升级，促进产业迈向全球价值链中高端。聊城轴承产业集群的质量升级，应以党的十九大精神为引领，按照习近平总书记"腾笼换鸟、凤凰涅槃"的要求，遏制落后产能低水平重复建设，为优质轴承项目发展腾出空间。具体来说，聊城市轴承产业集群提质增效应做好以下内容：

（一）推动轴承集群技术创新，提高产品技术含量、可靠性和精度

积极实施"创新驱动发展"战略，推进"两化"融合，改变聊城轴承产业缺乏核心技术的现状，加强技术创新和知识产权保护力度，提高企业核心竞争力。

从目前我国轴承行业产品结构来看，技术含量较低的普通轴承生产能力已较为充足；而高精度、高技术含量、高附加值的轴承，具有特殊性、能满足特殊工作条件的自润滑轴承，无论是品种还是数量都有较大发展空间。提高滑动轴承生产商的研发、设计和制造能力是实现滑动轴承高技术含量、高可靠性、高效率、高精度的唯一途径。在国家政策的支持下，随着我国装备制造业的快速发展，预计未来滑动轴承行业企业将把提升轴承产品的精度、性能、寿命及可靠性等方面作为重点投资方向。聊城轴承企业应通过加大研发力度、引进国外先进制造设备等手段，不断提高研发设计水平及制造水平，这也符合未来行业发展的必然趋势。

聊城轴承产业集群应由政府主导建立多层次的创新体系。由于聊城轴承产业集群内没有市场内的大型领先企业，技术积累相对薄弱，技术创新的难度大，所以应该由政府牵头成立以制造技术提升为目的的研发及检验检测中心。建立健全以企业为主体、市场为导向、产学研用相结合的技术创新体系，合理配置资源，促进研发和创新，全面提升技术创新能力。鼓励企业与科研院所、高等院校等联合建立研发机构、产业技术联盟等技术创新组织，推动企业加强

以技术中心为核心的技术创新体系建设,建立企业自主创新的基础支撑平台。

(二)完善轴承产业集群质量升级的顶层设计,提升全球价值链分工地位

为确保高质量发展阶段聊城轴承产业能持续健康发展,必须制定科学的聊城轴承产业集群发展规划,完善配套扶持政策。临清、冠县、东阿、东昌府区等各轴承产业链产品集聚区也应因地制宜,制定适合本区域的轴承产业集群发展规划。

结合聊城市经济发展现状,规划、设计、建设好轴承产业集聚区,完善硬件设施,提高服务水平,提供更优惠的政策,积极承接产业转移,吸引知名轴承企业到园区发展;推动聊城轴承企业与国内外知名企业"联姻",鼓励企业开展技术、产品、市场等方面的合作,优化资源配置,增强综合竞争力。

加快建设轴承产业集群新旧动能转换示范园区,高标准建设标准化厂房,实现企业、加工业户集约化发展,让无法办理环评手续的小微企业、个体加工户走出村落,进入示范区,利用示范区完善的环评、安全生产环境实现新的发展,把实施环保整改的过程转化为整合轴承产品、完善产业链条、培育优势企业的过程。

推进烟店轴承智慧产业集群建设。加快烟店轴承产业园区建设,打造实体市场与"互联网+"深度融合、相互促进的新型市场。充分发挥山东省内外贸结合市场优势,加强电商产业规划,加快电子商务发展。依托"智慧烟店App"和Wi-Fi全覆盖,综合利用物联网、云计算等信息技术,构建智慧化园区管理服务中心枢纽,为市场商户、客商、园区企业提供全面的信息化服务。打造智慧市场,将烟店打造成为全国轴承物流中心,打造集物流园区运营、货运仓储、物流信息平台和进出口贸易平台于一体的专业化仓储物流服务平台,建成生产服务型现代化多功能物流中心。

根据细分市场实施轴承集群差异化发展战略。差异化战略即让产品或服务区别于竞争对手,提供与众不同的产品与服务的发展策略。一方面,要在聊城市不同轴承企业之间实施差异化发展,引导各轴承企业合理分工,错位经营,避免内部消耗和重复建设,避免轴承企业恶性竞争,实现优势互补。

企业实施差异化发展战略就是要根据细分市场进行专业化分工,将企业的产品定位于细分市场,集中优势资源打造企业竞争优势。例如,不同种类的滑动轴承对热处理水平、车加工精度、表面处理方式、生产装置自动化程度以及制造工艺等要求不同,滑动轴承特别是自润滑轴承存在多品种和多规格产品。

因此，现有的滑动轴承企业基本专注某一专门领域或细分市场。全球轴承产业经过上百年的发展已经在全球范围内形成了稳定的专业化分工，国际轴承巨头企业都是在各自的细分市场领域组织专业化生产，通过不断的技术创新打造优势产品。所以聊城轴承生产企业应当通过科学的市场调研进一步明确产品定位，走专业化分工道路，做强做精细分市场，打造自己的特色和核心竞争力。

实现高柔性大规模生产，提高产品质量。现代轴承行业的制造生产，特别是中小型轴承的制造生产，其产品基本上具有少品种大批量的特点。因此，此类大批量轴承的生产线自动化程度很高，生产效率和设备利用率也很高，但只能加工生产线设计时对应的一种或几种非常相似的产品。随着产品的高速更新换代，客户需求的不断精细甚至定制，市场对多品种小批量轴承产品的需求越来越多。面对这样的情况，这种刚性或低柔性的生产线要么无能为力，要么调整成本过高。高柔性大规模生产是未来轴承智能制造的一个重要方向，随着我国轴承行业的发展，我国生产的轴承产品在轴承市场中受到越来越多的关注，客户对产品质量的要求也越来越高。通过柔性化大规模生产，能够满足不同产品层次的需求。因此，提升生产线的柔性，并保持大规模生产的低成本对于轴承企业适应市场变化至关重要。

（三）优化轴承集群的市场结构，加快培育行业龙头企业

改变聊城轴承产业集群结构失衡，产业集中度、关联度偏低的现状，多途径加快产业集群转型升级。发挥行业协会作用，鼓励聊城轴承企业组成产业战略联盟，加强与其他地区交流合作，在更高层次上、更大范围内提高聊城轴承产业集群的综合影响力。

加快培育行业龙头企业。坚持"外引驱动"和"内生培育"两条腿走路，多途径培育行业龙头企业。一方面发挥聊城轴承大市场等多重优势，加强对外招商引资，引进国内外大型龙头企业到本地设厂生产；另一方面加大扶持力度，通过联合、兼并、重组等整合资源，逐步培育出更多的龙头企业（集团）。

整顿合并小企业。聊城轴承产业集群需要依托行业协会，建立轴承产业联盟，尽快改变低端市场无序竞争的现状，适度提高行业准入门槛，逐步限制技术水平低、生产能力弱的作坊式小企业进入，鼓励有竞争力和产品、技术优势的中小企业快速发展。逐步淘汰落后产能，引导和支持中小企业转型升级，由低端产品生产向"专、精、特、新"方向发展，提高区域产业集聚水平，并努力融入大型企业的产业链中。通过强强联合、差异化，组织形式变革，"团体标准＋园区管理"等多种途径，引导一批企业实现"抱团"发展、"融合"

发展，打造竞争优势，提升聊城轴承产业集群的整体竞争力。借鉴台湾中心卫星工厂制度，推动中小制造业与同类型的大企业开展专业化协作，形成生产网络关系，发挥整体的合作生产力。

（四）促进服务型制造业发展，提高轴承集群质量升级的服务化水平

除了通过技术创新和设备改造来支撑未来的发展以外，聊城轴承企业还可以从"生产型制造"向"服务型制造"转型，提供价值链高端服务，"服务型制造"是针对聊城轴承制造业存在的低附加值、高资源消耗和弱竞争力等问题，提出的一种符合其制造业向全球化、精益化、信息化、专业化、服务化、绿色化、智能化方向发展的先进制造模式。依照中国轴承行业规划，从产品研发开始，提供装备、销售服务，制造业服务化以后会成为一种趋势。

上下游产业的合作价值制造是指下游企业全程参与整个轴承制造与服务的生产和传递过程，在下游企业与上游轴承企业的沟通与合作下，能够更准确满足其需求，从而促进轴承生产企业提供下游企业需求的质量、设计、售后和环境等相关的服务；同时轴承生产企业作为其上游钢铁等供应企业的客户，在享受服务和提供需求的同时，全程参与指导上游企业的制造与服务的全过程，优化和提升上游钢铁、陶瓷等相关行业的产品供应和服务质量，从而依托整个轴承产业链提升企业竞争力。

实现服务型制造的关键要素是服务型制造的网络公共平台，实现产业内外资源相互协作、共同创新和整体资源优化。采用云计算模式和面向服务的多层体系架构，实现了轴承产业内资源的接入和云端化，帮助产业集群内中小企业依附平台开展资源优化和业务协作。

（五）加强质量基础设施建设，突出团体标准引领作用

在质量管理方面，一方面质量监督管理部门要建立严格的质量监督管理体系，完善并宣传轴承行业质量标准体系，积极推进质量认证工作；积极倡导卓越绩效管理、精益生产、零缺陷等先进理念，逐步提高轴承行业的质量管理意识。另一方面，企业要把产品质量作为其生存发展的生命线，建立并实施严格的质量控制管理体系，在整个生产流程中的各个环节都严格按照ISO质量标准体系的要求进行操作。

在检验检测方面，提高轴承产品检测中心检测能力和使用效率，整合轴承产品检测资源。发挥洛轴所山东研究院、省轴承质量检测中心临清检测站等的

平台作用，加快智创未来精密轴承科技园建设，推动质城检测中心大厦、国家技术工程中心等尽快建成使用，为园区轴承产业转型升级提供高水平的技术研发、产品检测服务。

在质量文化建设方面，认真开展员工质量教育培训，将保证产品质量作为企业核心文化加以建设。提高企业质量管控流程建设，对企业质量管理流程进行全面培训。依托有资质的聊城市定点培训机构与企业开展订单培训，高薪聘请技术能手、金蓝领技师等人才担任教师，实行理论与实践相结合，利用职工业余时间进行培训。

推动聊城轴承产业团体标准建设，成立聊城市轴承技术标准联盟，制定轴承产业"团体标准"。团体标准旨在整合产业资源和社会资源，建设先进的标准化体系，促进产业健康、快速发展。团体标准下的产品型技术扩散在动力机制方面更适合集群网络环境，通过聊城轴承产业集群团体标准建设，可以规范产业集群内中小企业的竞争秩序，加速企业的技术创新，对于地方政府扶植发展民营企业发挥重要作用。如何有效发挥团体标准联盟的作用，找到聊城轴承产业集群整体提质增效有效路径是十分必要的。聊城轴承产业团体标准建设落后于浙东、瓦房店等轴承产业集群区，先进地区已先后制定了技术联盟标准等多项团体标准，有力地推进了当地轴承产业集群的发展。聊城市轴承产业必须要迎头赶上，加快轴承产业相应团体标准的制定，寻找适合聊城市轴承行业团体标准建设的模式和治理机制，提高聊城市轴承企业核心竞争能力，推动聊城市轴承产业向高端轴承领域发展。

（六）打造"临清好轴承"区域品牌，提升聊城轴承集群的品牌水平

建议积极打造"临清好轴承"区域品牌知名度。区域产业集群品牌对政府、集群企业具有明显的积极作用。产业集群成员（相关企业、支撑机构及政府等）均是产业集群品牌的受益者。对政府而言，集群品牌化有利于塑造和提升区域形象，改善投资环境，强化产业集群的集聚机制，成为招商引资、招才引智的"磁场"，促进资源要素集聚，从而增加财政收入，促进当地就业；对集群企业而言，集群品牌化有利于促进集群技术创新，提升集群产品的附加值，形成集群区域整体营销效应，创造市场需求，树立消费者信心，排斥竞争对手，从而促进集群终端产品、中间产品销售。

积极探索"群体品牌""区域品牌"的发展路径，即几家企业生产的产品按照同一标准同一流程进行检测，检测合格后打上同一品牌进行销售。这样，

能够有效降低品牌创建的成本和风险,实现抱团共赢。首先,树立统一的价值观,打造"品牌价值共同体"。在政府、机关、企业、产业服务单位及客户当中广泛建立统一的"临清好轴承"价值观念,提升区域企业公众的"公共品牌意识",以"保护和提升区域品牌竞争力"为核心价值观;其次,"临清好轴承"区域品牌为企业品牌背书,帮助其更快进入市场,打消消费者顾虑,增加企业品牌的可信度,缩减消费者购买的决策时间,从而帮助企业打开市场。

把培育本土品牌上升到发展战略的高度去规划、实施。一方面可以对现有轴承品牌进行提升再造,力争成为全省、全国乃至享誉全球的知名品牌;另一方面,有助于协助部分骨干轴承企业将其在全国领先的特色产品创建品牌并加以培养。此外,各种类型、不同规模的企业都要在不同层次上进行自主品牌的建设,以品牌建设带动技术研发、带动质量管理、带动企业长远发展。

参考文献

[1] 陈玉英. 地方政府在推进产业集群发展中的作用研究 [D]. 南昌: 南昌大学, 2016.

[2] 淳悦峻. 临清市轴承产业实现动能转换的思考 [J]. 北方经贸, 2018 (9): 110-112.

[3] 范卫锋, 罗天宇, 杨晓英. 轴承产业的服务型制造模式 [J]. 轴承, 2014 (8): 59-62.

[4] 郭学艳. 临清轴承产业集群研究 [D]. 武汉: 华中师范大学, 2012.

[5] 郝延伟. 全球价值链视角下我国产业集群的转型升级研究 [J]. 学术论坛, 2016, 39 (5): 49-53.

[6] 何加群. 中国工业强国战略和轴承产业 [J]. 轴承, 2015 (1): 55-63.

[7] 胡大立. 我国产业集群全球价值链"低端锁定"战略风险及转型升级路径研究 [J]. 科技进步与对策, 2016, 33 (3): 66-71.

[8] 吉智军, 贾现召, 王玉金. 洛阳轴承产业集群问题研究 [J]. 轴承, 2008 (11): 43-46.

[9] 刘志彪, 张杰. 从融入全球价值链到构建国家价值链:中国产业升级的战略思考 [J]. 学术月刊, 2009, 41 (9): 59-68.

[10] 罗勇, 曹丽莉. 全球价值链视角下我国产业集群升级的思路 [J]. 国际贸易问题, 2008 (11): 92-98.

[11] 马中东, 宁朝山. 基于全球价值链的国家质量基础与产业集群质量

升级研究 [J]. 统计与决策, 2020, 36 (15): 14 – 18.

[12] 叶军. 技术创新与中国轴承工业 [J]. 轴承, 2001 (2): 41 – 42, 45.

[13] 翟静. 全球价值链下的产业集群战略研究 [J]. 商业时代, 2013 (23): 110 – 111.

[14] 张辉. 全球价值链动力机制与产业发展策略 [J]. 中国工业经济, 2006 (1): 40 – 48.

[15] 张辉. 全球价值链理论与我国产业发展研究 [J]. 中国工业经济, 2004 (5): 38 – 46.

[16] 张辉. 全球价值链下地方产业集群升级模式研究 [J]. 中国工业经济, 2005 (9): 11 – 18.

[17] 张卫华, 梁运文. 全球价值链视角下"互联网+产业集群"升级的模式与路径 [J]. 学术论坛, 2017, 40 (3): 117 – 124.

[18] 张向阳, 朱有为. 基于全球价值链视角的产业升级研究 [J]. 外国经济与管理, 2005 (5): 21 – 27.

[19] 赵蓉, 赵立祥, 苏映雪. 全球价值链嵌入、区域融合发展与制造业产业升级——基于双循环新发展格局的思考 [J]. 南方经济, 2020 (10): 1 – 19.

[20] 赵峥. 产业集群演变中的地方政府作用分析 [D]. 北京: 首都经济贸易大学, 2006.

[21] John Humphrey, Hubert Schmitz. Governance in Global Value Chains [J]. IDS Bulletin, 2001, 32 (3).

产业有效需求的测度实现与生产过剩的本义研判[*]

马文军[**]

摘　要：首先就产能利用率指标隔离市场需求因素进行产能过剩测度的逻辑机理与现实局限进行了剖析。然后建构了"生产过剩（短缺）率=[（产业实际供给－产业有效需求）/产业有效需求]×100%"的新型测度指标。进而基于"产业总体市场需求曲线等于所有单个企业市场需求曲线水平加总"的基本规律，从企业个体和产业全局相结合的效率目标，构建了产业有效市场需求测度模型。新型测度指标的构建，回归了过剩（短缺）的供求相对本义，实现了对供需两侧的均衡兼顾，适用范围也涵盖了包括短缺和过剩在内的全域生产阶段。其将产业有效需求与企业有效规模和数量结合起来，从产业组织协同优化视角进行的系统测度，则赋予了坚实的理论支撑。

关键词：产能利用率；测度局限；有效需求；生产过剩（短缺）率

进入21世纪，特别是金融危机爆发以来，产能过剩问题日益严重，就此进行科学测度和有效治理，已成为当下供给侧结构性改革迫切需要解决的重要课题。目前，学术界有关产能过剩的量化测度，主要是依靠产能利用率指标进行的。然而学术界利用该指标进行的测度研究存在有诸多问题，特别是其对市场（有效）需求因素的隔离，使相关的测度研究偏离了过剩态势研判的本义标准，制约了相关测度研究在过剩问题治理中的应用价值。由此，本文拟针对这个问题，选择"产业有效需求的测度实现与生产过剩的本义研判"问题进行研究。

---

[*] 基金项目：教育部人文社会科学研究一般项目（17YJA790064）；山东省自然科学基金项目（ZR2018MG012）。

[**] 作者简介：马文军（1973~　），男，潍坊科技学院经济管理学部教授，鲁东大学商学院教授，研究方向为产业经济与管理。

一、产能利用率指标测度对有效需求的隔离

有关前提性的产能过剩概念和内涵,当下尚存在有一些不同的认识和理解。比如究竟是产业产能超出市场需求[1-3],还是产业产能超出实际产出[4],还是产业实际产出超出市场实际需求[5-6],意见并不一致。但就具体的产能利用率而言,一般认为其是反映厂商对投入要素的充分利用程度的量化指标。若产能利用率高则说明投入要素的利用比较充分,反之则说明部分生产要素处于闲置状态或其生产链的管理协调没有达到最优,就存在过剩的可能。产能利用率指标的具体测度,一般基于"特定要素投入水平下的实际产出与理论最大产能的比例"[7]的理念,运用产业"实际产出/潜在产能"的计量方法予以衡量[8-9]。

不过,这种基于"实际产出/潜在产能"计量方法进行的产能利用率具体测度应用,实际上存在有一系列的问题,制约了该指标测度研判的科学性、精确性和价值性。特别地,其对市场(有效)需求因素有意无意的隔离,使相关的测度研究一开始就偏离了过剩态势研判的供需双侧比对本义标准,进而制约了相关测度研究在过剩问题治理中的应用价值。具体来说,在产能利用率指标测度中,在分母的产业潜在产能被前提性地归置于衡量供给侧的产业供给能力的情况下,作为分子的产业实际产出则应该充分体现需求侧的市场(有效)需求因素,做到供需两侧同时兼顾,相关测度才能符合产能过剩"供大于求"的本义。然而,产业实际产出本质上是一种衡量产业实际供给的供给侧指标,没有涉及市场需求和收益利润因素,难以有效反映真实的市场需求情况。

具体原因有三[10]:(1)产业的实际产出往往并不会全部转化为市场实际需求,还有一部分会以存货的形式出现,而且有时候存货的比重还相当大。只有首先从产业实际产出中减去存货,才能得到反映市场信息的产业市场需求。否则,即使产业的实际产出正好达到了产业潜在产能水平,所谓的产能利用率达到了100%,但如果产业实际产出中的相当部分没有转化为市场需求,只能以存货的形式出现,那实质上还是存在着严重的产能过剩。参见图1。(2)即使产业的实际产出全部转化为了市场实际需求,转化的质量也会有巨大差别。有的可能获得的是合适的价格和利润水平,有的可能获得的是垄断的价格和利润水平,还有的可能获得的是亏损的价格和利润水平。只有在合适的价格和利润水平将产业实际产出全部转化为市场实际需求,才是有价值和有效的。如果产业实际产出在严重亏损的价格和利润水平下全部转化为市场实际需求,即使产业实际产出正好达到了产业潜在产能水平,所谓的产能利用率达到了100%,

也不能掩盖其产能过剩的实质。参见图2。(3) 当前,一方面社会主义市场经济应该起到决定性的作用,另一方面我国经济步入了中高速发展的新常态阶段,国民经济各行业发展呈现出"需求低增长、产品低价格、经营低效益、发展高压力""三低一高"的新常态特征。在这种背景下,进行过剩与否的测度研判,市场需求应成为根本导向,经营效益应成为关键目标,经济利润应成为基本逻辑。这就是说,推进国民经济各行业过剩治理,研判的基准应该是基于经营效益的有效市场需求,而不是实际的需求或产出。

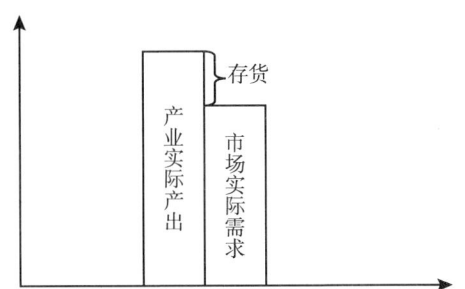

图1 产业实际产出与市场实际需求的区别

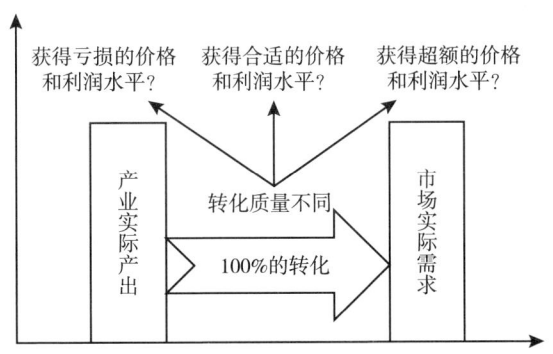

图2 产业实际产出向市场实际需求转化的质量区别

可见,在社会主义市场经济起决定性作用的当前,衡量产业产能是否过剩,不能隔离市场需求孤立进行[11],而应该基于"供过于求"的过剩本质,回归市场需求的本义基准,以避免缺乏市场需求下的供给无效[12]。然而,在"产能利用率=实际产出/潜在产能"的测度公式中,"潜在产能"衡量的本质是供给侧的产业供给能力,"实际产出"衡量的本质是供给侧的产业实际供给,两者衡量的均是生产供给侧,而另一关键的市场需求侧则被有意无意隔离了。这样，用该指标对产能过剩进行测度研判，会导致对"供大于求"过剩本义的严重偏离，实际上并不能真正有效地反映相对于市场需求基准的产能过剩情况。反过来说，由于对市场需求和收益利润因素的隔离，从根本上说该指标测度的只是技术层面的生产开工率或者设备利用率而已。

特别地，根据前面分析，产能利用率高低与产能过剩态势严重程度之间应该具有直接的相关关系，缓解产能过剩态势的直接途径就是提高产能利用率。而根据"产能利用率=实际产出/潜在产能"的计算理念，提高产能利用率从而缓解产能过剩的最具操作性的抓手或者路径取向，往往并不是对顽固性的产业潜在产能的压缩控制，而会有意无意变换为对产业实际产出的激励扩张。然而，在产业潜在产能保持不变的前提下，通过提高产业实际产出虽然获得了表面性的产能利用率提高，但对解决本义上的产能过剩问题则并无任何帮助。恰恰相反，这种表面性产能利用率提高的背后，真正应该压缩控制的产业潜在产能不但不会得到压缩控制，反而会由于产业实际产出不断扩张的反向激励而实现膨胀扩张，结果在客观上形成对市场机制的人为隔离，推动产能过剩步入恶性循环而日益严重。可见，现行的"产能利用率=实际产出/潜在产能"指标测度导向，在产能过剩调控治理实践中实际上有意无意提供了恰恰相反的路径启示①。或者说，产能利用率提高的现实路径选择和产能过剩缓解的本义目标指向，在实践中出现了根本性的取向偏差。

二、纳入有效需求的生产过剩（短缺）测度指标建构

鉴于产能过剩问题的重要性，在现行产能利用率指标测度有意无意隔离了市场需求因素并往往会导致政策应用中南辕北辙的方向性偏差情况下，回归供求结构失衡下的"供过于求"本义，同时兼顾供需两侧，基于"生产供给/市场需求"的原义逻辑（而不是现行产能利用率指标测度的"实际供给/潜在供给"逻辑），修正建构相应的过剩测度指标，就显得重要而迫切了。

特别地，现行产能利用率指标测度的局限，除了分子侧产业实际产出指标对市场需求因素的隔离问题之外，分母侧产业潜在产能的具体测度也存在有方

---

① 钟春平和潘黎[3]的研究表明，某国有钢铁企业在2010~2012年三年间的产能利用率分别是90.74%、83.99%、87.84%，2013年该指标又有进一步攀升。微观企业日益攀升的产能利用率和宏观经济日益严重的生产过剩出现了巨大反差，一个重要原因就在于基于产能利用率指标测度提供的产能过剩治理路径，恰恰将重点抓手错误地放置于对产业实际产出的提高，而不是对产业潜在产能的压缩。

法不一、结论迥异、互不通用、难成共识、干扰决策等问题。具体来说，产业潜在产能常用的测度方法主要有统计调查法、成本函数法、峰值法、前沿面分析法、协整方法等，彼此在理论基础、测度前提、数据选用等方面各不相同。学者们往往各自基于不同的偏好选择不同的方法进行实证研究，结果会导致即使面对同一产业测度得出的潜在产能和产能利用率，也会出现明显甚至巨大的差异①，给人一种真伪难辩、无所适从之感，降低或者失去应有的现实价值。

在这种情况下，从测度指标构建的简洁实用指向出发，拟将"生产供给/市场需求"的原意逻辑具体化为"实际供给/市场需求"的现实逻辑，选择构建生产过剩的测度指标。一方面，产业实际供给就是产业实际的产出，可以根据国家有关部门的统计数据直接予以采用，具有统一性。另一方面，生产过剩和产能过剩两者虽然存在差异，但具有本质的一致性，实用且更为简洁。

由此，拟修正建构的生产过剩率新型测度指标，就是从生产供给相对于市场需求的视角，就产业实际产出相比于市场需求的超出过剩部分之比率进行测度。特别地，该指标也可同时就产业实际产出相比于市场需求的不足短缺部分之比率进行测度。这样，拟构建的新型测度指标实际上既可以测度生产过剩比率，也可以测度生产短缺比率，实现对短缺与过剩阶段的全程覆盖，其准确的名称可以称为生产过剩（短缺）率。可得：

生产过剩（短缺）率 = [产业供给过剩(短缺)量/产业市场需求量] × 100%

= [（产业实际供给 − 产业市场需求）/产业市场需求] × 100%

式中，涉及产业实际供给和产业市场需求两个关键指标。如上所言，产业实际供给可以根据国家有关部门的统计数据直接予以采用，而产业市场需求不应该是一般泛义上的市场实际需求，而应该是产业的有效市场需求，即由企业技术成本和市场需求收益双侧共同作用下达到了相应效率目标的市场需求。

由此，上述公式就可进一步修正表达为：

生产过剩（短缺）率 = [（产业实际供给 − 产业有效需求）/

产业有效需求] × 100%

---

① 如国务院[13]调查测度的2012年底钢铁、水泥、电解铝、平板玻璃、船舶等几大产业产能利用率分别为72%、73.7%、71.9%、73.1%、75%，简单平均为73.1%，OECD和IMF国别报告测度的中国制造业2011年度总体产能利用率分别为86%和60%[3]，韩国高等[9]调查测度的中国28个行业1999~2008年的产能利用率在40%~360%，彼此差异就极其巨大。

上式的逻辑意义是，如果产业的实际供给产出超出了产业的有效市场需求空间，就意味着一定比例的实际供给产出缺乏相应的有效市场需求空间支撑，就是一种生产过剩，其超出的比率就是生产过剩率。相反，实际供给产出小于了有效市场需求，就意味着有一定比例的有效市场需求得不到满足，就是一种生产短缺，其不足的比率就是生产短缺率。

由此，生产过剩（短缺）率指标的建构应用，市场有效需求及其科学测度就成为了关键。关于市场有效需求，目前微观学界多指向有支付能力的购买力[14-15]，宏观学界则指向包括消费需求、投资需求在内的凯恩斯意义上的总需求，也有学者从马克思和卡莱茨基角度予以探源[16]，本质上均是实际市场需求。也有学者提出了基于真正效用或者基于高质量产品需求[17-18]的有效需求，耳目一新。但同时考虑合理价格和收益利润的有效需求，虽基本概念早已提出[19-20]，后续基本内涵、内在机理、测度方法的研究则未能见到。

特别地，从产业组织角度看，市场有效需求不是一个孤立的指标，而是与有效企业数量、有效企业规模等指标一起，均是有效或最优产业组织体系彼此紧密联系不可分割的一组多维衡量指标。所以，有关产业有效市场需求的测度，须纳入产业组织的完整体系中进行系统性审视优化。然而目前相关的理论研究，大多是将产业有效市场需求指标独立进行的，缺乏与企业有效规模、企业有效数量等相关指标的必要关联。实践中，以《钢铁产业调整和振兴规划》和《钢铁行业化解产能过剩实现脱困发展的意见》为代表的相关调控政策，虽然将产能过剩调控与企业规模、数量以及产业集中度、市场竞争度等调控放在一起，进行了通盘表述，实质上却缺乏从产业组织视角的内在逻辑分析和系统把握。

三、产业有效需求测度的模型构建与具体实现

鉴于有效市场需求指标在生产过剩（短缺）率指标建构和测度中的关键作用，以及目前相关研究进展的不理想，下面就该指标的测度实现机理进行图示模型方式的示例分析。

需要说明的是，产业有效市场需求是产业全局视角的有效，而不仅仅是企业个体视角的有效，必须基于企业个体和产业全局相结合的综合视角进行分析。否则，脱离了产业全局的视角，仅仅从企业个体的视角进行分析，其结果可能是实现了企业个体视角的有效或最优，但从产业全局视角看收获的往往并不是有效或最优，甚至是最差，丰收悖论即是典型事例。就企业个体视角而

言,其追求的效率目标一般是经济利润最大。而就产业全局视角来说,其追求的往往是综合的而不再是单一的效率目标,如经济利润最大、社会福利最大、平均成本最低等。这样,企业个体和产业全局相结合的综合视角的效率目标组合,就包括有企业个体经济利润最大与产业全局经济利润最大、社会福利最大、平均成本最低等多种选项。

方便起见,以平均型企业作为代表进行分析。这样,根据"产业总体市场需求曲线等于所有单个企业市场需求曲线水平加总"的基本规律可知,对一个具体的产业而言,产业完全垄断时只有一个企业,单个企业的市场需求曲线就等同于产业总体市场需求曲线;产业完全竞争时有无穷多个企业,每个企业所占产业市场份额极小,其市场需求曲线是一条逼近于纵轴的垂直下倾线;产业垄断竞争时企业数量介于两者之间,单个企业的市场需求曲线右下倾程度也介于两者之间,且垄断(竞争)程度越高单个企业的市场需求曲线越平坦(陡峭),越逼近产业总体市场需求曲线(纵轴)。参见图3。

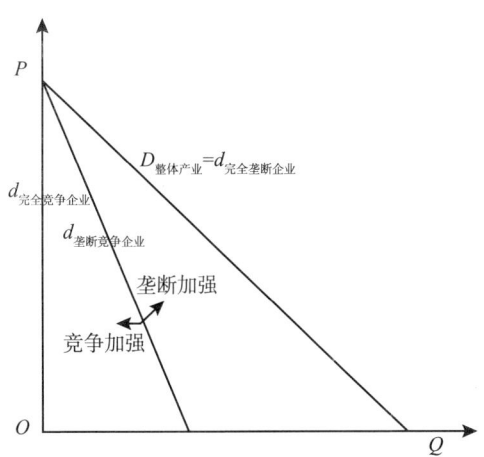

图3 产业不同垄断竞争下平均型企业市场需求曲线变化规律的界定

由此,下面基于产业总体市场需求曲线与企业技术成本曲线的一般对应情况,选择企业个体经济利润最大与产业全局平均成本最低的典型性效率目标组合进行分析①。具体参见图4,横轴表示需求 Q,纵轴表示价格 P 和成本 C;

---

① 如上所言,就企业个体视角而言,经济利润最大的效率目标最有典型代表性。而就产业全局视角来说,平均成本最低的效率目标本质上是资源节约和可持续发展理念的一种体现,同样很有典型代表性。由此,两者结合的效率目标组合,是一种典型性的效率目标组合。

AC 和 MC 表示企业的平均成本曲线和边际成本曲线，AC 呈现先下降再上升的 U 型趋势，其和 MC 的交点一定是 AC 最低点；产业总体市场需求曲线一般为一条右下倾的曲线，许多时候可以近似地表示为右下倾的直线，图中 $D_{整体产业}$ 即为产业总体市场需求曲线，其也是完全垄断时单个企业的市场需求曲线 $d_{完全垄断企业}$；根据产业不同竞争（垄断）程度下平均型企业市场需求曲线的变化规律，当该产业市场属于完全竞争时，单个企业的市场需求曲线 $d_{完全竞争企业}$、边际收益曲线 $MR_{完全竞争企业}$、平均收益曲线 $AR_{完全竞争企业}$ 均相等且与纵轴重合。d_1 为该产业市场属于特定的垄断竞争结构时单个企业的市场需求曲线，其对应的单个企业边际收益曲线为 MR_1，MR_1 与 MC 相交的均衡点 E_1 正好是 AC 的最低点，显然这时整个产业市场由 Q_T/Q_1 个企业组成。

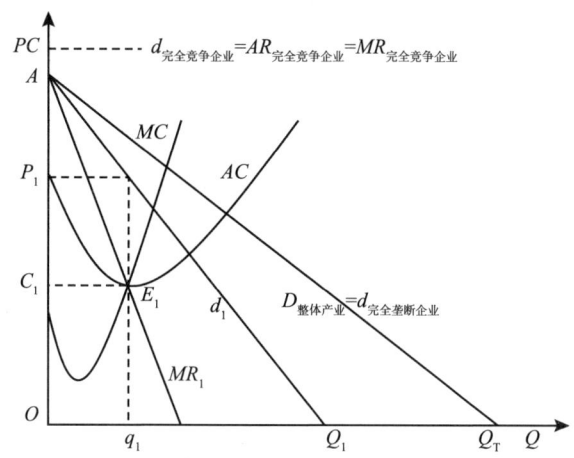

图4　企业技术成本曲线和产业市场需求曲线一般对应情况下的静态测度模型构建

分析可知，当产业市场属于 d_1 对应的垄断竞争结构时，单个企业的市场需求曲线 d_1 决定的企业边际收益曲线 MR_1 与 MC 相交的均衡点 E_1 正好是 AC 的最低点 C_1，说明这种情况下 E_1 点不但是满足利润最大效率目标诉求的企业均衡生产点，也是满足平均成本最低效率目标诉求的产业效率生产点。这时整个产业市场由 Q_T/Q_1 个企业组成，说明就企业经济利润最大与产业平均成本最低组合目标而言，该产业市场中保持有 Q_T/Q_1 个企业时，产业达到有效（最优）的垄断竞争度。这时单个企业的有效（最优）生产规模为 q_1，所有企业产量之和即产业有效（最优）产出为 $q_1 Q_T/Q_1$，其占整个产业市场最大需求

量 Q_T 的比重为 AP_1/AO①,参见表1。特别地,这个产业有效(最优)产出 q_1Q_T/Q_1 是综合产业市场需求与企业技术成本两个侧面的有效(最优)值,因此从产业产出角度看其是产业有效(最优)供给产出,同时从市场需求角度看其也是产业有效(最优)市场需求。

表1 基于图4的产业有效(最优)市场需求相关指标测度表

效率目标组合	企业数量	企业规模	产业产出	市场需求
企业经济利润最大+产业平均成本最低	Q_T/Q_1	q_1	q_1Q_T/Q_1	q_1Q_T/Q_1

注:企业数量、规模是指有效(最优)数量、规模,产业产出、市场需求是指有效(最优)产出、需求。

基于同样的逻辑,还可以就企业个体经济利润最大与产业全局经济利润最大②、社会福利最大等多种效率目标组合分别进行分析,篇幅所限,此处从略。

四、相关的实证分析及研究的总体结论

基于上述有效市场需求和纳入有效需求的生产过剩(短缺)率的相关测度指标建构基本逻辑,马文军[10]结合中国钢铁产业实证进行了兼顾供需的生产过剩(短缺)本义测度研判。其实证测度研判的基本逻辑流程是:(1)收集1981～2011年共31个年份的钢铁企业和钢铁产业发展相关数据。(2)模拟钢铁产业1981～2011年历年的产业市场需求曲线和企业技术成本曲线。(3)选择企业个体与产业全局相结合的效率目标组合进行测度,得出钢铁产业历年的有效市场需求。(4)以钢铁产业历年的有效市场需求为基准,将相应年份的产业实际产出与之进行比较,研判钢铁产业各相应年份生产过剩(短缺)的基本态势。最终测度研判结果参见表2和图5。

---

① 可借助图4证明如下:均衡点 E_1 对应的单个企业的均衡产量为 q_1,产业市场共有 Q_T/Q_1 个企业,所有企业总产量为 q_1Q_T/Q_1,其占整个产业市场最大需求量 Q_T 的比重为 q_1/Q_1,相当于 AP_1/AO。

② 实际上,利润最大与成本最低之间存在对偶关系,所以该分析结论当同样适用于企业经济利润最大与产业经济利润最大的效率目标组合。

产业质量研究

表2　　**我国钢铁产业1981～2011年历年的有效需求测度与生产过剩（短缺）态势研判表**

年份	产业有效需求（万吨）	产业实际产出（万吨）	实际产出－有效需求（万吨）	生产过剩（短缺）率（％）	态势研判
1981	3 604	2 670	－934	－25.92	严重短缺
1982	3 793	2 902	－891	－23.49	严重短缺
1983	4 101	3 072	－1 029	－25.09	严重短缺
1984	4 677	3 372	－1 305	－27.90	严重短缺
1985	5 252	3 692	－1 560	－29.70	严重短缺
1986	5 585	4 058	－1 527	－27.34	严重短缺
1987	6 031	4 386	－1 645	－27.28	严重短缺
1988	6 304	4 689	－1 615	－25.62	严重短缺
1989	6 080	4 859	－1 221	－20.08	严重短缺
1990	6 479	5 153	－1 326	－20.47	严重短缺
1991	7 237	5 638	－1 599	－22.09	严重短缺
1992	8 346	6 694	－1 652	－19.79	严重短缺
1993	9 545	7 707	－1 838	－19.26	严重短缺
1994	10 599	8 428	－2 171	－20.48	严重短缺
1995	11 565	8 980	－2 585	－22.35	严重短缺
1996	12 677	9 338	－3 339	－26.34	严重短缺
1997	13 871	9 987	－3 884	－28.00	严重短缺
1998	15 140	10 738	－4 402	－29.08	严重短缺
1999	16 504	12 102	－4 402	－26.67	严重短缺
2000	18 437	13 146	－5 291	－28.70	严重短缺
2001	20 444	16 068	－4 376	－21.40	严重短缺
2002	22 641	19 252	－3 389	－14.97	明显短缺
2003	25 470	24 108	－1 362	－5.35	轻微短缺
2004	29 046	29 723	677	2.33	比较适度
2005	33 206	37 771	4 565	13.75	明显过剩
2006	38 324	46 893	8 569	22.36	严重过剩
2007	45 216	56 561	11 345	25.09	严重过剩
2008	50 353	58 488	8 135	16.16	明显过剩
2009	55 243	69 405	14 162	25.64	严重过剩
2010	62 945	80 277	17 332	27.54	严重过剩
2011	70 099	88 258	18 159	25.90	严重过剩

资料来源：马文军. 产业最优需求测度与生产过剩预警调控：基理构建与钢铁、水泥产业的实证[M]. 北京：经济科学出版社，2014.

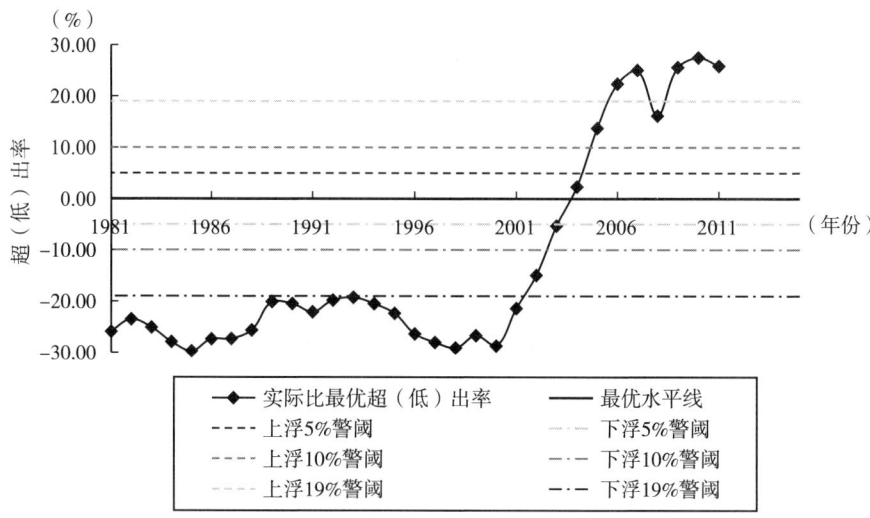

图 5　我国 1981~2011 年历年钢铁生产的过剩（短缺）趋势变化

可知就钢铁产业而言，1981~2001 年的 21 个年份中始终处于严重短缺状态，此后短缺局面开始迅速缓解，并于 2004 年达到了比较适度的状态。从 2005 年开始过剩状态接踵而至，而从 2009~2011 年我国钢铁产业年均产出增量都在 1 亿吨左右，实际产出分别超出有效市场需求 25.64%、27.54%、25.90%，呈现空前严重且一直高企不下的过剩态势。这个测度研判结论，总体上符合我国钢铁产业发展的真实态势①，也为本研究的现实应用提供了有益的实证路径启示。

综上所述，本文围绕着产能利用率指标的测度局限进行了批判修正性研究。显然，本文有关产能利用率指标隔离有效市场需求因素进行产能过剩测度的逻辑机理与现实局限剖析，本文回归过剩（短缺）的供求相对本义新建构的"生产过剩（短缺）率 = [（产业实际供给 - 产业有效需求）/产业有效需求] × 100%"的测度指标和计算公式，以及本文基于"产业总体市场需求曲线等于所有单个企业市场需求曲线水平加总"的基本规律，从企业个体和产业

---

① 基于 CNKI 数据库就 1980~2012 年间"钢铁 + 过剩"关键词组合进行文献检索，共检索到有效文献 41 篇，其中 1995 年、1997 年、2004 年、2005 年的有效文献数量均各为 1 篇，2006 年这个数字急剧上升为了 6 篇，2011 年更是上升到了最高的 11 篇，2006~2012 年平均每年为 7.4 篇。文献资料是现实生产的镜像反映，考虑到文献对现实反映大约有 1 年左右的滞后期，则可大致判断中国钢铁产业真实的生产过剩大致从 2005 年开始出现，2010 年前后达到了空前严重的状态。这个文献分析结果与本研究结果具有高度的一致性。

全局相结合的分析视角和效率目标，构建的产业有效市场需求测度模型，具有良好的创新价值。

特别地，相对于之前的产能利用率测度指标，本文建构的基于产业有效市场需求测度的生产过剩（短缺）率新型测度指标，实现了对产业生产供给侧和市场需求侧两个侧面的同时考量，从而真正回归了生产过剩（短缺）测度的供过于求或供不应求的供求相对本义，并实现了对包括短缺阶段和过剩阶段在内全域生产阶段的全程涵盖适用。而相对于之前产能利用率指标就事论事、孤立测度的不足，本新型指标测度是将产业有效需求（产出）与企业有效规模、企业有效数量结合起来，从产业组织协同优化的视角一并进行的，从而为其赋予了坚实的经济理论支撑。

参考文献

[1] 曹建海. 重在完善产能过剩的防范机制 [J]. 求是，2015（8）：35－37.

[2] 陈样，靳卫萍. 有效需求：马克思、凯恩斯与卡莱茨基经济学 [J]. 南开经济研究，2004（2）：51－56.

[3] 邓亚平，任小江. 有效需求不足的定义、成因及对策 [J]. 金融研究，2000（3）：66－70.

[4] 范红忠. 有效需求规模假说、研发投入与国家自主创新能力 [J]. 经济研究，2007（3）：33－44.

[5] 冯梅，陈鹏. 中国钢铁产业产能过剩程度的量化分析与预警 [J]. 中国软科学，2013（5）：110－116.

[6] 国务院. 关于化解产能严重过剩矛盾的指导意见 [DB/OL]. http://www.gov.cn/gongbao/content/2013/content_2514934.htm.

[7] 韩国高，高铁梅，王立国，齐鹰飞，王晓姝. 中国制造业产能过剩的测度、波动及成因研究 [J]. 经济研究，2011（12）：18－31.

[8] 洪银兴. 准确认识供给侧结构性改革的目标和任务 [J]. 中国工业经济，2016（6）：14－21.

[9] 胡荣涛. 产能过剩形成原因与化解的供给侧因素分析 [J]. 现代经济探讨，2016（2）：5－9.

[10] 黄枫，甘犁. 过度需求还是有效需求？——城镇老人健康与医疗保险的实证分析 [J]. 经济研究，2010（6）：105－119.

[11] 黄桂田. 买方市场、有效需求与宏观调控 [J]. 金融研究，1998

(12): 1-7.

[12] 林毅夫, 巫和懋, 邢亦青. "潮涌现象"与产能过剩的形成机制[J]. 经济研究, 2010 (10): 4-19.

[13] 马文军. 产业最优需求测度与生产过剩预警调控: 基理构建与钢铁、水泥产业的实证[M]. 北京: 经济科学出版社, 2014.

[14] 任碧云. "双过剩"条件下中国经济政策协调研究[M]. 厦门: 厦门大学出版社, 2010.

[15] 沈佳斌. "有效需求"辨误[J]. 经济学家, 2002 (2): 116.

[16] 沈坤荣, 钦晓双, 孙成浩. 中国产能过剩的成因与测度[J]. 产业经济评论, 2012 (4): 1-26.

[17] 徐康宁. 供给侧改革的若干理论问题与政策选择[J]. 现代经济探讨, 2016 (4): 5-9.

[18] 钟春平, 潘黎. "产能过剩"的误区——产能利用率及产能过剩的进展、争议及现实判断[J]. 经济学动态, 2014 (3): 35-57.

[19] 周劲. 产能过剩的概念、判断指标及其在部分行业测算中的应用[J]. 宏观经济研究, 2007 (9): 33-39.

[20] Kirkley, J. E., Morrison, C. J., and Squires, D. E. Capacity and Capacity Utilization in Common-pool Resource Industries: Definition, Measurement, and a Comparison of Approaches [J]. Environmental and Resource Economics, 2002, 22 (1-2): 71-97.

社会网络视角下中国共享经济产业生态系统优化研究*

——以共享住宿产业为例

张丹宁 宋雪峰 钟振东 石艳姝**

摘　要：中国共享经济产业在经历了野蛮式增长后进入了增速放缓的结构调整期，暴露出同质性严重、盈利模式单一以及产业协同度低等发展问题。因此如何打造良好的产业生态系统是推动中国共享经济产业健康可持续发展的重要思路。据此，鉴于共享经济产业属于典型的"互联网+"业态，具有显著的"业态融合"和"跨界共生"的特征，本文引入了"社会网络"分析视角，在对共享经济子产业生态系统进行界定的基础上，构建了"产业生态系统"与"社会网络"融合的共享经济产业三维分析框架，并对共享住宿产业进行了应用研究，旨在为中国共享经济产业生态系统的优化及可持续发展提供清晰的机制设计和优化政策建议。

关键词：共享经济；共享住宿；产业生态系统；社会网络；三维融合框架

2020年政府工作报告明确指出，要大力发展平台经济、共享经济，更大激发社会创造力。近年来，以共享单车、共享充电宝、共享医疗和共享住宿为代表的中国共享经济发展非常迅猛。然而，在经过快速野蛮增长后，共享经济产业也进入了结构调整期，盈利模式单一、同质化竞争严重、过度依靠资本驱动等问题是制约产业健康可持续发展的主要瓶颈。但不容置疑的是，共享经济在推动服务业结构优化、促进消费方式转型和稳定就业等方面的作用依然显著，发展潜力巨大。据相关数据显示，2019年，中国共享经济市场交易额为

---

* 基金项目：国家自然科学基金项目（71803073）；教育部人文社科规划项目（18YJC790211）。
** 作者简介：张丹宁（1980~　），女，辽宁沈阳人，辽宁大学经济学院教授，博士生导师，经济学博士，研究方向为产业网络。
宋雪峰（1997~　），男，黑龙江齐齐哈尔人，辽宁大学经济学院硕士，研究方向为产业网络。
钟振东（1994~　），男，黑龙江哈尔滨人，辽宁大学经济学院硕士，研究方向为产业组织。
石艳姝（1995~　），女，辽宁沈阳人，辽宁大学经济学院硕士，研究方向为产业组织。

32 828亿元,比上年增长11.6%;平台员工数623万人,比上年增长4.2%;共享经济参与者人数约8亿人,其中提供服务者约7 800万人,同比增长4%。由此可见,共享经济产业在稳就业方面发挥了积极的作用。

从本质来看,共享经济是在"互联网+"大环境下将闲置物品和资源进行分享的商品经济形式,合理配置和有效利用闲置资源是这种全新商业模式的核心所在。因此,同颇具争议的"共享单车"和"共享雨伞"等具有"商业租赁"性质的产业相比,共享住宿产业更能体现闲置资源被有效利用的"共享"本质。而且,随着我国人均收入的不断提高和消费结构的不断升级,"文化旅游产业"正成为新的经济增长点。同传统的酒店住宿相比,拥有更好体验的民宿等共享住宿更受到消费者的青睐,这都为共享住宿产业带来了巨大的发展机遇。据相关数据显示,2019年中国共享住宿市场交易额为225亿元,较上年增长36.4%,在共享经济领域发展速度最快。但是,普及率较低、同质化竞争严重以及信用体系建设滞后等问题仍然不容忽视,因此,亟待从"协同共生"的系统化视角出发,破解共享经济产业发展瓶颈,从而实现产业的可持续发展。

共享经济产业属于典型的"互联网产业"。当下,互联网产业的"生态化"发展趋势非常显著。很多研究表明,由于互联网产业的特殊性,其技术以及商业模式的创新需要结合基础设施、内容提供商、应用提供商以及服务提供商等不同链条的密切合作,只有这种类似生态系统的密切合作才能加快创新应用过程,节省创新成本,提高创新效率[1-2]。因此,本文在对"生态系统"内涵的演化发展进行梳理的基础上,提出了"共享经济产业生态系统"的概念,并通过构建"产业生态系统"与"社会网络"相融合的共享经济三维研究框架对中国共享住宿产业进行了系统分析,旨在为推动中国共享经济产业健康可持续发展提供有效的对策建议。

一、共享经济产业生态系统的内涵

在互联网"共享阶段"得到迅猛发展的"共享经济"(sharing economy)早在20世纪70年代就被提出了[3]。但是,只有伴生于互联网产业的迅猛发展和成熟,这种经济业态方能重新焕发出强大的发展趋势和潜力,才随着产业规模的不断扩大和商业模式的持续创新成为互联网生态系统中重要的组成部分。从内涵的演化路径来看,"共享经济产业生态系统"的产生与发展遵循了"自然生态系统—产业(工业)生态系统—商业生态系统—互联网生态系统—共享经济产业生态系统"的发展脉络,如图 1 所示[4]。

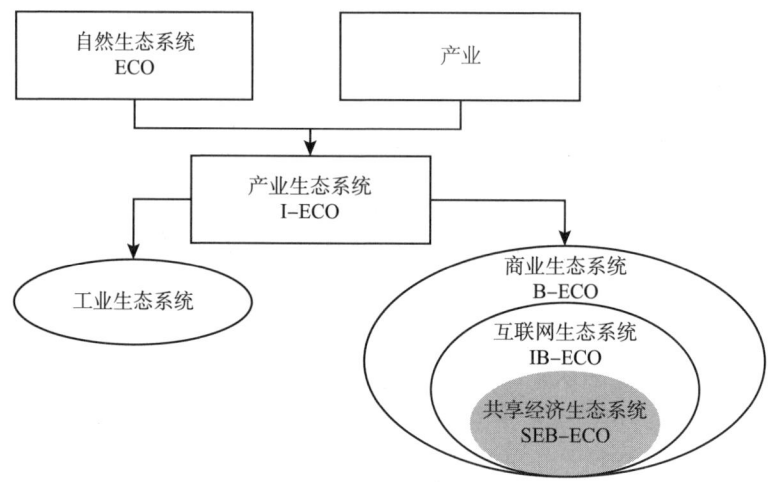

图 1　共享经济产业生态系统演化

源自生物学领域的"生态系统"(ecosystem, ECO)于 1935 年提出[5]。随着生态系统与社会科学领域研究的逐步渗透与融合,"产业生态系统"(industrial ecosystem, I-ECO)于 1989 年在《科学美国人》上的文章"制造业策略"一文中被首次提出[6],鉴于在相当长的时期中,工业在世界产业体系中占有举足轻重的作用,所以"工业生态系统"就等同于"产业生态系统"[7]。随着世界产业结构的不断优化升级,"经济服务化"趋势的日趋显著让产业生态的研究渐渐摆脱了原来较为狭隘的"工业锁定",转向更为广阔的产业视角。在此背景下,商业生态系统(business ecosystem, B-ECO)于 1993 年被首次提出,强调以"仿自然生态系统"的研究思路应用到三个产业运作之中,以各个企业和组织之间频繁互动为基础,通过客户、供应商以及主要制造商构成的产业系统的"新陈代谢"实现互惠的产业共生,构建相互完善和补充的产业生态圈[8-10]。随着信息革命的深入推进,互联网产业通过助推技术创新和引入全新商业模式创造出惊人的社会价值。而以苹果、谷歌和阿里巴巴为代表的互联网巨头也正在向"生态型企业"转型升级,旨在重塑行业格局,深挖产业生态的协同附加值,加速自身商业生态系统的构建,最大化生态价值的转化。"互联网生态系统"(internet business ecosystem, IB-ECO)自 2013 年开始成为商业生态系统研究领域中的前沿与热点[11-12]。纵观互联网产业的发展历程,在经过"缓慢发展阶段(1990~1995 年)、起步发展阶段

（1995~1998年）、高速发展阶段（1998~2001年）和成熟阶段（2002~2009年）后，于2010年进入共享发展阶段，即全球资源实现网络共享，并通过全球化的网络在世界范围内进行资源优化配置的深度分享合作阶段，共享经济产业得以迅猛发展[13]。据此，基于共享经济的内涵与相关生态系统的界定，共享经济产业生态系统（sharing economy ecosystem，SE-ECO）的定义如下：以互联网移动技术为基础，打破资源与商品的所有权束缚，通过网络平台推动以使用权为基础的协同消费以实现价值共享的经济群落。

同其他生态系统相比，共享经济产业生态系统具有两个典型的特征：一是"网络化组织特征更加显著"。互联网的迅猛发展为共享经济打下了信息化和联网化的基础，只有依托于网络平台才能聚集大量的多样化组织与信息，通过对这些资源进行二次开发和精准匹配实现资源与能力的互补及价值网的构造，从而创造出比单个组织简单聚合更大的价值。比如共享住宿企业，依托网络平台大量的客户需求，可以聚集众多组织与信息，使房源供给与客户需求精确匹配。二是"跨界合作对系统多样性的需求更高"。共享经济产业生态系统存在着典型的"多元交互"与"跨界网络延伸"的特征。共享经济产业是依托于线上交流与线下交付相融合的经济模式来推动"社群生态"的形成，比如"途家"既是住宿共享平台，同时也是移动互联社区，"社群化"产生的"有聚效应"和"有趣效应"可以增强用户黏性，助推共享经济产业信用体系的完善和共享领域的"多样化"拓展，社交网络平台、移动支付企业以及即时通信企业等都在生态系统中发挥了重要的作用与功能。

二、共享经济产业生态系统"三维融合"框架：基于社会网络视角

将"社会网络"视角引入到"生态系统"的研究中，对"产业生态系统"的构建、权力的分配以及治理等进行的研究是当前的热点和前沿，大量的研究表明产业生态系统是以生产网络和价值网络为发展基础的，且比后者具有更大的竞争优势，更易构建和谐自然，良性共生的竞合环境[14-15]。影响生态系统运行的因素一般分为三个层次："生态环境（宏观）""生态群落（中观）"和"生态位（微观）"[16-17]，而社会网络分析中包含的"网络密度""凝聚子群"及"节点中心性"等分析与此具有很好的匹配性，故本文在将"产业生态系统"与"社会网络分析"相融合的基础上构建了包含"宏观—中观—微观"三个维度的融合性研究框架，见表1。

表1　　　　　共享经济产业生态系统与社会网络融合性研究框架

结构	匹配性	共享经济产业生态系统	社会网络分析
宏观	生态环境与网络密度的匹配	产业发展规模	节点数与网络连接数
		产业生态系统网络密度	密度指标分析
		产业生态系统凝聚力	网络中心势
中观	生态群落与凝聚子群的匹配	小群体	基于图形分析的凝聚子群
微观	生态位与节点中心度的匹配	优势种判别	综合中心度指数
		关键种判别	Burt结构洞

资料来源：作者自行整理。

（一）"生态环境"与"网络密度"的融合分析：宏观维度

自然生态系统中的"环境"包括空间容量、气候、土壤以及地形等因素，它为生存其中的生物个体提供了资源支持。对于共享经济产业生态系统而言，共享经济系企业、互联网企业、创投企业、政府和高校及科研机构等组成的"产业环境"同样对于每个企业和组织的发展具有重要的支持作用，其大小取决于共享经济产业环境的多样性及环境与每个个体的交互程度。"社会网络分析"中的"密度分析"（density）就是在描述"网络规模"的基础上，进一步来分析和刻画网络中节点之间关系的紧密程度，本文提出的"网络密度"分析是"广义的"[①]，包含三个内容：

1. 产业生态系统网络规模的大小（scale）

网络规模越大，其结构越复杂，系统生态性越强，一般多用网络中节点和节点之间连接的数量进行测度。

2. 密度指数（degree index）

该指数多用网络中实际存在的连接关系数量与可能存在的连接关系数量的比例进行衡量，密度指数越大，说明网络越成熟，网络成员之间的联系越紧密，信息沟通越顺畅，其计算公式为：

---

① 狭义的密度分析就是指用"密度指数"对网络的紧密程度进行测度，而本文提出的广义密度分析包括网络规模、狭义的密度指数以及网络凝聚力三个方面。

$$\Delta = \frac{2L}{N(N-1)} \quad (1)$$

其中，N 表示网络节点的数量，L 表示节点之间网络关系的数量。

3. 凝聚力指数（centrality index）

该指数用来判断网络结构中是否存在"权力的中心"，是否有控制或者曲解信息的枢纽。一般地，多用"网络中心势"（graph centrality）来对网络中整体凝聚力进行刻画，其计算公式为：

$$C = \frac{\sum_{i=1}^{n}(C_{max} - C_i)}{\max\left[\sum_{i=1}^{n}(C_{max} - C_i)\right]} \quad (2)$$

其中，C_{max} 是图中各个点最大的中心度值，C_i 是其他节点的中心度。

（二）"生态群落"与"凝聚子群"的融合性分析：中观维度

自然界的"生态群落"（ecological community）是指占据一定空间、生活在一个特定区域或自然环境中有相似自然资源需求的一组互相依赖的种群集合体。群落中优势物种的"相似需求"是判断群落是否形成以及群落性质的关键因素。不同的"生物群落"构成了"生态系统"，所以"生态系统"等同于"整体网"（whole network）；"生态群落"等同于"子网络"（ego network）。而对于共享经济产业生态系统而言，由于其显著的"跨界融合特征"，就必然存在着若干不同性质的"群落"。社会网络分析中的"凝聚子群"分析（subgroup 或者是 clique）就是根据节点之间网络关系的疏密程度找到相当于"群落"的"次级团体"，并对这些团队的形式因素及团体之间的共生关系进行研究，形象地说就是寻找网络中的"小团体"。凝聚子群的测度方法有很多种，包括基于"互惠性"的"层派系分析"；基于"可达性"的派系和宗派的测度分析；基于"度数"的"K-丛"和"K-核"的测度以及基于"子群内外关系"的"成分"分析、"LS"集合和图形分析等[18-19]①。

（三）"生态位"与"节点中心性"的融合分析：微观维度

"生态位"（ecological niche）是指一个种群在生态系统中，在时间空间上所占据的位置及其与相关种群之间的功能关系与作用[20-21]。很多研究表明，

---

① 本文采用的是图形分析法，即利用 UCINET 的绘图功能进行的凝聚子群判断，通过删去相当数量的关系连线，图形往往不太复杂，可以直接判断出凝聚子群。

处于产业生态系统中的企业和组织都有自己的"生态位"[22],根据企业拥有的资源将其分为"优势种"(dominant species)和"关键种"(keystone species):"优势种"是在生态系统中控制大量能流,对群落环境具有明显控制作用的物种;关键种则是指在维护生物多样性和系统稳健性方面起到重要作用的物种。共享经济产业生态系统也是如此,其生态网络中必然也存在着具有不同影响力的企业与组织。社会网络中的"节点中心性"(centrality)的分析就是衡量节点结构位置及权力的指针,即通过对网络节点结构位置进行判断,以此衡量某个节点在网络中的优越性和特权性[23]。这里"能流"判断的标准是"网络关系"拥有的多寡,如果某一节点拥有较大的"中心性",代表其拥有较多的地位优越性和特权,多称其为"优势种";如果某一节点处于两个子网络的"连接点",一旦去除,则网络不再连通,则属于典型的"关键种",对于共享经济产业生态系统而言,对其"优势种"和"关键种"的判断主要运用"节点中心度"和伯特(Burt)"结构洞"进行测度。

1. 优势种判定

"中心度"是最常用来衡量网络节点中心性的指标,分为三种类型:一是"度数中心度"(point centrality),衡量的是节点"权力"的大小;二是"中间中心度"(betweenness centrality),衡量的是节点对资源控制能力的大小;三是"接近中心度"(closeness centrality),衡量的是节点不受他人控制能力的大小。在此基础上,利用"集成思想",本文构建了"中心度综合指数",如果一个节点在上述三个中心性指标上都具有显著优势,就属于网络中典型的"优势种",中心度综合指数(centrality index,CI)的计算公式如下:

$$CI = w_d \frac{d(n_i)}{g-1} + w_c \left[\sum_{j=1}^{g} d(n_i, n_j) \right]^{-1} + w_b \sum_{j<k} (n_i)/g_{jk} \tag{3}$$

其中,w_d、w_c、w_b 分别为"度数中心度""中间中心度""中介中心度"的权重,$d(n_i)$ 表示一个节点实际拥有的网络连接数量,g 表示网络节点数。$d(n_i, n_j)$ 表示节点 i 和节点 j 之间的距离,g_{jk} 表示两个节点之间的捷径数。

2. 关键种判定

"关键种"与基于"齐美尔连接"的"中间人"及伯特(Burt)在此基础上发展出来的"结构洞"等社会网络的理论具有重要紧密关联[24],因此,可以运用伯特的结构洞理论对共享经济产业生态系统中的"关键种"进行甄别。其测算的公式如下:

$$C_{ij} = \left(P_{ij} + \sum_q P_{iq}P_{qj}\right) \tag{4}$$

其中，p_{ij}是直接投入，$\sum_q P_{iq}P_{qj}$是间接投入，其中，p_{iq}是行动者i的全部关系中，投入到q的关系占总关系的比例；p_{qj}是行动者q的全部关系中，投入到j的关系占总关系数的比例。

三、"三维融合框架"在中国共享住宿产业的应用分析

近年来，随着中国文化旅游产业的快速发展和民宿体验需求的不断攀升，共享住宿产业的社会认同度日益提高。国家信息中心分享经济研究中心出台的《共享住宿服务规范》中明确指出，共享住宿是利用自有或租赁住宅，通过共享住宿平台为承租人提供住宿服务。根据租期的长短，共享住宿产业可分为"共享短租模式"与"共享长租模式"，前者的租期一般是在一个月以内；后者的租期一般在几个月或者一年以上。从"生态系统"的视角出发，中国共享住宿产业已经形成了规模化的产业基础和网络化的产业组织形式，生态多样性丰富，包括：共享住宿企业、创投资本类企业、互联网企业、房地产企业以及政府等多样化的组织与机构。据此，本文运用"三维融合框架"从"宏观—中观—微观"的维度对共享住宿产业发展中形成的"短租模式"与"长租模式"进行比较分析，以期探寻有针对性的产业生态系统的优化和可持续发展的路径与对策。

（一）宏观维度

共享经济产业生态系统中的"生态环境"与社会网络分析中的"广义密度"的匹配分析属于宏观维度，包括生态系统"网络规模""密度指数""凝聚性"三个方面。分析的数据来源于《共享住宿服务规范》《中国共享经济发展报告（2020）》《中国共享住宿发展报告（2019）》以及基于"百度搜索"的网络数据采集（时间截至2020年5月31日）。"短租模式"和"长租模式"的产业生态系统网络如图2和图3所示，运用式（1）和式（2）测度出中国共享住宿的网络规模、密度指数和凝聚力指数见表2。

■产业质量研究

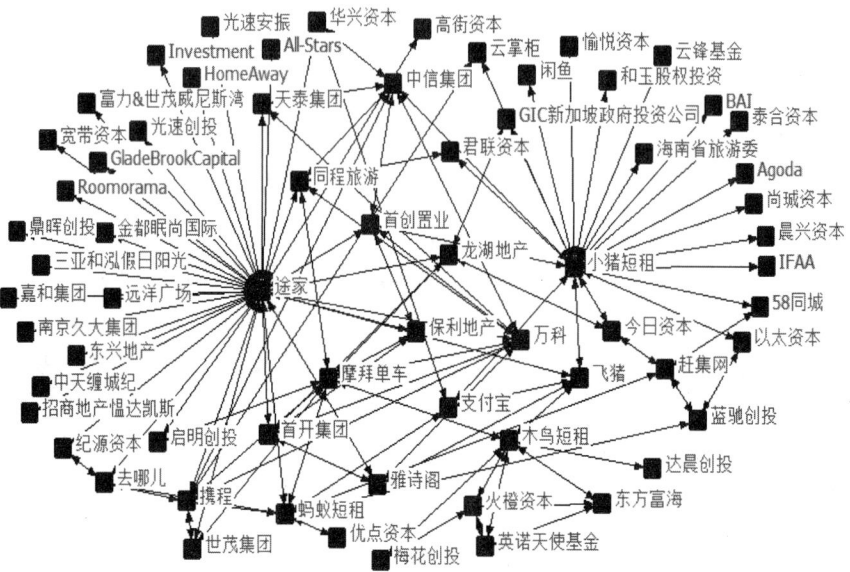

图2 短租模式产业生态系统网络

资料来源：作者自行整理。

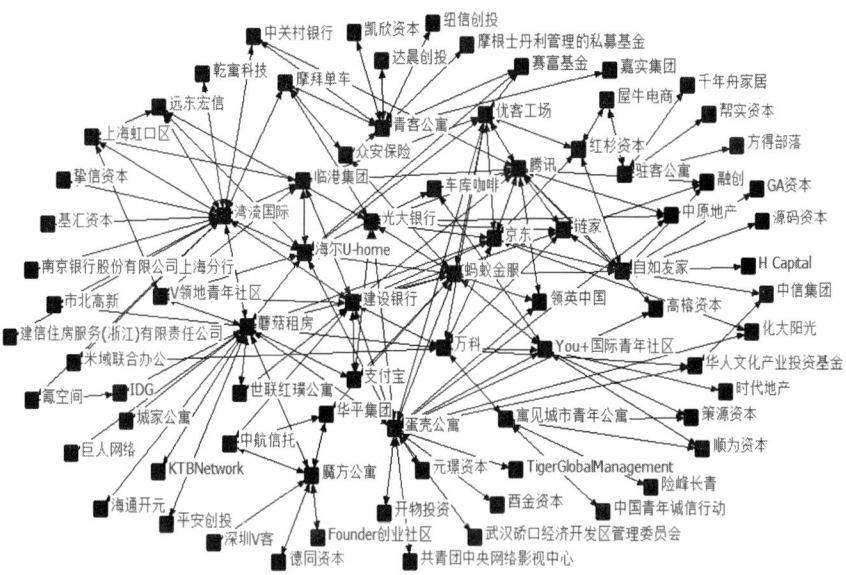

图3 长租模式产业生态系统网络

资料来源：作者自行整理。

表2　　　　短租模式与长租模式的"产业生态环境"发展比较

广义网络密度	测度指标	短租	长租
发展规模	节点数（个）	66	79
	网络关系数（条）	222	296
网络密度	密度指数（Density）	0.0517	0.0480
凝聚力	中心势（Centrality）	0.4968	0.2274

资料来源：作者自行整理。

通过对"短租模式"和"长租模式"产业生态系统环境的比较可以发现：

第一，中国共享住宿产业的生态系统已经形成。网络节点及节点之间的连接关系众多，生态多样性良好，包括共享住宿产业、也包括房地产、互联网平台企业、创投企业等。但是，从长租模式和短租模式的密度指数来看，产业发展尚处于"起步期"，企业之间的合作协同程度较低，竞争模式亟待向共生模式转化。

第二，短租模式的产业协同度更好。虽然从网络规模来看，短租模式的节点数量和网络关系要少于长租模式。而且，虽然两种模式的密度指数都较低，但是相比较而言，短租模式的合作程度还是略高一些，生态系统的协同性更好。

第三，短租模式的龙头企业影响力更大。短租模式产业生态系统的网络中心势要远高于长租模式，这说明短租模式中存在着诸如"途家"和"小猪短租"等具有较强影响力的龙头企业，围绕该企业的"小团队"也已经形成。这说明短租模式产业生态系统中的企业和组织可以同时从生态系统这个整体网络中获取资源，还能够从"小团体生态环境"中获取资源支持。

（二）中观维度

共享经济产业生态系统中的"生态群落"与社会网络分析中的"凝聚子群"的匹配分析属于中观维度。通过社会网络中子群的图形聚类分析可以发现，短租模式和长租模式都形成了不同的"生态群落"，"小团体"性质显著。

1. 短租模式

短租模式形成了全部以共享住宿企业为龙头的四个群落，分别是"途家群落""小猪短租群落""蚂蚁短租群落"和"木鸟短租群落"，如表3和图4所示。

表3 共享住宿短租模式的生态群落

群落	领导者	网络节点	生态多样性*	共享住宿企业	创投企业	房地产企业	互联网企业	政府	其他
途家群落	途家	35	5	4	12	8	3	-	8
小猪短租群落	小猪短租	20	5	3	11	-	4	1	1
蚂蚁短租群落	蚂蚁短租	3	3	1	2	-	1	-	-
木鸟短租群落	木鸟短租	6	2	1	5	-	-	-	-

注：*生态多样性是用产业群落中群落中包含的企业性质的数量进行测度，包含的不同的企业和组织性质越多，说明产业生态性越好。

资料来源：作者自行整理。

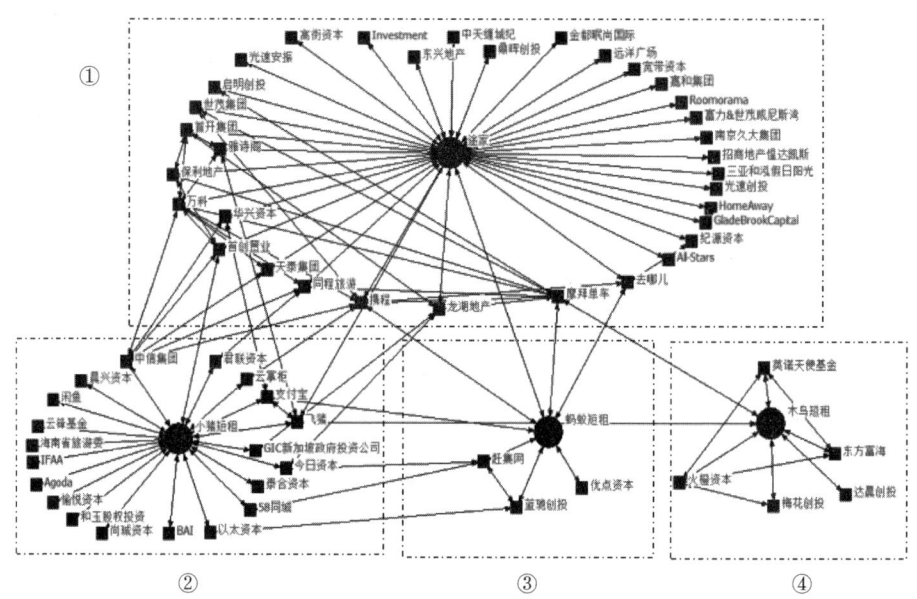

图4 共享住宿短租产业生态系统群落图

注：①号群落是"途家群落"、②号群落是"小猪短租群落"、③号群落是"蚂蚁短租群落"、④号群落是"木鸟短租群落"。

资料来源：作者自行整理。

短租模式的群落发展呈现了以下几种特征：第一，生态群落规模不均衡。在四个群落中，"途家群落"的规模最大，生态多样性最好，共享住宿企业、创投企业、房地产企业和互联网企业都出现在群落中。与此形成鲜明对比的是"蚂蚁短租群落"和"木鸟短租群落"，规模非常小，而且生态多样性较弱。这说明在"短租模式"中，以"途家短租"为龙头企业的"头部效应"非常显著。第二，创投类企业在短租模式的发展中起到重要的支持作用。在所有类型的网络节点中，创投类企业的占比是最大的，达到47%，这也说明短租模式的发展高度依靠投资驱动。第三，政府支持促进了短租模式的发展。网络规模居于第二位的"小猪短租群落"，虽然规模小于"途家产业群落"，但是该群落的生态系统多样性也较为完整，更为重要的是以海南省旅游发展委员为代表的政府首次出现在群落中，这说明"小猪短租"高度重视与政府的合作以获取政府的政策支持。

2. 长租模式

长租模式形成了十个群落，分别是以共享住宿企业为龙头的"湾流国际群落""青客公寓群落""蘑菇租房群落""魔方公寓群落""蛋壳公寓群落""遇见城市公寓群落""You+青年国际社区群落""自如友家群落""驻客公寓群落"和包含京东、腾讯和蚂蚁金服等具有多元化特征的"核心群落"，具体如表4和图5所示。

表4　　共享住宿长租模式的生态群落

子群	领导者	网络节点	生态多样性	共享住宿企业	创投资本企业	共享办公企业	房地产企业	互联网企业	政府	其他
蛋壳公寓群落	蛋壳公寓	14	4	1	6	1	1	—	1	4
湾流国际群落	湾流国际	12	5	1	3	2	1	1	1	3
青客公寓群落	青客公寓	10	2	1	5	—	—	—	—	4
蘑菇租房群落	蘑菇租房	10	3	4	4	—	1	—	—	1
魔方公寓群落	魔方公寓	6	3	2	3	1	—	—	—	—
遇见城市公寓群落	遇见城市公寓	4	4	1	3	—	—	—	—	—
You+青年国际社区群落	You+青年国际社区	3	3	1	—	1	1	—	—	—
自如友家群落	自友有家	8	4	1	4	—	1	1	—	1
驻客公寓群落	驻客公寓	5	3	1	2	—	1	—	—	1
核心群落	—	6	3	—	—	1	3	—	—	2

资料来源：作者自行整理。

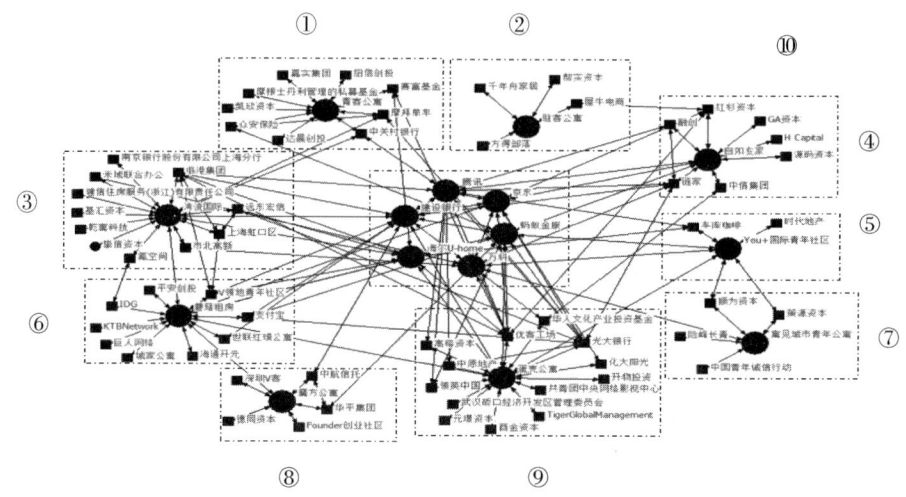

图 5 共享住宿长租产业生态系统群落图

注：①号群落是"青客公寓群落"、②号群落是"驻客公寓群落"、③号群落是"湾流国际群落"、④号群落是"自如友家群落"、⑤号群落是"You+国际青年社区群落"、⑥号群落是"蘑菇租房群落"、⑦号群落是"遇见城市青年公寓群落"、⑧号群落是"魔方公寓群落"、⑨号群落是"蛋壳公寓群落"、⑩号群落是"核心群落"。

资料来源：作者自行整理。

长租模式的群落发展呈现了以下几种特征：第一，生态群落规模较小，发展均衡。与短租模式相比，长租模式形成的群落众多且发展相对均衡，这也与验证了长租模式产业生态系统具有较低的"网络中心势"一致。在十个群落中，有九个群落是以"共享住宿企业"为龙头的，而由"腾讯""京东""蚂蚁金服""海尔""万科"以及"建设银行"组成的"核心群落"对所有以"共享住宿企业"为引领的群落发展都起到了重要的支撑作用，使得长租模式的产业生态系统群落图呈现了典型的"轴辐式"特征，这说明长租模式的发展更需要包括互联网企业、金融资本和产业资本等在内的产业生态系统的支撑。第二，"蛋壳公寓群落"和"湾流国际群落"的发展最为成熟，网络规模较大，而且产业生态性良好。与短租模式相似，上海虹口区政府出现在"湾流国际群落"中，武汉硚口经济开发区委员会出现"蛋壳公寓群落"中，这说明政府在推动长租产业，尤其是在发展较为成熟的两个群落中都起到了重要的作用。

（三）微观维度

共享经济生态系统中的"生态位"与社会网络分析中的"节点影响力"的匹配性分析属于微观维度。通过对共享经济产业系统中"优势种"和"关键种"的判断来甄别产业生态系统中具有较强影响力和资源控制力的关键企业与机构。通过"综合中心度指数"和 Burt 结构洞的计算,短租模式与长租模式的"优势种"与"关键种"见表5。

表5 共享住宿短租模式与长租模式的"优势种"与"关键种"

序号	短租		长租	
	优势种	关键种	优势种	关键种
1	途家	途家	蘑菇租房	湾流国际
2	小猪短租	小猪短租	蛋壳公寓	蘑菇租房
3	飞猪	摩拜单车	湾流国际	蛋壳公寓
4	木鸟短租	蚂蚁短租	蚂蚁金服	青客公寓

资料来源:作者自行整理。

通过两种模式"优势种"和"关键种"的比较可以发现:第一,无论是"短租模式"还是"长租模式",优势种与关键种都具有较高的"一致性"。在短租模式中,"途家"与"小猪短租"即是优势种也是关键种,而且排名靠前;在长租模式中,排名靠前的蘑菇租房、蛋壳公寓和湾流国际也同样即是优势种也是关键种,这说明,这些龙头企业不仅具有极强的产业生态领导力和内聚力,同时还维系了共享经济产业生态系统的网络连通性和完整性,头部效应非常显著。第二,从优势种和关键种的生态多样性来看,共享住宿企业的比重最大,而蚂蚁金服创投企业、互联网平台企业飞猪、摩拜单车也成为了优势种和关键种,这说明共享住宿产业的"生态化"发展趋势是十分显著的。尤其是创投企业和互联网企业在助推共享住宿产业的发展中起到了重要的支持作用。

四、结论与优化对策

当前,中国共享经济产业在野蛮增长之后发展遇冷,在盈利模式、有序竞争以及社会诚信等方面暴露出很多问题。但是,业界和学术界普遍认为,共享经济产业在未来仍然是中国实现资源优化配置,培育发展新的经济动力,有利于大众创业、万众创新的重要推手,其理念和模式在各个行业里仍然有深度挖掘的机会与价值。针对于理论研究显著滞后于产业发展,且缺乏系统性研究框架的现实问题,本文在提出"共享经济产业生态系统"的基础上,构建了包含"宏观—中观—微观"维度的"产业生态系统"与"社会网络分析"相融合的三维研究框架,并对共享经济产业中最具代表性且具有较广阔发展前景的"共享住宿"产业进行了应用研究。研究结果表明:第一,共享住宿产业已经形成了生态多样性良好的产业生态系统,共享住宿企业、创投企业、房地产企业、互联网企业、房地产企业以及政府等组织机构都形成了较为紧密的合作关系,网络规模较大,产业基础较好。第二,从"短租模式"和"长租模式"的比较可以发现,二者在产业生态系统的网络规模、企业协同度以及龙头企业的影响力等方面都存在诸多差异。因此,用"差异化"的思维去制定有针对性的科学的产业政策是打破发展瓶颈,推动共享住宿产业健康可持续发展的关键所在。

综合本文研究结论,可以得出如下政策建议:

第一,秉持"包容审慎"的发展政策。中国共享经济已经形成了多样性良好的"产业生态系统",但是作为一种新的业态,不能奢望其在短时间内解决传统业态的所有安全问题。因此要秉承"鼓励创新"的原则,发展与监管并重,探索建立政府、平台企业、行业协会以及资源提供者和消费者共同参与的多方协同治理机制。

第二,采取"差异化"管理。中国共享经济产业具有很多的子产业,且发展阶段不同,发展模式多样化。因此,要避免"一刀切"的管理模式。以共享住宿产业为例,要根据租期的长短、房源的不同、地区的差异探索出台灵活而由针对性的管理规范与办法,即避免管理执行环节出现僵化,也有效打破产业"同质化"竞争的发展瓶颈。

第三,产业的技术创新与制度创新并重。中国共享经济产业的发展不仅仅依靠共享系企业、互联网平台和创投企业等,同时也需要配套的基础设施服务及相关的产业政策。因此政府要完善基础设施建设,通过制度创新完善信用体系的建设,并依托技术创新,提高数据共享水平,打造良好的产业发展的软硬环境。

参考文献

[1] 保罗·霍肯. 商业生态学 [M]. 上海:上海译文出版社,2001.

[2] 陈鸣麒. 互联网产业的生态群落运行机理与演替过程研究 [D]. 上海:复旦大学,2008.

[3] 樊海林,程远. 产业生态:一个企业竞争视角 [J]. 中国工业经济,2004(3):29-367.

［4］李海舰，田跃新，李文杰．互联网思维与传统企业再造［J］．中国工业经济，2014（10）：135－146．

［5］李强，揭筱纹．商业生态系统网络核心企业价值评价研究——基于华为和中兴的对比分析［J］．科技进步与对策，2012，29（4）：110－114．

［6］刘军．整体网分析：UCINET 软件实用指南（第二版）［M］．上海：格致出版社，上海人民出版社，2014．

［7］罗家德．社会网络分析讲义［M］．北京：社会科学文献出版社，2005．

［8］罗珉，李亮宇．互联网时代的商业模式创新：价值创造视角［J］．中国工业经济，2015（1）：95－107．

［9］迈克尔·贝根，科林·R．汤森，约翰·L．哈珀．生态学——从个体到生态系统（第四版）［M］．李博、张大勇、王德华主译，北京：高等教育出版社，2016．

［10］S．E．约恩森．生态系统生态学［M］．曹建军等译，北京：科学出版社，2018．

［11］石磊，陈伟强．中国产业生态学发展的回顾与展望［J］．生态学报，2016，36（22）：7158－7167．

［12］斯坦利·沃特曼，凯瑟琳·福斯．社会网络分析：方法与讲义［M］．陈禹，孙彩红译．北京：中国人民大学出版社，2012．

［13］张正，王孚瑶，张玉明．云创新与互联网金融生态系统构建——以阿里金融云为例［J］．经济与管理研究，2017，38（3）：53－60．

［14］赵道致，李广．网络组织向商业生态系统的进化［J］．工业工程，2005（1）：24－28．

［15］Burt，R S. Structural Holes：The Social Structure of Competition［M］．Cambridge，UK：Harvard University Press，1992．

［16］Felson，M，Spaeth，J L. Community Structure and Collaborative Consumption：A Routine Activity Approach［J］．*American Behavioral Scientist*，1978，21（4）：614－624．

［17］Frosch，R A，Gallopoulos，N E. Strategies for Manufacturing［J］．*Scientific American*，1989，261（3）：144－152．

［18］Grinnell，J. The Niche relationship of the California Thrasher［J］．AUK，1917（21）：364－382．

［19］Hutchinson，G E. Concluding Remarks［J］．*Cold Spring Harbor Sympo-*

sia on Quantitative Biology, 1957（22）：415 – 427.

［20］Lansiti, M, Levien, R. Keystones and Dominators: Framing the Operational Dynamics of Business Ecosystems［M］. Boston: Estados Unidos, 2002.

［21］Moore, J F. Predators and Prey: A New Ecology of Competition［J］. *Harvard Business Review*, 1993, 71（3）: 75 – 83.

［22］Richard, T B et al. Evolution of the internet economic ecosystem［J］. *IEEE/ACM Transactions on Networking（TON）*, 2015, 23（1）: 85 – 98.

［23］Tansley, A G. The Use and Abuse of Vegetational Concepts and Terms［J］. *Ecology*, 1935, 16（3）: 284 – 307.

［24］Zhang, D N et al. China's Sharing Economy of Mobility Industry: From Perspective of Industrial Ecosystem［J］. *Sustainability*, 2019, 11（24）.

数字经济背景下信息通信技术（ICT）对贸易的影响研究

——基于"一带一路"国家的面板数据

刘 强 王 卓*

摘 要：ICT的迅速发展将世界带入了数字经济时代，同时对国际贸易产生了深远影响。本文基于2002~2018年"一带一路"63个国家的面板数据，采用固定效应模型LSDV方法研究ICT对"一带一路"国家与中国双边贸易的影响。结果显示，互联网和移动电话这两种"先进"ICT对双边贸易有显著的促进作用，但互联网的贸易促进效应并没有稳健地超过移动电话。而固定电话这种"落后"ICT无法促进贸易的增加。同时，不同区域、收入、制度的国家及不同的时间区间具有较强的异质性。研究表明，"一带一路"国家在进行ICT和相关基础设施建设时，要充分考虑地理、文化、经济、对外开放水平的差异，加强互联网和移动电话的发展力度，控制固定电话的过度投资，把握数字经济红利，为双边贸易增长注入强大动力。本文为"一带一路"国家ICT发展如何影响与中国的双边贸易提供了实证支持，并为"一带一路"国家未来ICT发展方向提供了参考意见。

关键词：数字经济；ICT；双边贸易；"一带一路"

一、引言

党的十九届五中全会指出，要加快数字化发展，坚定不移地建设网络强国、数字中国；坚持实施更大范围、更宽领域、更深层次对外开放，依托我国大市场优势，促进国际合作，实现互利共赢；要建设更高水平开放型经济新体制，全面提高对外开放水平，推动贸易和投资自由化便利化，推进贸易创新发

---

* 作者简介：刘强（1972~ ），女，山东师范大学经济学院教授，硕士生导师，研究方向为国际贸易理论与政策、产业升级、技术创新与扩散、区域经济发展。

王卓（1998~ ），男，山东师范大学经济学院硕士研究生，研究方向为数字经济与数字贸易。

展,推动共建"一带一路"高质量发展,积极参与全球经济治理体系改革。基于会议所强调的"数字化""贸易""一带一路"等关键词,似乎在数字经济背景下研究"一带一路"国家与中国的贸易问题是合乎时代逻辑且是十分必要的。

随着大数据、云计算、人工智能等技术雨后春笋般涌现,世界逐步迈入数字经济时代。数字经济是通过大数据(数字化的知识与信息)的识别—选择—过滤—存储—使用,引导、实现资源的快速优化配置与再生、实现经济高质量发展的经济形态。数字经济时代的贸易结构和方式发生了显著变化,然而与传统贸易相比,数字经济背景下贸易的本质并未改变,依旧是生产要素及最终产品或服务在不同主体之间的转移(盛斌,2020)。

信息通信技术(information and communication technology,以下简称"ICT")是一个集合概念,覆盖了所有通信设备或应用软件以及与之相关的各种服务和应用软件。当前,ICT最为广泛的应用包括互联网、移动电话和固定电话。ICT在全球和区域经济发展中扮演了重要角色,它迅速促进了跨境交易,而且利用储存在数据银行、电信服务公司的数据来寻找潜在的市场和贸易机会,通过降低交易成本来增加国与国之间的贸易,促进区域经济的增长(孙穗,2020)。

在数字经济和ICT的关系上,ICT是数字经济的基础,ICT与传统经济的融合发展产生了数字经济;同时,数字经济又反作用于ICT,催生出各种新的经济增长机遇,国际贸易开始融入数字经济这一新的时代背景。数字经济的出现是滞后于ICT的,但在数字经济尚未出现的阶段,ICT主要应用于军事领域,对国际贸易的实际影响是极其微弱的。因此,本文研究的背景是数字经济与ICT已经产生相互作用并较为成熟的阶段,两者紧密联系,不可割舍。

第17届东博会以"共建'一带一路',共兴数字经济"为主题,共同探索中国—东盟数字化合作新模式。东盟是"一带一路"的核心区,拥有世界上增速最快的互联网市场(陈婷婷,2020)。从会议主题以及近年来"一带一路"各国的合作倡议,"数字经济"似乎已成为"一带一路"各国贸易增长的重要契机。《"一带一路"数字贸易指数发展报告》测算了"一带一路"沿线30个国家与中国双边数字贸易发展情况,并分为"深度合作型""快速推进型""逐步拓展型""有待加强型"四个等级。其中"逐步拓展型"和"有待加强型"国家占比70%且全部为发展中国家,这表明多数"一带一路"国家与中国双边数字贸易尚未成熟,存在巨大的发展潜力。

为进一步实现"一带一路"高质量的发展,各成员国必须抓住数字经济时代的新机遇，正确把握 ICT 建设方向。本文的研究目的是在已有研究的基础上，尝试运用"一带一路"国家 2002~2018 年的面板数据，将 ICT 纳入贸易引力模型，探索互联网、移动电话和固定电话这三种 ICT 对"一带一路"国家与中国双边贸易的影响，并针对实证结果提出政策建议，为"一带一路"国家的 ICT 建设方向提供实证依据。

本文的创新点在于，现有文献主要从总体上研究 ICT 对贸易的影响，而缺乏对具体 ICT 的影响研究。本文采用 ICT 当前最为广泛的三种应用（互联网、移动电话和固定电话）来识别它们对贸易的影响，对 ICT 的建设方向可能有现实的指导意义；以往文献很少研究 ICT 对"一带一路"国家贸易的影响，少数也只是聚焦于 ICT 对东盟—中国的贸易研究。本文将数字经济、ICT 和"一带一路"国家与中国的双边贸易联系在一起，可能会为"十四五"规划中的"一带一路"版块提供一定的实证支持，亦可能对"一带一路"贸易问题的研究具有补充意义。

除引言部分外，本文的第二部分为文献综述，该部分从贸易引力模型中控制变量及基础方程的选择、ICT 的衡量方法及对贸易的影响两个角度，对国内外学者的研究方法与研究结论进行了论述；第三部分为理论基础，该部分阐述了"先进"ICT 促进贸易增长的途径和条件、"落后"ICT 抑制贸易增长的内在逻辑；第四部分为实证研究，该部分首先介绍了研究假设、变量及模型的选择，然后对总体及分组的样本进行统计分析，最后进行计量分析并通过分组回归等方法进行稳健性检验；第五部分为研究结论与政策建议，该部分先总结了实证研究的结论，再据此从政策制定、实施、反馈三方面，为"一带一路"国家的 ICT 建设提供政策建议。

二、相关文献综述

（一）贸易引力模型中控制变量及基础方程的选择

解释变量对被解释变量的影响受到控制变量的约束，这种约束一般被称作"引力"。随着贸易引力模型的广泛应用，一些"引力"（例如地理距离、经济因素）似乎总是必要的，而另一些"引力"（例如文化差异、对外开放水平）则会根据研究需要得以权衡取舍。

（1）地理距离。丁伯根（Tinbergen，1962）使用引力模型研究分析了双边贸易流量并得出了"双边贸易规模与两国之间的距离成反比"的结论。从

20世纪60年代以来，国内外学者普遍认同贸易引力模型不可缺少地理距离变量；

（2）经济因素。波贺农（Poyhonen，1963）独立运用经济总量去刻画经济因素，得出了"双边贸易规模与两国的经济总量成正比"的结论，韩剑（2019）采用了相同的方法；莱恩曼（Lineman，1966）在引力模型里加入了人口变量，认为两国之间的贸易规模还与人口有关，人口多少与贸易规模呈正相关关系；伯斯兰德（Berstrand，1989）则更进一步，用人均国内生产总值替代了人口数量指标，这一做法巧妙地将经济与人口因素融合在一起，更能描述个体的消费和生产能力。人均国内生产总值可以反映一国居民创造价值的能力。一般来说，人均国内生产总值越大，一国居民生活越富足，一国居民的消费能力越强，对进口产品的消费越多。同时，人均国内生产总值越大，一国生产者越可能拥有更多的劳动、资本、土地、技术、数据等生产要素，一国生产者就更有能力进行对外出口。因此，采用人均国内生产总值作为控制变量更合适；

（3）文化差异。对于文化差异的控制变量选取，学术界并没有广泛的共识。本文借鉴陆菁（2018）的做法，采用CEPII Language 数据库中的语言相似度LP2（lang）作为文化差异的代理变量。lang 是通过计算机的自动相关判断程序（ASJP）项目对40个词汇的相似度进行分析得到的，语言相似度越高，文化差异越小；

（4）对外开放水平。贸易开放是对外开放的基础，提高对外开放水平可以进一步扩大国际市场，进而加强与其他国家之间的经贸关系。因此，学术界一般采用贸易开放度（一国贸易总额/国内生产总值）来代理对外开放水平。

在基础方程的选择上，马尔奎兹－拉默斯和马丁内兹·萨尔索（Marquez－Ramos & Martinez Zarzoso，2010）发现了 ICT 对贸易的非线性影响；范鑫（2020）利用随机前沿引力模型这一非线性模型，研究了数字经济对国际贸易效率和贸易不确定性的影响。实际上，贸易引力模型是否为线性取决于研究对象。对于贸易波动等偏离情况的研究应当使用非线性模型，对于某一解释变量对贸易额影响的研究，线性方程更为效率和便捷。

（二）ICT 的衡量方法及对贸易的影响

ICT 深刻地改变了信息和生产的传播方式，影响着世界各国的经济发展模式（郭美晨，2019），似乎 ICT 对生产率的促进作用是合理的，但学术界对ICT 是否有效促进生产率的提高仍存在质疑。索洛（Solow）在20世纪80年代提出了著名的"生产率悖论"，他指出计算机等 ICT 投资虽然在美国大量增加，但不仅没有显著改进生产率，反而见证了美国生产率增长的明显减速。高顿（Gordon，1999）、阿西莫格鲁（Acemoglu，2014）认为"生产率悖论"真实存在，或者说至少没有发现 ICT 促进生产率增长的明显证据，认为应当谨慎评价 ICT 的作用。大卫（David，1990）和格利克森（Gullickson，1999）认为，"生产率悖论"的产生主要源于指标测度的误差、研究部门选择的偏误、ICT 效果发挥的时滞性等原因。后来，诸多关于 ICT 研究已经证明了 ICT 的使用可以提高生产率，特别是互联网的使用对企业绩效有积极的影响（ITU，2017），ICT 对国际贸易表现出促进作用。弗洛恩德和温霍尔德（Freund & Weinhold，2000）利用 1995～1999 年的数据研究了互联网对 54 个国家之间贸易的影响，并得出了互联网发展水平能够促进贸易增长的结论。然而不同类别的 ICT 应用对贸易似乎并没有表现出一致的正向影响。孙穗（2020）利用 2002～2018 年东盟十国的数据，发现移动电话发展水平对东盟—中国的双边贸易有显著的促进作用，但互联网只对进口有显著的促进作用。

当前，学术界对 ICT 的衡量主要有两种方法：一是采用代理变量来衡量 ICT，二是通过构建综合指数来衡量 ICT。对于前者，可以使用了每百人互联网使用人数、每百人移动电话数量、每百人固定电话数量等变量代理 ICT。钟（Chung，2013）研究发现，亚太国家的互联网和固定电话普及程度越高，贸易额越高。特别是在水果和蔬菜的国际贸易中，移动电话扮演了重要角色。林（Lin，2015）使用全球样本，以 1990～2006 年间的 200 个国家为样本，报告了互联网使用对贸易的积极影响，研究结果表明互联网用户每增加 10%，国际贸易增长 0.2%～0.4%。巴德尔（Barder，2018）发现，欧盟地区的宽带设施水平与贸易有正相关关系。陆菁（2018）研究发现，每百人互联网使用人数对双边贸易流量有正向影响；对于后者，有刘（Liu，2017）构建的 ICT 发展指数（IDI）、国际电信联盟（ITU）测算的 ICT 发展指数和世界经济论坛发布的网络就绪指数（NRI）。本文采用前一种衡量方法，研究目的在于考察互联网、移动电话和固定电话对于贸易的影响，以此来把握未来"一带一路"国家 ICT 的建设方向，减少不必要的投资浪费，促进双边贸易持续稳定的增长。

三、ICT 影响贸易的途径和机制

（一）"先进"ICT 促进贸易增长的途径

根据马克思的政治经济学理论，如果生产力适应当前生产关系，那么经济

发展将得到促进；如果生产力滞后于当前生产关系，那么经济发展将受到抑制。ICT 作为一种技术类型的生产力，它必然随着经济社会发展，产生落后与先进之别。不妨将滞后于生产关系的 ICT 定义为"落后"ICT，适应生产关系的 ICT 定义为"先进"ICT。本文的"先进"ICT 特指互联网和移动电话，而"落后"ICT 特指固定电话。

"先进"ICT 通过降低成本和开拓市场来促进贸易的增长（见图1）：

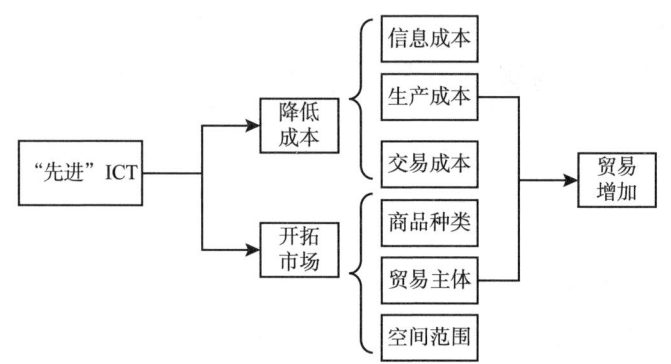

图 1　"先进"ICT 促进贸易增长的途径

（1）"先进"ICT 通过降低成本来促进贸易的增长。传统国际贸易理论将贸易中的各类摩擦统称为"冰山成本"，既包括由地理距离等"自然阻力"造成的成本，也包括由制度约束、信息壁垒等"人为阻力"造成的成本。这里所说的成本是指"人为阻力"带来的成本，主要包括信息成本、生产成本、交易成本等。首先，"先进"ICT 促进了数据流的高效率流动，使得信息搜索成本、交流成本大幅度降低，减少了信息不对称带来的逆向选择和道德风险，激励买卖双方发生更多贸易行为。其次，"先进"ICT 的发展可以让生产者更有效率地使用劳动、资本、土地、技术、数据等生产要素来降低生产成本，激励进出口厂商的贸易行为。最后，"先进"ICT 与传统产业的融合促进了跨境电子商务日益完善，这使得消费者和生产者之间可以以最低的交易成本达成交易；

（2）"先进"ICT 通过开拓市场来促进贸易的增长。首先，"先进"ICT 的发展极大丰富了贸易商品的种类，从需求侧更好地满足了消费者的需求。虚拟化的数字产品开始出现在贸易之中，潜在的贸易机会被不断发掘，市场的边界在不断拓宽。其次，"先进"ICT 扩大了贸易主体的范围。它的发展使得贸易主体由大型跨国公司向中小企业和个人消费者扩大，这使得贸易参与者规模性地增加。最后，"先进"ICT延展了贸易的空间范围。传统贸易很大程度上受制于区位因素，包括地理距离、文化差异等。"先进"ICT的发展使得国际贸易可以通过互联网、移动电话等进行，这激励了历史上并未发生过贸易的两个地区出现了新的贸易行为。

互联网作为第三次工业革命最伟大的创造之一，它在数据存储、数据交互、数据运算等方面做出了前所未有的贡献，大幅度降低了时空带给人类的诸多限制。在贸易领域，随着数字经济的发展，生产者开始发展跨境贸易和电子商务，消费者开始运用互联网进行方便快捷的网购，来选取多样化的来自世界各国的商品；移动电话又称手机，最早用于军事，1973年第一部商业手机诞生。与固定电话相比，移动电话更加方便快捷。最重要的是，智能手机可以作为小型电脑进行一系列商业、娱乐、社交等活动。移动电话的发展，降低了搜索和获得信息的成本。同时，4G、5G等配套技术的发展，又促进了移动电话的升级和变革。在贸易领域，移动电话降低了消费者和生产者的交易成本，激励了潜在的贸易行为。

（二）"先进"ICT发挥贸易促进作用的条件

考虑到索洛（1987）提出的"生产率悖论"以及阿西莫格鲁（2014）等学者对ICT的谨慎态度，"先进"ICT发挥作用似乎是有条件的。当互联网和移动电话普及程度较低时，数字化信息在质与量上都有较大的提升空间。著名的"拜占庭将军问题"（Byzantine failures）指出，存在消息丢失的不可靠信道上试图通过消息传递的方式达到一致性是不可能的①。即如果互联网和移动电话使用人数小于某一阈值，信息传递中的错误几乎不可避免（谢莉娟，2020）。"拜占庭将军问题"会导致资源错配、市场失灵等现象的出现，以此抑制贸易的促进效应。因此，在互联网和移动电话发展的初级阶段，"先进"ICT可能并不能发挥显著的促进作用，甚至可能存在一定的抑制效应。伴随着互联网和移动电话的发展，数字化信息的质与量皆会得到提升，即"先进"ICT对贸易的促进作用具有滞后性，可能在达到某一阈值时才会显现。因此，样本时间区间后端的贸易促进效应可能是前端"先进"ICT作用的结果。

---

① 马永仁著. 区块链技术原理及应用. 北京：中国铁道出版社，2019：24.

（三）创造性破坏理论——"落后"ICT 无法促进贸易增长的内在逻辑

根据熊彼特的创造性破坏理论，经济创新过程是改变经济结构的"创造性破坏过程"。经济创新不断地从内部使这个经济结构革命化，不断地破坏旧结构，不断地创造新结构。有价值的竞争不是价格竞争，而是新技术等的竞争，也就是占有成本上或质量上决定性优势的竞争，这种竞争打击的不是现有企业的利润边际和产量，而是它们的基础和它们的生命。

互联网、移动电话、固定电话最显著的区别在于"智能化"。智能化水平最高的是互联网，其次是移动电话，最低的是固定电话。固定电话的主要功能在于语音通话，在 20 世纪 90 年代和 21 世纪初使用较为广泛。就中国而言，每百人固定电话数量呈现先上升后下降的趋势。最高峰出现在 2006 年，为 27.5 部，而最近统计的 2019 年每百人固定电话数量仅为 13.3 部。必须承认固定电话在 20 世纪末的重要信息交流作用，它的发展在一定程度上促进了贸易的增长，但考虑到机会成本和其他"先进"ICT 的替代作用，固定电话作为"旧结构"似乎被"创造性破坏"是合理的。因此，固定电话至少在理论上从属于"落后"ICT，它对贸易并不会出现显著的促进作用甚至抑制贸易的增长，而且它将在"创造性破坏"过程中被互联网和移动电话等"先进"ICT 所淘汰。

四、ICT 对贸易影响的实证检验

（一）研究假设

根据文献综述和理论机制，提出以下假设：

H1："先进"ICT（互联网和移动电话）的发展促进"一带一路"国家与中国双边贸易的增长；

H2："落后"ICT（固定电话）的发展不能促进"一带一路"国家与中国双边贸易的增长；

H3：如果 H1 成立，那么互联网对贸易的促进作用大于移动电话对贸易的促进作用。

"一带一路"成员国投入大量资金进行互联网和移动电话的建设，必须识别这种建设带来的经济收益是否显著，也应当有侧重地对边际收益较高的 ICT

投入更多资金，而互联网的发展似乎表现出超过移动电话的贸易促进作用，故提出假设 H1 和 H3；固定电话在 20 世纪 90 年代对贸易表现出显著的促进作用，但这种促进作用可能在 21 世纪初并不会再现。当前，一些成员国正在加强固定电话和相关基础设施建设，但这种建设是否会促进贸易的增长必须得以识别。如果固定电话的发展对于贸易并没有显著的促进作用，那么在政策上就应当控制固定电话的过度投资，使之仅保留必要的数量，转而建设互联网和移动电话等"先进"ICT，以此降低机会成本，故提出假设 H2。

（二）变量选择与模型设定

1. 变量选择

（1）被解释变量："一带一路"国家与中国的双边贸易额（$trade$）、"一带一路"国家对中国的出口额（$export$）、"一带一路"国家对中国的进口额（$import$）。本文采用以上三个被解释变量作为双边贸易的代理变量可以增加样本容量，提高统计的信度与效度。

（2）解释变量："一带一路"国家每百人互联网使用人数（$internet$）、"一带一路"国家每百人移动电话数量（$mobile$）、每百人固定电话数量（$telephone$）。本文采用以上三个解释变量作为 ICT 的代理变量。

（3）控制变量："一带一路"国家与中国的双边地理距离（$dist$）、"一带一路"国家与中国的语言相似度（$lang$）、"一带一路"国家贸易开放度（$open$）、"一带一路"国家人均国内生产总值（$pgdp$）。

2. 模型设定

参考钟（Chung，2013）的做法，模型设定如下：

$$\ln trade_{it} = \alpha_i + \beta_1 \ln internet_{it} + \beta_2 \ln mobile_{it} + \beta_3 \ln telephone_{it}$$
$$+ \beta_4 \ln dist_i + \beta_5 lang_i + \beta_6 open_{it} + \beta_7 \ln pgdp_{it} + \varepsilon_{it}$$

$$\ln export_{it} = \alpha_i + \beta_1 \ln internet_{it} + \beta_2 \ln mobile_{it} + \beta_3 \ln telephone_{it}$$
$$+ \beta_4 \ln dist_i + \beta_5 lang_i + \beta_6 open_{it} + \beta_7 \ln pgdp_{it} + \varepsilon_{it}$$

$$\ln import_{it} = \alpha_i + \beta_1 \ln internet_{it} + \beta_2 \ln mobile_{it} + \beta_3 \ln telephone_{it}$$
$$+ \beta_4 \ln dist_i + \beta_5 lang_i + \beta_6 open_{it} + \beta_7 \ln pgdp_{it} + \varepsilon_{it}$$

其中，$i(i=1, 2, \cdots, 63)$ 表示"一带一路"成员国；$t(t=2002, 2003, \cdots, 2018)$ 表示年份；$\alpha_i = \alpha_{0i} + y_i$，$\alpha_{0i}$ 表示 i 国截距项，y_i 表示 i 国的固定效应；ε_{it} 表示随机扰动项。

对"一带一路"国家与中国的双边贸易额（$trade$）、对中国的出口额（$export$）、对中国的进口额（$import$）、每百人互联网使用人数（$internet$）、每百人移动电话数量（*mobile*）、每百人固定电话数量（*telephone*）、与中国的双边地理距离（*dist*）、人均国内生产总值（*pgdp*）取自然对数，使之更加符合线性假设，同时减少异方差存在的可能性。模型所涉及变量及其含义、意义、来源详见表1。

表1　　　　　　　　　　　　模型涉及变量的情况

变量	变量含义	变量意义	数据来源
ln*trade*	双边贸易额	反映双边贸易情况	国家统计局
ln*export*	对中国的出口额		国家统计局
ln*import*	对中国的进口额		国家统计局
ln*internet*	每百人互联网使用人数	反映ICT发展水平	世界银行
ln*mobile*	每百人移动电话数量		世界银行
ln*telephone*	每百人固定电话数量		世界银行
ln*dist*	与中国的双边地理距离	反映地理因素的影响	CEPII GeoDist 数据库
lang	与中国的语言相似度	反映文化差异的影响	CEPII Language 数据库
open	贸易开放度	反映对外开放程度的影响	世界银行
ln*pgdp*	人均国内生产总值	反映国民消费和生产能力的影响	世界银行

（三）相关数据的描述性分析

从表2可以得出结论：相较于"一带一路"国家与中国的双边贸易额、对中国的进口额、双边地理距离、人均国内生产总值，对中国的出口额、每百人互联网使用人数、每百人移动电话数量、每百人固定电话数量、语言相似度、贸易开放度的标准差较大。可以看出：（1）"一带一路"国家对中国的出口额有较大差异，既有马来西亚、沙特阿拉伯这类对中国出口额较高的国家，也有不丹、东帝汶这类对中国出口额较低的国家；（2）"一带一路"国家的ICT发展水平有较大差距，既有新加坡、爱沙尼亚这类ICT发达的国家，也有缅甸、土库曼斯坦这类ICT落后的国家；（3）"一带一路"国家与中国的文化差异较大，既有菲律宾、拉脱维亚这类语言相似度较大的国家，也有新加坡、匈牙利这类语言相似度较小的国家；（4）"一带一路"国家的贸易开放度差异较大，既有新加坡这类贸易开放度较高的国家，也有缅甸这类贸易开放度较低的国家。因此，"一带一路"国家异质性较强，直觉上应该使用个体固定效应模型,而不是进行混合回归。同时,需要进行更具体的分组分类讨论。

表2　　　　　"一带一路"国家总体相关变量的描述性统计

变量	样本量	均值	标准差	最小值	最大值
ln$trade$	1 058	12.18	2.27	2.77	16.51
ln$export$	1 050	10.43	3.12	0.00	15.67
ln$import$	1 058	11.72	2.16	2.77	15.94
ln$internet$	1 031	2.95	1.51	-7.76	4.60
ln$mobile$	1 063	4.07	1.26	-2.52	5.36
ln$telephone$	1 053	2.40	1.21	-4.01	3.94
ln$dist$	1 003	8.55	0.38	7.07	8.95
$lang$	969	0.44	0.15	0.00	0.92
$open$	1 011	0.99	0.52	0.00	4.37
ln$pgdp$	1 054	8.53	1.25	5.80	11.15

根据地理位置的不同,将"一带一路"国家分为东北亚、中亚、东南亚、南亚、西亚、北非、中东欧七组,考虑到一些组样本数较少,故根据地理位置进行合并处理。最终分为东北亚和中亚、东南亚、南亚、西亚和北非、中东欧五组。从表3可以得出,每百人互联网使用人数、每百人移动电话数量、每百人固定电话数量由高到低为中东欧、西亚和北非、东南亚、东北亚和中亚、南亚;相较于中东欧、西亚和北非,东北亚和中亚、东南亚、南亚的每百人互联网使用人数和每百人移动电话数量的标准差较大,而每百人固定电话数量差异较小。可以得出结论:(1)"一带一路"各地区ICT发展水平差异较大,其中,中东欧地区ICT发展较为发达,南亚ICT发展较为落后;(2)ICT发展较为落后的地区,各国的互联网和移动电话发展水平差异较大,而ICT发展较为发达的地区,各国互联网和移动电话发展水平差异较小。

表3　　　　　　　按区域分组相关变量的情况

区域	变量	均值	标准差
东北亚和中亚	$internet$	22.23	22.51
	$mobile$	79.34	54.57
	$telephone$	12.46	8.28

续表

区域	变量	均值	标准差
东南亚	internet	28.96	26.62
	mobile	80.61	51.47
	telephone	10.71	11.51
南亚	internet	12.49	13.19
	mobile	61.93	46.84
	telephone	4.64	4.24
西亚和北非	internet	36.73	28.99
	mobile	85.35	50.44
	telephone	17.37	10.46
中东欧	internet	50.10	22.36
	mobile	102.74	35.89
	telephone	27.21	8.98

根据世界银行对不同收入水平国家的分类标准，将"一带一路"国家分为高收入、中高收入、中低收入、低收入四组，考虑到一些组样本数较少，故根据收入水平进行合并处理。最终分为高收入、中高收入、中低收入和低收入三组。从表4可以得出，每百人互联网使用人数、每百人移动电话数量和每百人固定电话数量由高到低为高收入国家、中高收入国家、低收入国家；ICT代理变量标准差最高的为中高收入国家，高收入国家、中低收入和低收入国家标准差较小且差异不大。可以得出结论：（1）收入水平越高，ICT发展水平越高；（2）中高收入国家内部，不同国家ICT发展水平差异较大。

表4　　　　　　　　　按收入分组相关变量的情况

收入	变量	均值	标准差
高收入	internet	57.46	23.52
	mobile	115.13	36.31
	telephone	26.10	10.18

续表

收入	变量	均值	标准差
中高收入	*internet*	34.06	24.27
	mobile	87.41	47.1
	telephone	19.10	10.06
中低收入和低收入	*internet*	15.16	15.82
	mobile	59.32	44.02
	telephone	6.85	7.46

参考岳云嵩（2020）的制度分组方法，由于经济与合作组织（OECD）成员国基本上都倡导自由贸易，而非OECD国家更主张对贸易应当有所限制，故根据这种制度的差异，将"一带一路"国家分为OECD国家、非OECD国家两组。从表5可以得出，OECD国家每百人互联网使用人数、每百人移动电话数量和每百人固定电话数量均值更大，同时ICT代理变量标准差更小。可以得出结论：OECD国家ICT发展较为发达且ICT发展水平差异较小，非OECD国家ICT发展较为落后且ICT发展水平差异较大。

表5　　　　　　　　　　按制度分组相关变量的情况

制度	变量	均值	标准差
OECD国家	*internet*	58.69	19.84
	mobile	110.74	27.12
	telephone	28.79	9.62
非OECD国家	*internet*	30.64	26.35
	mobile	81.86	50.18
	telephone	14.97	11.29

（四）ICT对贸易影响情况的初步计量分析

利用StataSE—15进行个体效应模型的检验，p值为0.0000，故强烈拒绝各国同质的原假设，选择个体效应模型；进行异方差稳健的杜宾—吴—豪斯曼（DWH）检验，p值拒绝个体效应与解释变量不相关的原假设，选择固定效应模型。

对固定效应模型采用最小二乘虚拟变量法（LSDV）得到如表6所示的计量结果：

表6　　　　　　　　　　　ICT对贸易的影响

变量	lntrade	lnexport	lnimport
lninternet	0.429***	0.549***	0.474***
lnmobile	0.288***	0.090	0.287***
lntelephone	-0.307**	-0.156	-0.374***
lndist	-3.772***	-3.861***	-4.169***
lang	9.418***	20.324***	3.143
open	0.930***	1.139**	0.676**
lnpgdp	1.328***	2.091***	1.023**
R^2	0.962	0.931	0.949
样本量	871	867	871

注：表中数值为解释变量和控制变量的系数 β_i；*、**、*** 分别表示在10%、5%、1%的显著性水平下显著，下同。

从表6可以得出，三个计量模型 R^2 较高，线性拟合度良好；"一带一路"国家每百人互联网使用人数对与中国的双边贸易额、对中国的出口额、对中国的进口额皆有显著的正向影响，当然这种影响受到"一带一路"国家与中国的双边地理距离、语言相似度、人均国内生产总值、贸易开放度的约束；"一带一路"国家每百人移动电话数量对双边贸易额、进口额有显著的正向影响，而每百人互联网使用人数的正向影响更大，当然这种影响仍然受到控制变量的约束，但对出口额的影响并不显著；"一带一路"国家每百人固定电话数量对与中国的双边贸易额、对中国的出口额有显著的负向影响，且对进口额的影响并不显著；"一带一路"国家与中国的双边地理距离对双边贸易额、出口额、进口额有显著的负向影响；"一带一路"国家与中国的语言相似度对双边贸易额、出口额、进口额有显著的正向影响；"一带一路"国家的贸易开放度对双边贸易额、出口额、进口额皆有显著的正向影响；"一带一路"国家人均国内生产总值对双边贸易额、出口额、进口额有显著的正向影响。

总体而言，初步的计量结果显示，在数字经济背景下，ICT对贸易影响为：

（1）互联网和移动电话的发展能够促进"一带一路"国家与中国双边贸易的增长，支持假设H1。固定电话的发展不能促进"一带一路"国家与中国双边贸易的增长，支持假设 H2。与移动电话相比，互联网的发展更有效地促进了"一带一路"国家与中国的双边贸易，支持假设 H3。这可能是因为"一带一路"国家主要依靠信息交互更有效率的专用互联网进行跨境贸易，而非规模化地使用移动电话进行出口贸易。

（2）"一带一路"国家与中国的双边地理距离抑制了贸易的增长。这符合传统贸易引力模型的一般结论，对于同质或者相近的商品，双边地理距离越小，交易成本越小，越容易产生贸易行为。

（3）"一带一路"国家与中国的文化差异抑制了贸易的增长。这可能是因为文化差异造成了长时间存在的贸易传统不会轻易发生改变，同时文化差异较大的国家提供的异质性更强的商品并没有在贸易中占据主导地位。同时，与其他控制变量相比较，文化差异对贸易的影响最大，必须在贸易活动中着重考虑语言等文化因素。

（4）"一带一路"国家的贸易开放度促进了贸易的增长。贸易开放度越高，贸易基础设施水平、海关清关效率等越高，而且一国往往有完善的贸易体系、完备的贸易政策，这都促进了贸易量的增加。

（5）"一带一路"国家的人均国内生产总值促进了贸易的增长。这是因为人均国内生产总值越高，消费者和生产者越有能力消费和生产商品。需求端和供给端的完善有利于双边贸易更好对接，螺旋式推动贸易持续稳定的增长。

（五）稳健性检验

由于各国异质性较大，且总体的固定效应模型解释能力较为有限，因此对"一带一路"国家进行分组检验，包括区域分组、收入分组、制度分组、时间分组检验，检验方法仍为固定效应模型的 LSDV 方法。

1. ICT 对不同地区贸易的影响效应

从表 7 可以得出结论：

（1）西亚和北非"一带一路"国家的互联网和移动电话发展水平对贸易的正向影响最为显著，东北亚、中亚和中东欧次之，东南亚和南亚显著性一般。对于固定电话而言，不同地区皆表现为无法促进贸易增长，即正向不显著或者负向显著。西亚和北非以高原为主，多沙漠，气候炎热干燥，农牧业并不发达，但该地区拥有世界上最为丰富的石油资源。该地区从中国进口的商品多为农牧产品和轻工业制品，对中国出口的商品多为石油等能源产品。因此，这样一个高度依赖贸易的地区对于互联网和移动电话这类"先进"ICT 的发展是十分敏感的；（2）东北亚、中亚和中东欧"一带一路"国家与中国的文化差异、贸易开放度、人均国内生产总值对贸易有最显著的负向影响，其他地区控制变量的显著性一般。

表7　　　　　　　　　ICT对不同地区贸易的影响效应

地区	变量	lninternet	lnmobile	lntelephone	lndist	lang	open	lnpgdp
东南亚和南亚*	lntrade	0.106	0.229***	0.028	-15.378*	-31.282	0.146	2.240**
	lnexport	0.334*	-0.054	0.301**	-9.744	-17.392	0.597	2.392***
	lnimport	0.225	0.268***	-0.142	-13.091	-22.669	-0.245	1.670
西亚和北非	lntrade	0.608***	0.458***	-0.561**	14.577***	-5.234***	0.761**	0.526
	lnexport	0.550***	0.633***	-0.464	25.025***	-14.978***	0.255	0.651
	lnimport	0.652***	0.405***	-0.511**	4.329	2.050**	0.764***	0.424
东北亚、中亚和中东欧	lntrade	0.333***	0.259***	-0.128	-0.848	29.383***	1.460***	2.126***
	lnexport	0.560*	-0.240	0.115	-3.211	33.875***	1.852**	3.968***
	lnimport	0.356**	0.268*	-0.194	0.435	30.495***	1.142***	1.686**

注：*考虑到各组之间的样本量以及地理因素，将东南亚和南亚合并，将东北亚、中亚和中东欧合并，以减少统计误差。

2. ICT对不同收入国家贸易的影响

从表8可以得出结论：（1）"一带一路"成员国中的高收入国家和中高收入国家互联网和移动电话的发展对贸易有显著的正向影响，尤其对高收入国家的正向影响更大，而中低收入和低收入国家显著性一般。这可能是因为收入水平较高的国家"先进"ICT体系较为成熟和完善，数字经济较为发达，处于ICT对贸易弹性较高的区间，尚未达到阈值。反之，收入水平较低的国家"先进"ICT及相关基础设施建设水平较低，带来的贸易促进效应有限，当然这些国家可能会受到周边国家ICT外溢带来的较为明显的贸易增加。同时，固定电话的发展无法促进贸易的增加，甚至对高收入国家有最显著的负向影响。这可能是因为收入水平越高，一国发展固定电话的机会成本越大，收入水平较高的国家往往会利用这一成本去发展互联网和移动电话以带来更多贸易增长；（2）不同收入水平的"一带一路"国家与中国的双边地理距离皆抑制了贸易的增长，其中高收入国家表现出最显著的负向影响；（3）不同收入国家人均国内生产总值对贸易有显著的正向影响，其中中低收入和低收入国家的影响最大，这可能是由于边际消费倾向递减规律的作用。

表 8　　　　　　　　ICT 对不同收入国家贸易的影响效应

收入	变量	lninternet	lnmobile	lntelephone	lndist	lang	open	lnpgdp
高收入	lntrade	0.792***	0.444**	-1.029***	-5.667***	0.918	0.852**	1.272***
	lnexport	0.833***	0.057	-1.590***	-4.777***	-2.060	1.400***	1.392**
	lnimport	0.917***	0.613**	-0.798**	-6.671***	2.446	0.477	1.084**
中高收入	lntrade	0.342***	0.333**	0.544**	-2.522**	5.900**	0.442	1.641***
	lnexport	0.483*	0.471**	0.298	-4.867**	5.279	0.683	1.818**
	lnimport	0.352***	0.190**	0.788**	-0.185	5.974*	0.037	1.688**
中低收入和低收入	lntrade	0.196**	0.282***	-0.018	-4.316**	-9.828**	0.263	1.693**
	lnexport	0.378**	-0.099	0.277*	-4.528**	-4.375	0.314	2.283**
	lnimport	0.163	0.337***	-0.109	-5.251***	-10.127***	-0.011	1.801**

3. ICT 对 OECD 和非 OECD 国家贸易的影响

从表 9 可以得出结论：（1）"一带一路"国家互联网和移动电话的发展水平对贸易有较显著的正向影响，而且互联网的正向影响更大。这可能是因为 OECD 国家有更为开放的国际市场和更为健全的贸易体系，同时更加注重对知识产权的保护，倡导贸易自由化，贸易壁垒较小；（2）固定电话的发展对贸易并没有显著的正向影响，甚至对非 OECD 国家表现出较显著的负向影响；（3）双边地理距离对贸易有显著的负向影响，其中 OECD 国家的影响更大；（4）OECD 国家的贸易开放度对贸易有显著的正向影响，而非 OECD 国家显著性一般。

表 9　　　　　　　ICT 对 OECD 和非 OECD 国家贸易的影响效应

国家	变量	lninternet	lnmobile	lntelephone	lndist	lang	open	lnpgdp
OECD 国家	lntrade	0.833**	0.501*	0.018	-57.897***	0.681	1.555**	1.417
	lnexport	0.937***	-0.365	-0.720	-59.707***	0.348	2.260***	1.594
	lnimport	0.850*	0.631*	0.125	-56.197***	0.705	1.331*	1.326
非 OECD 国家	lntrade	0.428***	0.337***	-0.222*	-3.956***	5.276**	0.562**	0.803*
	lnexport	0.540***	0.137	-0.055	-4.105***	16.507***	0.773	1.669**
	lnimport	0.476***	0.342***	-0.284*	-4.363***	-1.508	0.268	0.425

4. ICT 对不同时间区间贸易的影响

考虑到政策冲击和外部冲击的影响,将 2002~2018 年的时间区间分为四组以检验模型的稳健性。这里的政策冲击主要指 2005 年 7 月 21 日起中国开始实行以市场供求为基础、参考"一篮子"货币进行调节、有管理的浮动汇率制度。这里的外部冲击主要指 2008 年环球金融危机。

从表 10 可以得出结论:(1)与移动电话相比,互联网发展水平对贸易有更显著而稳健的正向影响,即互联网更不易受到政策冲击和外部冲击的影响。2002~2005 年移动电话对贸易的促进作用并不显著,这是因为移动电话仍处于非智能和半智能状态,且半智能的塞班(Symbian)系统网上交易能力十分有限,此时移动电话对贸易的影响仍通过线下贸易发生作用。随着后续安卓(Android)系统和苹果(iOS)系统应用于移动电话,移动电话对贸易的促进作用得以加强,特别是 2006~2009 年的时间区间移动电话表现出最显著的正向影响;(2)固定电话对贸易的影响不显著或者显著为负,具有稳健性;(3)"一带一路"国家与中国的双边地理距离对贸易有显著而稳健的负向影响;(4)人均国内生产总值对贸易有显著而稳健的正向影响。

表 10　　　　　　　ICT 对不同时间区间贸易的影响效应

时间	变量	lninternet	lnmobile	lntelephone	lndist	lang	open	lnpgdp
2002~2005	lntrade	0.448***	0.054	-0.417	-6.039***	9.365***	0.098	3.461***
	lnexport	0.402	0.268	-0.958	-6.782	31.917***	-0.499	2.942
	lnimport	0.588***	-0.008	-0.263	-6.651***	0.659	-0.140	3.718***
2006~2009	lntrade	0.277**	0.433***	-0.700*	-5.289***	6.691**	0.316	2.167**
	lnexport	0.726***	0.017	-0.355	-4.569***	2.755	-0.491	0.915
	lnimport	0.228*	0.524***	-0.767**	-5.666***	5.661**	0.316	2.352**
2010~2018	lntrade	0.198***	0.220	0.048	-4.147***	3.324	0.727***	1.036***
	lnexport	0.269**	0.092	-0.000	-3.157***	14.531***	1.318***	1.579***
	lnimport	0.220**	0.176	0.019	-4.411***	-1.017	0.586**	0.746**
2002~2009	lntrade	0.417***	0.215***	-0.806***	-5.202***	9.034***	0.505	2.461***
	lnexport	0.450	0.117	-0.598	-5.888***	16.031***	-0.319	2.239**
	lnimport	0.484***	0.233***	-0.929***	-5.597***	4.641*	0.452	2.564***

根据区域分组、收入分组、制度分组、时间分组检验的结论,支持假设

H1、H3，模型具有稳健性；同时拒绝假设 H2，即没有研究证据表明互联网对贸易的促进作用稳健地超过移动电话对贸易的促进作用。

考虑到模型的多重共线性，将随时间而变化的控制变量滞后一期进行稳健性检验。由于 ln$pgdp$ 的方差膨胀因子（VIF）明显超过 $open$，且二者同时滞后会加剧共线性，故仅将 ln$pgdp$ 滞后一期，记为 ln$pgdp\_lag$。这样 ln$pgdp\_lag$ 是当期随机扰动项的前定变量，故二者不相关，以减少多重共线性和遗漏变量偏误。从表 11 可以得出结论：各变量符号和作用效果与初步计量结果一致，基础模型具有稳健性。

表 11　　　　　　ICT 对贸易的影响（滞后 ln$pgdp$）

变量	ln$trade$	ln$export$	ln$import$
ln$internet$	0.417 ***	0.550 ***	0.461 ***
ln$mobile$	0.308 ***	0.131	0.301 **
ln$telephone$	-0.305 **	-0.157	-0.372 ***
ln$dist$	-3.659 ***	-3.560 ***	-4.104 ***
$lang$	9.580 ***	20.196 ***	3.337
$open$	0.965 ***	1.192 **	0.703 **
ln$pgdp\_lag$	1.222 ***	1.749 ***	0.974 **
R^2	0.962	0.929	0.949
样本量	871	867	871

为进一步检验模型的稳健性，采用不同的回归模型进行检验。考虑到固定效应模型的估计方式，采用组内估计量一阶差分法（FD）检验稳健性；考虑到可能存在的组内自相关、组间异方差和组内同期相关，采用可行广义最小二乘估计（FGLS）模型检验稳健性。从表 12 可以得出结论：不同回归模型的计量结果亦支持假设 H1、H3，拒绝假设 H2，基础模型具有稳健性。

表 12　　　　　　不同回归模型的稳健性检验

模型	FD			FGLS		
变量	ln$trade$	ln$export$	ln$import$	ln$trade$	ln$export$	ln$import$
ln$internet$	0.188 ***	0.250 *	0.199 ***	0.145 ***	0.271 **	0.155 ***
ln$mobile$	0.161 *	0.281 *	0.151	0.177 ***	0.416 ***	0.167 ***

续表

模型	FD			FGLS		
变量	ln$trade$	ln$export$	ln$import$	ln$trade$	ln$export$	ln$import$
ln$telephone$	−0.011	−0.078	0.034	0.037	−0.088	0.079
R^2	0.376	0.146	0.368	0.218	0.071	0.211
样本量	812	807	812	812	807	812

五、研究结论与政策建议

研究发现，"先进"ICT（互联网和移动电话）的发展促进"一带一路"国家与中国双边贸易的增长（接受H1），但互联网并没有稳健地表现出比移动电话更大的贸易促进作用（拒绝H3）；"落后"ICT（固定电话）的发展不能促进"一带一路"国家与中国的双边贸易（接受H2），甚至会表现出抑制作用。当然以上影响受制于地理距离、文化差异、贸易开放度、人均国内生产总值等控制变量。本文的稳健性检验都强烈地否定了固定电话对贸易的促进作用，即假设H2具有很强的稳健性。对于不同区域的"一带一路"国家，西亚和北非的先进"ICT"表现出最大的贸易促进作用，东亚和东南亚的贸易促进作用一般；对于不同收入水平的"一带一路"国家，收入水平越高国家的"先进"ICT带来的贸易促进作用越大；OECD国家相较于非OECD国家，"先进"ICT带来的贸易促进作用更大；对于不同时间区间的检验，与移动电话相比，互联网对贸易有更显著而稳健的正向影响，即互联网更不易受到政策冲击和外部冲击的影响；其他稳健性检验方法（滞后变量、更换回归模型）皆支持分组回归结果，即接受H1、H2，拒绝H3。

据此，"一带一路"国家应加强"先进"ICT（互联网和移动电话）和相关基础设施建设，适当控制固定电话的过度投资，减少不必要的投资浪费，把握数字经济时代的新机遇。下面从政策制定、政策实行、政策反馈三个方面提出建议：

政策制定方面。中国作为"一带一路"的发起国，应当在秉持共商、共建、共享的原则上，主动将ICT建设纳入"一带一路"发展规划，并积极提出适宜的数字经济发展政策，加强与其他成员国的互联互通，携手探索数字经济合作新模式；同时，"一带一路"其他国家应当认识到数字经济时代ICT对于贸易显著的促进作用,将 ICT 建设考虑进国家或地区的发展战略。应当与其他国家开展数字经济合作,努力减少分歧,不断达成新的共识,在跨境贸易、电子商务、大数据和云计算等领域制定积极的发展政策,构建平等互惠的贸易规则;"一带一路"国家应当看到不同国家存在的明显差异,在政策制定上必须充分考虑地理距离、文化差异、各国经济发展水平、对外开放水平,并为 ICT 建设缺乏经验和资金的国家伸出援手。比如,在缅甸、土库曼斯坦这类 ICT 落后的国家,应当为它们的 ICT 建设提供必要帮助,因为它们存在巨大的贸易潜力,而且能够获得 ICT 带来的明显的外溢效应,最终将实现多边的贸易增长;

政策实行方面。政策的有效实行,离不开完善的基础设施和富有效率的运行平台。在基础设施方面,"一带一路"各国应当加强铁路、公路、航空、港口等交通基础设施建设,使贸易商品的流通提供更有效率。再者,应当加强海关基础设施建设,利用互联网技术,提高海关清关效率,激励贸易行为的发生。同时,应当加强通信基础设施建设,使之与 ICT 发展水平相匹配,以减少地理距离和文化差异带来的贸易损失;在运行平台方面,"一带一路"国家应当完善人才、资金、数据、技术等要素流的管理与运行机制,推进数字经济新时代的有效治理。再者,应当加强产业对接,加快数字经济时代的产业合作,发展共享经济、智能经济、绿色经济等。同时,加强"一带一路"国家与其他国际组织的合作,为"一带一路"更好的发展创造良好的外部环境;

政策反馈方面。政策制定中未考虑到的问题可能会出现在政策实行中,"一带一路"国家必须建立日常的对话机制,将问题和经验及时准确地予以反馈,进而不断改善政策,使之更适用于数字经济时代和现实情况。比如,中东欧等 ICT 发达的地区可以将 ICT 建设经验分享给南亚等 ICT 落后的地区。再者,地理接近、文化相似的国家之间有更多的借鉴意义,应当加强交流,共同发展。然后,利用区块链等新兴互联网技术,加强对国家安全、企业和个人隐私、知识产权的保护,形成责任明晰、共建共享的良好生态,促进政策实行积极健康地运转。

参考文献

[1] 陈福中. 数字经济、贸易开放与"一带一路"沿线国家经济增长[J]. 兰州学刊,2020(11):100-112.

[2] 陈寰琦. 签订"跨境数据自由流动"能否有效促进数字贸易——基于 OECD 服务贸易数据的实证研究 [J]. 国际经贸探索, 2020, 36 (10): 4-21.

[3] 陈婷婷. "一带一路"背景下中国对东盟各国跨境电商发展潜力测度——基于二阶段贸易引力模型的实证 [J]. 商业经济研究, 2020 (22): 80-83.

[4] 范鑫. 数字经济发展、国际贸易效率与贸易不确定性 [J]. 财贸经济, 2020, 41 (8): 145-160.

[5] 郭美晨, 杜传忠. ICT 提升中国经济增长质量的机理与效应分析 [J]. 统计研究, 2019 (3): 3-16.

[6] 韩剑, 蔡继伟, 许亚云. 数字贸易谈判与规则竞争——基于区域贸易协定文本量化的研究 [J]. 中国工业经济, 2019 (11): 117-135.

[7] 蓝庆新, 窦凯. 基于"钻石模型"的中国数字贸易国际竞争力实证研究 [J]. 社会科学, 2019 (3): 44-54.

[8] 李博英. 构建新发展格局 实现经济社会可持续高质量发展——基于中国与"一带一路"沿线国家经贸合作的实证研究 [J]. 西北大学学报 (哲学社会科学版), 2020, 50 (6): 115-126.

[9] 陆菁, 傅诺. 全球数字贸易崛起: 发展格局与影响因素分析 [J]. 社会科学战线, 2018 (11): 57-66, 281, 2.

[10] 盛斌, 高疆. 超越传统贸易: 数字贸易的内涵、特征与影响 [J]. 国外社会科学, 2020 (4): 18-32.

[11] 孙穗, 朱顺和. 基于数字经济背景的 ICT 对贸易与经济增长影响研究——以中国和东盟国家为例 [J]. 商业经济研究, 2020 (13): 146-150.

[12] 谢莉娟, 陈锦然, 王诗桴. ICT 投资、互联网普及和全要素生产率 [J]. 统计研究, 2020, 37 (9): 56-67.

[13] 岳云嵩, 赵佳涵. 数字服务出口特征与影响因素研究——基于跨国面板数据的分析 [J]. 上海经济研究, 2020 (8): 106-118.

[14] Acemoglu D, Dorn D, Hanson G H et al. Return of the Solow Paradox? IT, Productivity, and Employment in US Manufacturing [J]. American Economic Review, 2014, 104 (5): 394-99.

[15] David P A. The Dynamo and the Computer: An Historical Perspective on the Modern Productivity Paradox [J]. American Economic Review, 1990, 80 (2): 355-361.

［16］Gordon R J. US Economic Growth since 1870：One Big Wave？［J］. American Economic Review，1999，89（2）：123 – 128.

［17］Gullickson W，Harper M J. Possible Measurement Bias in Aggregate Productivity Growth［J］. Monthly Labor Review，1999，122（2）：47 – 67.

行政审批制度改革与中国企业
出口国内增加值率

卢 霄 程红雨*

摘 要：本文基于2000～2007年中国工业企业数据库和中国海关贸易数据库的合并数据，以各地级市建立行政审批中心为"准自然实验"，使用双重差分模型、三重差分模型以及中介效应模型实证分析行政审批制度改革对中国企业出口国内增加值率的影响。研究表明，行政审批中心建立对企业出口国内增值率的提升具有正向促进作用，该结论在进行识别条件检验以及一系列稳健性检验后依然成立。但是行政审批制度改革红利的释放对不同类型企业出口国内增加值率的影响效果不同，具体表现为：一般贸易企业、外资企业、高融资约束企业和小规模企业从行政审批制度改革中获益更大。进一步的机制检验表明，行政审批中心建立通过提高企业成本加成能力和国外中间品相对价格渠道显著提升了中国企业出口国内增加值率。

关键词：行政审批制度改革；出口国内增加值率；双重差分法；三重差分法；中介效应

一、引言

自20世纪90年代以来，经济全球化体现在生产领域主要是全球价值链（global value chain，GVC）的加速形成、调整和发展，产品生产在各个环节的国际分割成为一种趋势。改革开放以后的中国不仅借助于劳动等资源禀赋的比较优势积极介入GVC成就了自身出口贸易的增长奇迹，同时显著影响和促进了GVC的再造。发展中经济体出口导向型的经济增长模式诚然可圈可点，但

---

* 作者简介：卢霄（1996～ ），女，山东理工大学硕士研究生，研究方向为制度性开放与国际贸易；

程红雨（1996～ ），女，山东理工大学硕士研究生，研究方向为产业政策与国际贸易。

是也引发一系列问题，主要是：在自身技术进步有限的前提下，一旦国内期初的闲置资源得到充分配置后，深度介入 GVC 便会进一步加剧国内生产要素的稀缺性（李平等，2018）。既然 GVC 已经不可阻挡，中国事实上也是 GVC 的受益者之一，那么如何实现中国企业在 GVC 中分工地位的攀升和出口国内增加值率（domestic value added ratio，DVAR）的提高就成为重中之重的研究课题。

2018 年 12 月中央经济工作会议指出，要适应新形势、把握新特点，推动由商品和要素流动型开放向规则等制度型开放转变，中国的对外开放已经由要素红利阶段向制度红利阶段过渡（李建军、李俊成，2020）。在中国的经济转型过程中，正确处理政府与市场的关系成为改革开放的题中之义。其中，行政审批制度改革已经成为制度创新的一种新形式。而中国 40 多年的改革开放之所以成功，就是因为改革和开放的高度相关性，两者相互促进、相互影响，动态地呈现了一种正反馈的态势。作为制度创新标志之一的行政审批制度改革能否提升中国企业出口 DVAR，其微观机制或内在的逻辑是什么？厘清上述问题本身就是制度开放的一种实验，同时也是中国实现长期经济增长的关键所在。

与本文密切相关的文献主要有两类：一类文献关注行政审批制度改革的经济效应。凯普兰等（Kaplan et al.，2011）认为墨西哥进行的快速开办企业制度改革，能够增加当地经济产出；阿法罗和查里（Alfaro & Chari，2014）认为印度做出的撤销部分行业准入管制的决策，能够增加当地小企业进入。相比于国外文献，国内文献从更多视角研究了行政审批制度改革的经济效应。已有研究发现，行政审批制度改革能够通过降低企业制度性交易成本激发企业创新（王永进、冯笑，2018）、提高企业全球价值链嵌入度（刘胜、申明浩，2019）、降低企业生产率分布离散程度（郭小年、邵一航，2019），进而促进经济增长（夏杰长、刘诚，2017）；通过进驻部门实现跨部门协调，促进企业进入（毕青苗等，2018）；通过提高企业进入市场倾向和生产率，增加企业出口（冯笑等，2018）。

另一类文献关注企业出口 DVAR 的影响因素。近年来，由于国际经济形势的不确定性和发展中国家在全球价值链中的"低端锁定"局面，研究企业出口 DVAR 的文献也由早期对测算方法的关注（Koopman et al.，2012；Upward et al.，2013；张杰等，2013；王直等，2015；Kee & Tang，2016）转向目前对其影响因素的关注。其中，一些学者从对外开放的视角出发，研究汇率升值、贸易自由化、外资自由化及进口中间品质量等因素对企业出口 DVAR 的影响（Kee & Tang，2016；陈虹、徐阳，2019；毛其淋、许家云，2018；诸竹君等，

2018)。另一些学者从中国内部营商环境的视角出发,研究要素市场扭曲、制造业上游垄断、出口退税及互联网技术等因素对企业出口 DVAR 的影响(高翔等,2018;李胜旗、毛其淋,2017;刘信恒,2020;耿伟、杨晓亮,2019)。

本文基于上述文献的研究,在研究视角、研究方法和机制检验上进行了扩展,主要体现在以下几个方面:第一,在研究视角上,本文关注到中国的制度变化,系统研究行政审批制度改革对企业出口 DVAR 的影响,有助于全面探究企业出口 DVAR 的影响因素。第二,在研究方法上,本文使用较为先进的双重差分法,以行政审批中心建立为"准自然实验",研究其对企业出口 DVAR 的影响,能够有效克服政策指标难以量化问题和内生性问题;同时结合三重差分法考察行政审批中心建立对不同性质企业的影响,保证了实证结果的稳健性。第三,与已有研究行政审批制度的文献不同,本文采用中介效应模型探究行政审批中心建立对企业出口 DVAR 的内在影响机制,研究发现,行政审批中心建立可以通过企业加成率和国外中间品相对价格两种渠道影响企业出口 DVAR。

二、机制分析与研究假说

本部分将通过构建理论模型来分析行政审批中心建立对企业出口 DVAR 的影响,并在此基础上提出研究假说。借鉴基和唐(Kee & Tang,2016)的方法,推导出企业出口 DVAR 的决定式①:

$$dvar_{ft} = 1 - \gamma \frac{1}{markup_{ft}} \frac{1}{1 + (P_t^F/P_t^D)^{\mu-1}} \quad (1)$$

其中,$dvar_{ft}$ 表示企业 f 在 t 期的出口国内增加值率;γ 表示中间投入品的产出弹性;$markup_{ft}$ 表示企业 f 在 t 期的加成率;P_t^D 和 P_t^F 分别表示国内中间品和国外中间品平均价格,P_t^F/P_t^D 表示国外中间品相对价格;$\mu(\mu>1)$ 表示国内中间品与国外中间品之间的替代弹性。

由式(1)可知,企业出口国内增加值率($dvar_{ft}$)的变动取决于企业加成率($markup_{ft}$)和国外中间品相对价格(P_t^F/P_t^D)的变动,进一步地,对 $markup_{ft}$ 和 P_t^F/P_t^D 分别求导:

$$\frac{\partial dvar_{ft}}{\partial markup_{ft}} = \gamma \frac{1}{markup_{ft}^2} \frac{1}{1 + (P_t^F/P_t^D)^{\mu-1}} > 0 \quad (2)$$

---

① 限于篇幅,未在正文中报告企业出口 DVAR 决定式的具体推导过程,感兴趣的读者可向作者索要。

$$\frac{\partial dvar_{ft}}{\partial (P_t^F/P_t^D)} = (\mu-1)\gamma \frac{1}{markup_{ft}} \frac{(P_t^F/P_t^D)^{\mu-2}}{[1+(P_t^F/P_t^D)^{\mu-1}]^2} > 0 \qquad (3)$$

于是可以得到如下结论：企业加成率和国外中间品相对价格的提高均可以实现企业出口 DVAR 的提高。其隐含的经济学逻辑是，加成率的提高表现为企业在出口市场中产品定价能力的增加，从而可以获取更多的出口价值，进而提升企业出口 DVAR（高翔等，2018）。国外中间品相对价格的提高会使追求成本最小化的企业转而寻求更加便宜的国内中间品，从而提升企业出口 DVAR。

接下来，本文进一步探讨行政审批中心建立如何通过加成率（$markup_{ft}$）和国外中间品相对价格（P_t^F/P_t^D）两种渠道影响企业出口 DVAR。

（一）成本加成渠道

企业加成率的大小由产品价格与边际成本的比值决定，因此任何影响产品价格和边际成本的因素最终会造成企业加成率的变动。行政审批制度改革最直接的影响是有助于节省企业审批时间、缓解企业融资约束，进而使企业投入足够的时间和财力用于研发创新（王永进、冯笑，2018）；同时企业拥有更多的资金进口更多种类、更高质量的国外中间品。

首先，在研发创新与企业加成率的影响关系方面，研发创新不仅可以通过降低产品需求弹性增加企业在出口市场中的市场份额以及对创新垄断资金的索取能力（刘啟仁、黄建忠，2016）；而且还可以通过提高企业生产率降低企业边际生产成本，进而提高企业加成率（Melitz & Ottaviano，2008）。其次，在国外中间品与企业加成率的影响关系方面，国外中间品种类与企业生产率之间具有显著正相关关系（Topalova & Khandelwal，2011；黄先海等，2016）；企业国外中间品质量越高，其出口的最终产品质量也越高（Kugler & Verhoogen，2012；李胜旗、毛其淋，2017），因此，企业在出口市场中的定价就越高，进而企业的成本加成能力越强。综上所述，行政审批制度改革通过研发创新和进口多种类、高质量的国外中间品提高了企业的成本加成能力，即 $\frac{\partial markup_{ft}}{\partial reform_{ft}} > 0$，其中 $reform_{ft}$ 表示行政审批制度改革。已知 $\frac{\partial dvar_{ft}}{\partial markup_{ft}} > 0$，可得 $\frac{\partial dvar_{ft}}{\partial reform_{ft}} = \frac{\partial dvar_{ft}}{\partial markup_{ft}} \frac{\partial markup_{ft}}{\partial reform_{ft}} > 0$，即行政审批制度改革通过提高企业加成率进而提高企业出口 DVAR。

（二）国外中间品相对价格渠道

行政审批制度改革本质上体现的是政府对企业市场准入管制的放松，更加简洁透明的审批程序和低廉的审批费用无疑有利于企业进入市场（Alfaro & Chari，2014；毕青苗等，2018）。更多企业进入市场会加剧市场竞争，在市场需求不变的情况下，国内市场上的中间品供给增多，会造成国内中间品价格的下降；在国外中间品价格不变的情况下，会导致国外中间品相对价格的上升，最终造成国内中间品对国外中间品的替代效应。除此之外，行政审批制度改革会带来企业寻租现象的减少和制度性交易成本的降低，有助于企业专注生产价格更低、质量更高的国内中间品，进而造成国外中间品相对价格的上升。综上所述，行政审批制度改革可以提高国外中间品相对价格，即 $\frac{\partial (P_t^F/P_t^D)}{\partial reform_{ft}} > 0$。已知 $\frac{\partial dvar_{ft}}{\partial (P_t^F/P_t^D)} > 0$，可得 $\frac{\partial dvar_{ft}}{\partial reform_{ft}} = \frac{\partial dvar_{ft}}{\partial (P_t^F/P_t^D)} \frac{\partial (P_t^F/P_t^D)}{\partial reform_{ft}} > 0$，即行政审批制度改革通过提高国外中间品相对价格进而提高企业出口 DVAR。

通过上述分析，我们提出如下研究假说：

假说1：行政审批制度改革有利于促进中国企业出口 DVAR 的提升。

假说2：行政审批制度改革通过成本加成和国外中间品相对价格两种渠道影响企业出口 DVAR。

三、计量模型、变量与数据

（一）计量模型

为了实证检验行政审批中心建立对企业出口 DVAR 的影响，基准双重差分模型构建如下：

$$dvar_{fjct} = \alpha + \beta Treat_c \times Post02_t + \eta X + \zeta_t + \zeta_c + \zeta_f + \zeta_j + \varepsilon_{fjct} \quad (4)$$

其中，下标 f、j、c 和 t 分别表示企业、行业、城市和年份。因变量 $dvar_{fjct}$ 表示企业 f 的出口国内增加值率。$Treat_c$ 是分组虚拟变量，将 2002 年建立行政审批中心的地级市作为实验组，赋值为 1；将 2007 年以后建立或者一直未建立行政审批中心的地级市作为对照组，赋值为 0。$Post02_t$ 是时间虚拟变量，2002 年及其以后的年份取值为 1，2002 年之前的年份取值为 0。X 表示控制变量，ζ_t、ζ_c、ζ_f 和 ζ_j 分别表示时间固定效应、城市固定效应、企业固定效应和行业固定效应，ε_{fjct} 代表随机误差项。本文的回归结果均进行了城市层面的聚类处理，以控制潜在序列相关和异方差问题。

（二）变量测算

1. 企业出口国内增加值率（$dvar_{fjt}$）

目前国内外流行的测算企业出口 DVAR 的方法主要有两种：一种是基于投入产出表的宏观测算方法（Hummels et al., 2001；Koopman et al., 2012）；另一种是基于中国工业企业数据库（以下简称工库）与中国海关贸易数据库（以下简称海库）相匹配的微观测算方法（张杰等，2013；Kee & Tang，2016）。相比于第一种测算方法，第二种测算方法能够有效克服由于投入产出表的间断性（例如中国是每 5 年更新一次）所造成的测算结果不连续问题，并且微观层面的测算方法能够捕捉到企业异质性，有利于挖掘背后的影响机制。于是本文借鉴张杰等（2013）与基和唐（2016）的方法，利用匹配后的工库和海库数据测算 2000~2007 年的企业出口 DVAR。首先，给出企业出口 DVAR 的计算式：

$$dva_{fjt} = (exp_{fjt}^{O} + exp_{fjt}^{P}) - \left(\frac{exp_{fjt}^{O} + exp_{fjt}^{P}}{Y_{fjt}}\right)(imp_{fjt}^{IO} + imp_{fjt}^{IP}) \tag{5}$$

其中，下标 f、j 和 t 分别表示企业、行业和年份。exp_{fjt}^{O} 和 exp_{fjt}^{P} 分别表示企业从事一般贸易和加工贸易活动所对应的出口产品额，二者相加得到企业总出口额，即 $exp_{fjt} = exp_{fjt}^{O} + exp_{fjt}^{P}$，据此可以进一步计算企业的加工贸易份额（$exp_{fjt}^{P}/exp_{fjt}$），并在此基础上判断企业贸易类型①。$imp_{fjt}^{IO}$ 和 imp_{fjt}^{IP} 分别表示企业从事一般贸易和加工贸易活动所对应的中间品进口额，二者相加得到企业总中间品进口额，即 $imp_{fjt} = imp_{fjt}^{IO} + imp_{fjt}^{IP}$。$Y_{fjt}$ 代表企业产出，用企业总产值表示。进一步地，我们将企业出口 DVAR 表示为：

$$dvar_{fjt} = \frac{dva_{fjt}}{exp_{fjt}} = 1 - \frac{(imp_{fjt}^{IO} + imp_{fjt}^{IP})}{Y_{fjt}} \tag{6}$$

其中，企业总产出（Y_{fjt}）可以从工库直接获得；企业中间品进口额（$imp_{fjt}^{IO} + imp_{fjt}^{IP}$）的数据可以从海库获取，但是需要做进一步的处理。同时，值得注意的是，由于工库和海库的计价单位不一致，其中工库的计价单位为千元（人民币），海库的计价单位为美元，因此需要将企业相关进出口数据根据当

---

① 具体而言，如果 $exp_{fjt}^{P}/exp_{fjt} = 0$，则企业 f 为一般贸易类型企业；如果 $exp_{fjt}^{P}/exp_{fjt} = 1$，则企业 f 为加工贸易类型企业；如果 $0 < exp_{fjt}^{P}/exp_{fjt} < 1$，则企业 f 为混合贸易类型企业。

年的人民币对美元实际有效汇率统一为人民币计价单位。

（1）识别贸易代理商。由于普遍存在企业借助专门从事进出口业务的贸易代理商进行间接进口（包括中间品进口）的现象，于是本文借鉴安等（Ahn et al.，2011）的方法，首先将海库中企业名称中包含"进出口""经贸""贸易""科贸""外经"等字样的企业归属为贸易代理商；然后计算各制造业二位码行业 j 中通过贸易代理商方式进口额占行业总进口的比重（$share_{jt}$）；最后根据公式 $imp_{fjt}^{adj} = imp_{fjt}/(1-share_{jt})$ 调整企业实际进口额，其中，imp_{fjt} 为海库中记录的企业进口额（关于 imp_{fjt} 的识别将在下文中详细介绍）。相应地，调整后的一般贸易进口额与加工贸易进口额分别表示为 $imp_{fjt}^{O\_adj}$ 和 $imp_{fjt}^{P\_adj}$。

（2）识别企业中间品进口。企业在实际生产过程中会进口中间品、资本品和消费品，因此有必要精确识别企业中间品进口。借鉴阿普沃德等（Upward et al.，2013）的方法，我们认为加工贸易企业所进口的中间品全部被用于生产出口品，于是 $imp_{fjt}^{IP} = imp_{fjt}^{P\_adj}$。接下来识别一般贸易企业中间品进口，参照冯等（Feng et al.，2016）的方法，将海库中 HS6 位码产品与联合国广义经济分类标准（Broad Economic Categories，BEC）①进行对接，识别 BEC 代码为"111""121""21""22""31""322""42""53"的进口中间品信息。识别完成后，将调整后的一般贸易企业中间品进口额表示为 $imp_{fjt}^{IO} = imp_{fjt}^{O\_adj}|_{BEC}$。

（3）剔除国内中间品原材料中的国外部分。考虑到某些企业国内中间品原材料中包含部分国外产品要素，库普曼等（Koopman et al.，2012）认为这一比例介于 5%~10%。于是，在基本估计过程中，我们假定国内原材料中包含的国外产品要素比例为 5%②，那么企业使用的国内原材料中含有的国外产品要素金额为：

$$IM_{fjt}^{F} = 0.05 \times \left[Interinput_{fjt} - \left(\frac{exp_{fjt}^{O} + exp_{fjt}^{P}}{Y_{fjt}} \right)(imp_{fjt}^{IO} + imp_{fjt}^{IP}) \right] \quad (7)$$

其中，$Interinput_{fjt}$ 代表企业中间品投入额，该数据可以从工库直接获得。进一步地，可以计算出企业的中间品间接进口系数：$\lambda_{Mfjt} = \frac{IM_{fjt}^{F}}{Y_{fjt}}$。

（4）扣除企业进口资本品折旧。本文进一步识别出 BEC 代码为"41"和

---

① 联合国统计司网站公布了 BEC 分类与海关 HS 位码的转换表。其中 2000~2001 年的测算结果采用 BEC - HS1996 转换表，2002~2006 年的结果采用 BEC - HS2002 转换表，2007 年的测算结果采用 BEC - HS2007 转换表。

② 在稳健性检验部分，我们重新假定国内原材料中包含的国外产品要素比例为 10%。

"521"的进口资本品,借鉴张杰等(2103)的做法,假设进口资本品的折旧率为10.96%,据此得出企业进口资本品折旧系数:$\lambda_{Kfjt} = \dfrac{10.96\% \times K_{fjt}^{I}}{Y_{fjt}}$,其中$K_{fjt}^{I}$表示企业资本品进口额。

除此之外,我们参照张杰等(2013)和基和唐(2016)的做法,剔除进口额大于中间品投入额的"过度进口企业",最终得到区分贸易类型的企业出口DVAR:

$$dvar_{fjt} = \begin{cases} 1 - \dfrac{imp_{fjt}^{O\_adj} \mid BEC}{Y_{fjt}} - \lambda_{Mfjt} - \lambda_{Kfjt} & f \in O \\ 1 - \dfrac{imp_{fjt}^{P\_adj}}{Y_{fjt}} - \lambda_{Mfjt} - \lambda_{Kfjt} & f \in P \\ \varphi_{O}\left(1 - \dfrac{imp_{fjt}^{O\_adj} \mid BEC}{Y_{fjt}} - \lambda_{Mfjt} - \lambda_{Kfjt}\right) + \varphi_{P}\left(1 - \dfrac{imp_{fjt}^{P\_adj}}{Y_{fjt}} - \lambda_{Mfjt} - \lambda_{Kfjt}\right) & f \in M \end{cases}$$

(8)

其中,O、P和M分别表示一般贸易企业、加工贸易企业和混合贸易企业;φ_{O}和φ_{P}分别表示混合贸易企业中以一般贸易方式和加工贸易方式进口的比重。最后,借鉴基和唐(2016)的方法,只保留DVAR大于0小于1的企业。

我们根据(8)式,在2000~2007年合并后的工库和海库基础上,将测算出的企业出口DVAR描绘在图1中。从图1可以看出,整体上企业出口DVAR呈现上升趋势,从2000年的65.1%上升至2007年的70.2%,这一测算结果与基和唐(2016)的测算结果非常相近①。区分贸易方式来看,一般贸易企业出口DVAR整体水平最高,其次是混合贸易企业;虽然加工贸易企业出口DVAR整体水平较低,但是增长速度最快,加工贸易企业出口DVAR的快速增长是拉动中国企业平均DVAR提升的关键因素之一。

2. 行政审批制度改革的测度

行政审批制度改革具有难以量化的特点,而行政审批中心建立是行政审批改革的重要体现,截至2014年,全国292个地级市中已经建立行政审批中心的地级市高达269个(各地级市建立行政审批中心的时间分布见图2)。本文以2002年行政审批中心的大规模建立为准自然实验,利用双重差分法考察行政审批制度改革的政策红利。其基本逻辑是:①2002年是中国行政审批中心建立最多的年份,因此本文将政策冲击定于2002年,将2002年设立行政审批

---

① 基和唐(2016)的测算结果发现中国企业出口DVAR由2000年的65%上升至2007年的70%。

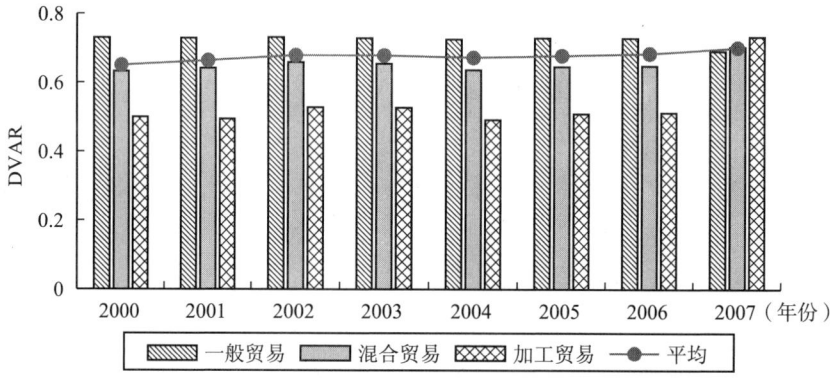

图 1　2000~2007 年中国企业出口 DVAR 变动趋势

中心的地级市作为实验组；②将 2007 年以后建立或者一直未建立行政审批中心的地级市作为对照组，以确保对照组在样本期间内未进行行政审批制度改革。最终得到 46 个实验组和 31 个对照组。

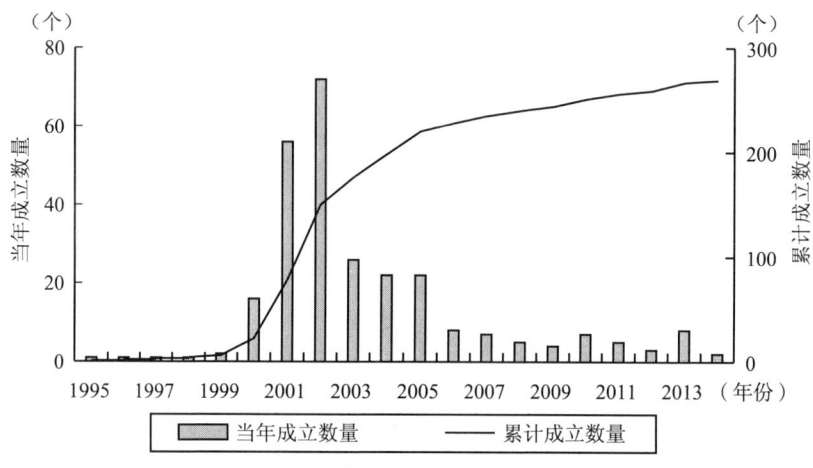

图 2　各地级市建立行政审批中心的时间分布

3. 控制变量

本文分别从企业层面和行业层面搜集可能影响企业出口 DVAR 的因素。

（1）企业层面控制变量

企业规模（*firmsize*），用职工人数的对数值衡量；企业年龄（*firmage*），用当年年份减去成立年份再加 1 后的对数值衡量；企业流动性（*liquidity*），用流动资产与流动负债的比值取对数衡量；企业融资约束（*financon*），借鉴孙灵燕和李荣林（2012）的方法，用利息支出与固定资产的比值取对数衡量，该数值越大代表融资约束越小；企业资本密集度（capital），用人均固定资产的对数值衡量；国有企业虚拟变量（sdum），对于国有企业，假设 sdum = 1，反之 sdum = 0；外资企业虚拟变量（fdum），对于外资企业，假设 fdum = 1，反之 fdum = 0。

（2）行业层面控制变量

行业竞争程度（hhi），用赫芬达尔指数的对数值衡量，计算公式为：$hhi = \ln(\sum_{f \in \Omega_j}(sale_{ft}/Sale_{jt})^2) = \ln(\sum_{f \in \Omega_j}\sigma_{ft}^2)$，其中 $sale_{ft}$ 表示企业 f 在 t 年的销售收入，$Sale_{jt}$ 表示行业 j 在 t 年的总销售收入，σ_{ft} 表示企业 f 在 t 年的市场占有率，该指数越大，市场竞争程度越小。

（三）数据说明

1. 中国工业企业数据库（2000~2007年）

本文借鉴布兰德特等（2012）的方法对中国工业行业分类（CIC）4位码进行调整；删除工业总产值、固定资产、中间投入缺失或小于等于零的企业样本，删除不符合会计准则及职工人数小于8的企业样本；将样本中所有名义变量都平减为以2000年为基期的实际变量。

2. 中国海关贸易数据库（2000~2007年）

本文删除中国海关贸易数据库中企业名称中包含"进出口""经贸""贸易""科贸""外经"等字样的贸易代理商企业；借鉴田巍和余淼杰（2013）的方法，使用企业名称与电话号码两种匹配方式，只要企业通过任何一种匹配方式，就将其纳入研究样本中。

3. 各地级市行政审批中心的官方主页

主要用于搜集各地级市行政审批中心的成立时间，同时使用人民政府网站公示的、关于批准行政审批中心的正式文件以及各地级市人民政府网站和当地媒体发布的新闻报道进行补充。为了保证数据的齐整性，本文只选取样本区间内始终存在的实验组和对照组地级市。表1报告了变量的描述性统计。

表1　　　　　　　　　　　描述性统计

变量	观测值	均值	标准差	最小值	最大值
dvar	75 376.00	0.68	0.15	0.00	0.82
Treat × Post02	75 376.00	0.45	0.50	0.00	1.00

续表

变量	观测值	均值	标准差	最小值	最大值
firmsize	75 376.00	5.31	1.18	2.08	10.58
firmage	75 366.00	1.97	0.72	0.00	4.06
liquitidy	74 484.00	0.31	0.84	-4.65	12.34
financon	43 744.00	-3.66	1.51	-13.19	5.73
capital	75 376.00	3.79	1.40	-5.37	9.34
sdum	75 376.00	0.27	0.45	0.00	1.00
fdum	75 376.00	0.56	0.50	0.00	1.00
hhi	75 376.00	-4.12	0.76	-5.40	0.00

四、计量结果分析

(一) 基本估计结果

表 2 报告了模型（4）式的基本回归结果。第（1）列仅考虑行政审批中心建立对企业出口 DVAR 的影响，此时 $Treat \times Post02$ 的回归系数显著为正，因此得出行政审批中心建立能够提升企业出口 DVAR 的初步结论。第（2）列和第（3）列分别控制城市固定效应、行业固定效应与年份固定效应、企业固定效应，$Treat \times Post02$ 的回归系数显著为正。第（4）列加入企业层面控制变量，同时控制城市固定效应和行业固定效应，$Treat \times Post02$ 的估计系数显著为正。第（5）列在第（4）列的基础上加入行业竞争程度（*hhi*），同时将城市固定效应和行业固定效应替换为年份固定效应和企业固定效应，$Treat \times Post02$ 的估计系数依然显著为正，这说明相对于没有建立行政审批中心的地级市，建立行政审批中心的地级市内的企业出口 DVAR 额外提升了 3.1%，从而证实行政审批中心建立能够显著提升中国企业出口 DVAR。

表 2　　　　　　　　　　　　基本估计结果

变量	(1)	(2)	(3)	(4)	(5)
$Treat \times Post02$	0.027*** (24.80)	0.020*** (3.65)	0.020* (1.80)	0.019*** (4.59)	0.031*** (3.67)

续表

变量	(1)	(2)	(3)	(4)	(5)
firmsize				-0.010*** (-6.89)	-0.001 (-0.35)
firmage				0.010** (2.60)	0.008* (1.70)
liquitidy				-0.000 (-0.58)	0.003 (1.33)
financon				0.004*** (4.55)	0.001 (0.98)
capital				-0.011*** (-4.43)	-0.004** (-2.42)
sdum				-0.003 (-1.05)	-0.000 (-0.00)
fdum				-0.072*** (-9.72)	0.000 (0.01)
hhi					-0.004* (-2.03)
城市/行业		Yes		Yes	
年份/企业			Yes		Yes
常数项	0.666*** (901.80)	0.734*** (93.10)	0.655*** (102.00)	0.858*** (45.42)	0.657*** (23.86)
观察值	75 376	75 376	75 376	43 454	43 454
R^2	0.008	0.132	0.788	0.218	0.821

注：***、**和*分别表示1%、5%和10%的显著性水平；括号内数值为t值；标准误在城市层面进行聚类。下表同。

（二）识别条件检验

1. 行政审批中心建立地级市的随机性

为了保证行政审批中心建立地级市的随机性，本文在模型中加入可能影响某地级市建立行政审批中心的先前决定变量（以下简称前定变量）。使用Probit 模型的回归结果发现前定变量 Prede 包括：城市年末人口总数（lnpopulation）、城市生产总值（lngdp）、规模以上企业数量（lnfirms）、第二产业占比（industry）、城市基础设施状况（lninfrastructure）、是否为省会城市或副省级城市（Center）、临区采纳比例（Neibor）、市委书记任期（Mps_tenure）及市长年龄（Mayor_age），所以本文在模型（4）式中加入 Prede × Post02 以剔除前定变量对估计结果的影响，结果报告在表3第（1）列。

表3　　　　　　　　　剔除前定变量和其他政策冲击的影响

变量	（1）	（2）	（3）
Treat × Post02	0.032 *** （4.06）	0.031 *** （4.91）	0.037 *** （7.97）
Prede × Post02	Yes		Yes
Soe × Post02		Yes	Yes
Trade × Post02		Yes	Yes
FDI × Post02		Yes	Yes
X	Yes	Yes	Yes
年份/企业	Yes	Yes	Yes
常数项	0.659 *** （24.70）	0.662 *** （25.71）	0.663 *** （24.71）
观察值	43 454	43 365	43 365
R^2	0.821	0.821	0.822

2. 行政审批中心建立年份的随机性

一方面，在模型（4）式中加入年份固定效应来控制不同年份可能存在的差异。而且，2002 年各地级市大规模建立行政审批中心这一事件具有不可预期性，因此本文认为行政审批制度改革的时间相对随机[①]。另一方面，样本期间发生的其他政策冲击也可能影响估计结果。于是，本文在模型（4）式中加入 Soe × Post02、Trade × Post02 和 FDI × Post02 分别控制国有企业改革、中国加入 WTO 和外资管制放松等政策冲击的影响，其中 Soe 用城市非国有资产占比

---

① 为了提高可信度，下文将对 2002 年行政审批中心建立之前是否具有预期效应进行检验（估计结果见表4第（1）列）。

衡量，Trade 用城市进出口总额与生产总值之比衡量，FDI 用城市外资企业数量取对数衡量，估计结果报告于表3第（2）列。表3第（3）列同时控制前定变量和其他政策冲击对估计结果的影响，结果发现第（1）~（3）列中 Treat × Post02 的估计系数均显著为正，说明行政审批中心建立能够显著提升企业出口 DVAR 的结论具有稳健性。

（三）稳健性检验

1. 有效性检验

（1）预期效应检验

上文从理论上分析了城市建立行政审批中心这一事件具有不可预期性，本部分将实证分析行政审批中心建立是否具有预期效应。具体地，在模型（4）式中引入2002年行政审批中心建立前一年的时间虚拟变量 Treat × Post01，估计结果报告在表4第（1）列。此时 Treat × Post01 前的估计系数不显著，说明在2002年城市建立行政审批中心之前企业并没有形成提高其出口 DVAR 的预期。

（2）平行趋势检验

为了对平行趋势进行检验，本文使用各年份时间虚拟变量替换模型（4）式中的政策冲击时间虚拟变量 Post02（剔除首年以避免多重共线性），然后再进行估计。表4第（2）列报告的回归结果发现，2002年之前年份的估计系数不显著，2002年及其之后年份的估计系数显著为正，这说明在2002年行政审批中心建立之前实验组和处理组企业出口 DVAR 的变化满足平行趋势假设，同时也说明行政审批中心建立对企业出口 DVAR 的影响具有持续性并且政策红利的释放基本不存在滞后。

（3）两期双重差分法

为了避免多期双重差分法中存在的序列相关问题，本文借鉴伯特兰德等（2004）的方法，进一步采用两期双重差分法进行估计。具体地，以2002年这一政策冲击发生年份作为界限，将样本期间划分为2000~2001年与2002~2007年两个阶段，然后分别对两个阶段中所有企业的变量求算术平均，进而采用两期双重差分法模型进行估计。估计结果报告在表4第（3）列，此时 Treat × Post02 的估计结果显著为正，说明行政审批中心建立能够显著提高企业出口 DVAR 的核心结论依然成立。

（4）控制产业时间趋势检验

借鉴刘和邱（Liu & Qiu，2016）的做法，将产业特定的时间趋势项（即

$\alpha_i \times t$)作为额外的控制变量加入模型（4）式进行估计，以控制无法观测的产业特定因素可能产生的影响。回归结果报告于表 4 第（4）列，此时，$Treat \times Post02$ 的估计系数显著为正，说明在控制产业时间趋势之后，行政审批中心建立仍然能够显著提升企业出口 DVAR。

表 4　　　　　　　　　　　稳健性检验

变量	(1) 预期效应 检验	(2) 平行趋势 检验	(3) 两期 倍差法	(4) 产业时间 趋势检验	(5) 控制城市× 时间固定效应	(6) 不受非观测 因素影响
$Treat \times Post02$	0.028*** (3.53)		0.029*** (2.92)	0.032*** (3.93)	0.015*** (2.83)	0.00294 (1.66)
$Treat \times Post01$	0.006 (0.72)					
$Treat \times year01$		0.006 (0.65)				
$Treat \times year02$		0.024** (2.21)				
$Treat \times year03$		0.023** (2.29)				
$Treat \times year04$		0.044*** (5.76)				
$Treat \times year05$		0.043*** (4.12)				
$Treat \times year06$		0.040*** (3.07)				
$Treat \times year07$		0.051** (2.56)				
X	Yes	Yes	Yes	Yes	Yes	Yes
年份/企业	Yes	Yes	Yes	Yes	Yes	Yes
城市×时间 固定效应					Yes	

续表

变量	(1) 预期效应检验	(2) 平行趋势检验	(3) 两期倍差法	(4) 产业时间趋势检验	(5) 控制城市×时间固定效应	(6) 不受非观测因素影响
常数项	0.657*** (24.24)	0.656*** (25.66)	0.705*** (4.44)	9.848*** (3.93)	−3.103** (−2.26)	0.731*** (20.82)
观察值	43 454	43 454	75 374	43 454	43 454	43 454
R^2	0.821	0.821	0.989	0.823	0.823	0.820

2. 安慰剂检验

为了尽可能控制不可观测的因素对实证结果的影响,本文在模型(4)式的基础上进一步控制地级市×时间固定效应,估计结果报告在表4第(5)列,此时估计结果依然稳健。尽管如此,仍然可能存在某些不可观测的因素对估计结果产生影响,于是本文借鉴周茂等(2018)的方法设计安慰剂检验,以期最大程度降低遗漏变量带来的估计偏误。本文随机选取实验组与对照组城市,重复试验500次,然后将随机处理后得到的估计系数 $\hat{\beta}^{random}$ 的均值报告在表4第(6)列,将500个 $\hat{\beta}^{random}$ 的估计值分布图绘制在图3中,可以发现 $\hat{\beta}^{random}$ 的均值为0.00294且不显著,并且500个 $\hat{\beta}^{random}$ 都趋向于0,这说明不可观测的地区因素基本不会影响本文的实证结果。

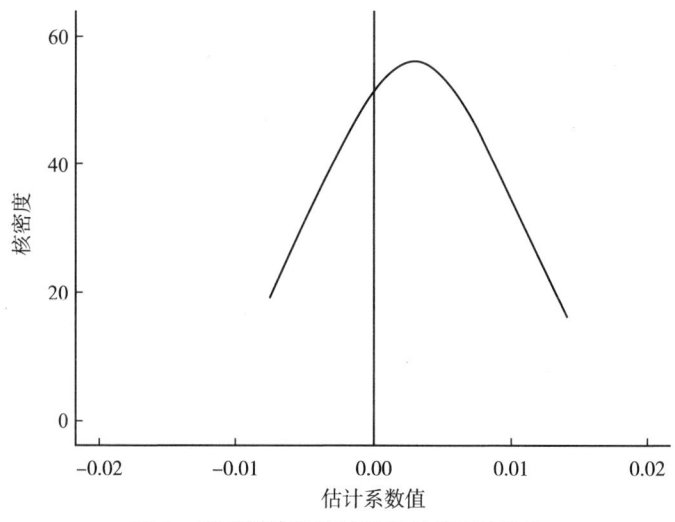

图3 安慰剂检验估计系数的核密度分布

3. 其他稳健性检验

第一，考虑到某些企业可能为了享有更便利的审批程序而向建立行政审批中心的地级市迁移，于是本文借鉴王永进和冯笑（2018）的方法，删除企业成立年份晚于当地行政审批中心建立年份和注册地址发生变更的企业样本，重新进行回归。第二，在企业出口 DVAR 的基本测算过程中，我们假定国内原材料中包含的国外产品要素比例为 5%，现在将这一比例改变为 10% 对企业出口 DVAR 进行重新测算。两种情况下的估计结果依然稳健。

五、异质性分析

本部分首先使用分样本的双重差分模型实证分析行政审批中心对企业出口 DVAR 的异质性影响，同时为了保证估计结果的稳健性，进一步在模型（4）式的基础上构建三重差分模型。

（一）区分企业贸易方式

为探究行政审批中心建立对不同贸易方式企业出口 DVAR 的影响，我们利用模型（4）式分别对一般贸易企业、加工贸易企业和混合贸易企业样本进行回归，结果报告在表 5 前 3 列。从中可以看出，行政审批中心建立对加工贸易企业出口 DVAR 没有产生显著影响，对一般贸易企业和混合贸易企业出口 DVAR 均具有显著提升作用，并且对一般贸易企业出口 DVAR 的促进作用较大。这主要是因为，行政审批中心的建立有助于企业创新，相比于具有"大进大出"特点的加工贸易企业，一般贸易企业和混合贸易企业更有可能通过研发创新促进自身出口 DVAR 的提升。

表 5　　　　　　　　异质性分析（区分贸易方式和所有制）

变量	(1) 一般贸易企业	(2) 加工贸易企业	(3) 混合贸易企业	(4) 贸易方式 (DDD)	(5) 外资企业	(6) 内资企业	(7) 所有制 (DDD)
$Treat \times Post02$	0.043*** (7.60)	0.027 (0.39)	0.028*** (2.80)		0.056*** (5.64)	0.031*** (5.73)	
$Treat \times Post02 \times Ordidum$				0.034*** (7.27)			

续表

变量	（1）一般贸易企业	（2）加工贸易企业	（3）混合贸易企业	（4）贸易方式（DDD）	（5）外资企业	（6）内资企业	（7）所有制（DDD）
$Treat \times Post02 \times Mixdum$				0.030***(6.46)			
$Treat \times Post02 \times foreign$							0.029***(5.20)
$S \times Post02$	Yes	Yes	Yes	Yes	Yes	Yes	Yes
$Soe \times Post02$	Yes	Yes	Yes	Yes	Yes	Yes	Yes
$Trade \times Post02$	Yes	Yes	Yes	Yes	Yes	Yes	Yes
$FDI \times Post02$	Yes	Yes	Yes	Yes	Yes	Yes	Yes
X	Yes	Yes	Yes	Yes	Yes	Yes	Yes
年份/企业	Yes	Yes	Yes	Yes	Yes	Yes	Yes
常数项	0.733***(40.04)	0.462**(2.04)	0.599***(12.10)	0.664***(24.60)	0.605***(17.36)	0.733***(42.27)	0.674***(27.28)
观察值	22 627	2 517	18 221	43 365	20 206	23 159	43 365
R^2	0.841	0.919	0.841	0.822	0.809	0.812	0.822

为保证结果的稳健性，我们进一步在模型（4）式的基础上引入 $Treat \times Post02 \times Ordidum$ 和 $Treat \times Post02 \times Mixdum$ 构建三重差分模型。其中，$Ordidum$ 表示一般贸易企业虚拟变量，如果企业为一般贸易企业，则 $Ordidum = 1$，反之则 $Ordidum = 0$；$Mixdum$ 表示混合贸易企业虚拟变量，如果企业为混合贸易企业，则 $Mixdum = 1$，反之则 $Mixdum = 0$。此时 $Treat \times Post02 \times Ordidum$ 和 $Treat \times Post02 \times Mixdum$ 的估计系数均显著为正，且前者的估计系数比后者略大，再次说明行政审批中心建立对一般贸易企业和混合贸易企业出口 DVAR 的提升均具有促进作用，并且一般贸易企业出口 DVAR 受行政审批制度改革的影响更大。

（二）区分企业所有制

考虑到行政审批中心建立对企业出口 DVAR 的影响可能会因企业所有制不同而有所差异，所以本部分将所有样本区分为外资企业子样本和内资企业子样本，估计结果报告在表 5 第（5）~（6）列。此时 $Treat \times Post02$ 的估计系数均显著为正，说明行政审批中心建立显著提升了内、外资企业出口 DVAR；在对外资企业子样本的回归中，$Treat \times Post02$ 估计系数的绝对值大于以内资企业为子样本的回归，说明行政审批中心建立对外资企业出口 DVAR 的提升作用更大。

为了保证估计结果的稳健性，本文进一步使用三重差分模型进行估计，将 $Treat \times Post02 \times foreign$ 引入模型（4）式，其中如果企业为外资企业，则 $foreign = 1$，反之 $foreign = 0$，估计结果报告在表 5 第（7）列。不难发现 $Treat \times Post02 \times foreign$ 的估计系数显著为正，说明相比于内资企业，行政审批中心建立对外资企业出口 DVAR 的提升作用更大；同时发现估计系数的绝对值明显低于前两列，说明行政审批中心建立对内、外资企业出口 DVAR 均具有促进作用。这可能是因为行政审批中心的建立有利于外资企业进入国内市场，为了节省运输成本，外资企业大多是以绿地投资的方式在中国设立工厂，为了追求成本最小化，外资企业更有可能使用相对廉价的国内中间品。

（三）区分企业融资约束

考虑到企业面临的融资约束程度也可能是影响其自身 DVAR 水平的重要因素之一，因此本文以样本内企业融资约束的均值为临界值，将样本区分为高融资约束企业子样本与低融资约束企业子样本①。结果报告在表 6 第（1）~（3）列，$Treat \times Post02$ 的估计系数均显著为正，但是高融资约束企业子样本的估计系数绝对值更大，说明相对于低融资约束企业，行政审批中心的建立更有利于高融资约束企业出口 DVAR 的提升。

表6　　　　　　　　异质性分析（区分融资约束和企业规模）

变量	(1) 低融资约束	(2) 高融资约束	(3) 融资约束（DDD）	(4) 大规模企业	(5) 小规模企业	(6) 企业规模（DDD）
$Treat \times Post02$	0.037*** (8.61)	0.044*** (3.78)		0.031*** (5.54)	0.046*** (6.90)	

① 与上文一致，我们借鉴孙灵燕和李荣林（2012）的方法，采用利息支出除以固定资产再取对数来衡量。该数值越大，企业面临的融资约束越低；相反，该数值越小，企业面临的融资约束越高。

续表

变量	(1) 低融资约束	(2) 高融资约束	(3) 融资约束 (DDD)	(4) 大规模企业	(5) 小规模企业	(6) 企业规模 (DDD)
$Treat \times Post02 \times fc$			0.004 (1.62)			
$Treat \times Post02 \times size$						0.007 (1.59)
$S \times Post02$	Yes	Yes	Yes	Yes	Yes	Yes
$Soe \times Post02$	Yes	Yes	Yes	Yes	Yes	Yes
$Trade \times Post02$	Yes	Yes	Yes	Yes	Yes	Yes
$FDI \times Post02$	Yes	Yes	Yes	Yes	Yes	Yes
X	Yes	Yes	Yes	Yes	Yes	Yes
年份/企业	Yes	Yes	Yes	Yes	Yes	Yes
常数项	0.696*** (24.38)	0.636*** (10.39)	0.662*** (23.57)	0.638*** (12.31)	0.671*** (17.56)	0.669*** (23.11)
观察值	24 235	19 130	43 365	23 619	19 746	43 365
R^2	0.837	0.860	0.821	0.834	0.846	0.821

本文进一步在公式（4）中引入 $Treat \times Post02 \times fc$，如果企业是低融资约束企业，则 $fc=1$，反之 $fc=0$。此时 $Treat \times Post02 \times fc$ 的估计系数不显著，再次说明行政审批中心建立对高融资约束企业出口 DVAR 的提升作用更大。可能是因为，行政审批中心建立能够降低企业的制度性交易成本，这使得之前面临较高融资约束的企业拥有更多的资金用于研发创新，进而通过成本加成渠道提高企业出口 DVAR。

（四）区分企业规模

企业规模与融资约束一般呈反向变动关系，于是本文接下来探究行政审批中心建立对不同规模企业出口 DVAR 的影响。我们分别根据式（4）使用双重差分模型与三重差分模型进行分样本的异质性检验，结果报告在表6第（4）~（6）列。容易发现，$Treat \times Post02$ 的估计系数均显著为正，但是小规模企业子样本的估计系数绝对值更大，这表现为表6第（6）列中 $Treat \times Post02 \times size$（如果企业是大规模企业，则 $size=1$，反之 $size=0$）的估计系数不显著。这说明相对于大规模企业，行政审批中心的建立更有利于小规模企业出口 DVAR 的提升，这显然符合预期。其可能原因是：小规模企业往往面临严重的融资约束，行政审批中心建立带来的融资约束缓解效应更有可能促使小规模企业进行研发创新，进而提高企业出口 DVAR。

六、进一步分析：机制检验

（一）中介效应模型设定

上文对研究假说 1 进行了详细检验，发现行政审批中心建立能够显著提高企业出口 DVAR。本部分继续对研究假说 2 进行检验，以企业加成率（markup）和国外中间品使用比例（imratio）[①] 为中介变量，构建中介效应模型：

$$dvar_{fjct} = \alpha + \beta Treat_c \times Post02_t + \gamma X + \zeta_t + \zeta_c + \zeta_f + \zeta_j + \varepsilon_{fjct} \quad (9)$$

$$markup_{fjct} = \alpha + b_1 Treat_c \times Post02_t + \gamma X + \zeta_t + \zeta_c + \zeta_f + \zeta_j + \varepsilon_{fjct} \quad (10)$$

$$imratio_{fjct} = \alpha + b_2 Treat_c \times Post02_t + \gamma X + \zeta_t + \zeta_c + \zeta_f + \zeta_j + \varepsilon_{fjct} \quad (11)$$

$$davr_{fjct} = \alpha + b_3 Treat_c \times Post02_t + c_1 markup_{fjct} + d_1 imratio_{fjct} + \gamma X + \zeta_t + \zeta_c + \zeta_f + \zeta_j + \varepsilon_{fjct} \quad (12)$$

其中，$markup_{fjct}$ 表示企业 f 在 t 期的加成率，借鉴德·洛克和沃兹纳斯基（De Loecker & Warzynaski，2009）的方法进行测算，计算公式为：$markup_{fjct} = \delta^X_{fjct}(\omega^X_{fjct})^{-1}$，其中 δ^X_{fjct} 表示可变要素的投入产出弹性（例如劳动）[②]，ω^X_{fjct} 为可变要素占企业工业总产值的比重，可以直接通过中国工业企业数据库计算得到；$imratio_{fjct}$ 表示企业 f 在 t 期国外中间品金额占工业中间投入金额的比重[③]。

（二）中介效应模型的估计结果分析

表 7 报告了行政审批中心建立对企业出口 DVAR 中介效应的估计结果。其中，表 7 第（1）列是对式（6）（即模型式（4））的回归，因此与表 2 第（5）

[①] 一般而言，国外中间品相对价格与国外中间品使用比例之间呈反向变动关系，因此本文借鉴诸竹君等（2018）的方法，采用国外中间品使用比例来衡量国外中间品相对价格渠道。

[②] 本文使用莱文索恩和佩特兰（Levinsohn & Petrin，2003）的半参数法估计得到，该方法的特点是使用企业的中间投入作为不可观测的企业生产率的代理变量。

[③] 注意计算之前需要先将企业国外中间品金额数据根据当年的人民币对美元实际有效汇率统一为人民币计价单位。

列的回归结果相近①。表7第（2）列是对式（7）的回归结果，$Treat \times Post02$ 的估计系数显著为正，说明行政审批中心建立能够提升企业加成率。这可能是因为行政审批中心建立通过促进企业研发创新、增加国外中间品种类及提高国外中间品质量进而提升了企业加成率。表7第（3）列是对式（8）的回归结果，$Treat \times Post02$ 的估计系数显著为负，说明行政审批中心建立降低了企业对于国外中间品的使用。这可能是因为行政审批管制放松带来的市场竞争加剧和制度性交易成本下降能够降低国内中间投入品价格，追求利润最大化的企业更愿意使用价格相对便宜的国内中间品来替代国外中间品。表7第（4）~（6）列进一步报告了模型式（13）的回归结果，其中，中介变量 $markup$ 的估计系数显著为正，另一中介变量 $imratio$ 的估计系数显著为负，这与式（2）和式（3）的结论一致。

表7 中介效应检验

变量	(1) $dvar$	(2) $markup$	(3) $imratio$	(4) $dvar$	(5) $dvar$	(6) $dvar$
$Treat \times Post02$	0.037*** (7.97)	0.538*** (9.86)	−0.087*** (−6.73)	0.032*** (6.83)	0.018*** (3.31)	0.014** (2.56)
$markup$				0.008*** (3.94)		0.007*** (3.90)
$imratio$					−0.239*** (−5.81)	−0.239*** (−5.82)
$S \times Post02$	Yes	Yes	Yes	Yes	Yes	Yes
$Soe \times Post02$	Yes	Yes	Yes	Yes	Yes	Yes
$Trade \times Post02$	Yes	Yes	Yes	Yes	Yes	Yes
$FDI \times Post02$	Yes	Yes	Yes	Yes	Yes	Yes
X	Yes	Yes	Yes	Yes	Yes	Yes
年份/企业	Yes	Yes	Yes	Yes	Yes	Yes

① 表2第（5）列中 $Treat \times Post02$ 的估计系数为0.031，本部分表7第（1）列中 $Treat \times Post02$ 的估计系数为0.037，造成系数不完全一样的原因是：表7第（1）列的估计结果在表2第（5）列的基础上控制了城市前定变量及同时期其他政策冲击的影响。

续表

变量	(1) dvar	(2) markup	(3) imratio	(4) dvar	(5) dvar	(6) dvar
常数项	0.663*** (24.71)	2.724*** (18.94)	0.254*** (5.51)	0.640*** (29.65)	0.703*** (25.24)	0.684*** (26.54)
观察值	43 365	43 346	34 334	43 346	34 334	34 320
R^2	0.822	0.867	0.921	0.822	0.856	0.857

此外，本文注意到在分别加入中介变量 $markup$ 和 $imratio$ 后（见表7第（4）列和第（5）列），$Treat \times Post02$ 的估计系数出现了不同程度的下降；并且值得注意的是，在同时加入中介变量 $markup$ 和 $imratio$ 后（见表7第（6）列），$Treat \times Post02$ 的估计系数下降幅度更大，这初步证明了"成本加成效应"和"国外中间品相对价格效应"的存在。本文进一步参照索贝尔（Sobel, 1987）的方法，检验中介变量路径上回归系数的乘积项是否显著，即检验 H_0：$c_1 b_1 = 0$ 和 $d_1 b_2 = 0$。如果拒绝原假设，说明中介效应显著，否则中介效应不显著。首先，计算乘积项 $c_1 b_1$ 和 $d_1 b_2$ 的标准差，$S_{c_1 b_1} = \sqrt{\hat{c}_1^2 S_{b_1}^2 + \hat{b}_1^2 S_{c_1}^2}$，$S_{d_1 b_2} = \sqrt{\hat{d}_1^2 S_{b_2}^2 + \hat{b}_2^2 S_{d_1}^2}$，其中 S 表示相应估计系数的标准差。根据表7的估计结果，容易得出乘积项 $c_1 b_1$ 和 $d_1 b_2$ 的标准差分别为 0.00105021 和 0.00460816。然后，根据公式 $Z_{c_1 b_1} = \hat{c}_1 \hat{b}_1 / S_{c_1 b_1}$，$Z_{d_1 b_2} = \hat{d}_1 \hat{b}_2 / S_{d_1 b_2}$ 计算得到 $Z_{c_1 b_1} = 3.999$ 和 $Z_{d_1 b_2} = 4.573$，均在1%的水平上显著。从而进一步验证了成本加成和国外中间品相对价格是行政审批中心建立影响企业出口DVAR的两个重要渠道。

七、结论

本文以各地级市在2002年大规模建立行政审批中心为"准自然实验"，利用2000~2007年中国工业企业数据库和中国海关贸易数据库的合并数据，依次采用双重差分模型、三重差分模型和中介效应模型实证分析行政审批中心建立对中国企业出口DVAR的影响、对不同类型企业出口DVAR的异质性影响以及对企业出口DVAR的影响渠道。

研究发现：（1）整体上，行政审批中心建立显著提升了中国企业出口DVAR。这一核心结论在进行识别条件检验和有效性检验、安慰剂检验、剔除相关企业样本及重新测算企业出口 DVAR 等一系列稳健性检验后依然成立。（2）异质性检验结果表明，行政审批制度改革在不同类型企业子样本中释放的政策红利影响效果不同，具体表现为：首先，行政审批中心建立能够促进一般贸易企业和混合贸易企业出口 DVAR 的提升，并且对一般贸易企业出口 DVAR 的促进作用更大，但是对加工贸易企业出口 DVAR 没有产生显著影响；其次，行政审批中心建立对内、外资企业出口 DVAR 均产生了显著促进作用，并且对外资企业出口 DVAR 的促进效果更加显著；最后，相对于低融资约束企业与大规模企业，行政审批中心建立对高融资约束企业与小规模企业出口 DVAR 的提升作用更大。（3）进一步的机制检验结果表明，行政审批中心建立通过提高企业成本加成能力和国外中间品相对价格这两条渠道显著提升了中国企业出口 DVAR。

参考文献

[1] 毕青苗，陈希路，徐现祥，李书娟．行政审批改革与企业进入 [J]．经济研究，2018，53（2）：140－155．

[2] 陈虹，徐阳．贸易自由化对出口国内增加值的影响研究——来自中国制造业的证据 [J]．国际经贸探索，2019，35（6）：33－48．

[3] 冯笑，王永进，刘灿雷．行政审批效率与中国制造业出口——基于行政审批中心建立的"准自然实验" [J]．财经研究，2018，44（10）：98－110．

[4] 高翔，刘啟仁，黄建忠．要素市场扭曲与中国企业出口国内附加值率：事实与机制 [J]．世界经济，2018，41（10）：26－50．

[5] 耿伟，杨晓亮．互联网与企业出口国内增加值率：理论和来自中国的经验证据 [J]．国际经贸探索，2019，35（10）：16－35．

[6] 郭小年，邵宜航．行政审批制度改革与企业生产率分布演变 [J]．财贸经济，2019，40（10）：142－160．

[7] 黄先海，诸竹君，宋学印．中国中间品进口企业"低加成率之谜" [J]．管理世界，2016（7）：23－35．

[8] 李建军，李俊成．"一带一路"倡议、企业信贷融资增进效应与异质性 [J]．世界经济，2020，43（2）：3－24．

[9] 李平，江强，林洋．FDI 与"国际分工陷阱"——基于发展中东道国 GVC 嵌入度视角 [J]．国际贸易问题，2018（6）：119－132．

[10] 李胜旗，毛其淋．制造业上游垄断与企业出口国内附加值——来自

中国的经验证据［J］．中国工业经济，2017（3）：101－119．

［11］刘啟仁，黄建忠．产品创新如何影响企业加成率［J］．世界经济，2016，39（11）：8－53．

［12］刘胜，申明浩．行政审批制度改革与制造业企业全球价值链分工地位［J］．改革，2019（1）：150－158．

［13］刘信恒．出口退税与出口国内附加值率：事实与机制［J］．国际贸易问题，2020（1）：17－31．

［14］毛其淋，许家云．外资进入如何影响了本土企业出口国内附加值？［J］．经济学（季刊），2018，17（4）：1453－1488．

［15］孙灵燕，李荣林．融资约束限制中国企业出口参与吗？［J］．经济学（季刊），2012，11（1）：231－252．

［16］田巍，余淼杰．企业出口强度与进口中间品贸易自由化：来自中国企业的实证研究［J］．管理世界，2013（1）：28－44．

［17］王永进，冯笑．行政审批制度改革与企业创新［J］．中国工业经济，2018（2）：24－42．

［18］王直，魏尚进，祝坤福．总贸易核算法：官方贸易统计与全球价值链的度量［J］．中国社会科学，2015（9）：108－127，205－206．

［19］夏杰长，刘诚．行政审批改革、交易费用与中国经济增长［J］．管理世界，2017（4）：47－59．

［20］张杰，陈志远，刘元春．中国出口国内附加值的测算与变化机制［J］．经济研究，2013，48（10）：124－137．

［21］周茂，陆毅，杜艳，姚星．开发区设立与地区制造业升级［J］．中国工业经济，2018（3）：62－79．

［22］诸竹君，黄先海，余骁．进口中间品质量、自主创新与企业出口国内增加值率［J］．中国工业经济，2018（8）：16－134．

［23］Alfaro, L & Chari, A. Deregulation, Misallocation, and Size: Evidence from India. *Journal of Law and Economics*, Vol. 57, No. 4, November 2014, pp. 897－936.

［24］Bertrand, M, Duflo, E & Mullainathan, S. How Much Should We Trust Differences－in－differences Estimates？. *The Quarterly Journal of Economics*, Vol. 119, No. 1, February 2004, pp. 249－275.

［25］Brandt, L, Biesebroeck, J V & Zhang, Y. Creative Accounting or Creative Destruction? Firm－level Productivity Growth in Chinese Manufacturing. *Journal of*

Development Economics, Vol. 97, No. 2, March 2012, pp. 339 – 351.

[26] De Loecker, J & Warzynski, F. Markups and Firm – level Export Status. *American Economic Review*, Vol. 102, No. 6, September 2009, pp. 2437 – 2471.

[27] Hummels, D, Ishii, J & Yi, K M. The Nature and Growth of Vertical Specialization in World Trade [J]. *Journal of International Economics*, Vol. 54, No. 1, June 2001, pp. 75 – 96.

[28] Kaplan, D S, Piedra, E & Seira, E. 2011. Entry Regulation and Business Start – ups: Evidence from Mexico. *Journal of Public Economics*, Vol. 95, No. 11 – 12, December 2011, pp. 1501 – 1515.

[29] Kee, H L & Tang, H. Domestic Value Added in Exports: Theory and Firm Evidence from China. *The American Economic Review*, Vol. 106, No. 6, June 2016, pp. 1402 – 1436.

[30] Koopman, R, Wang, Z & Wei, S J. 2012. Estimating Domestic Content in Exports when Processing Trade is Pervasive. *Journal of Development Economics*, Vol. 99, No. 1, 2012, pp. 178 – 189.

[31] Kugler, M & Verhoogen, E. Prices, Plant Size and Product Quality. *Review of Economic Studies*, Vol. 79, No. 1, January 2012, pp. 307 – 339.

[32] Levinsohn, J & Petrin, A. 2003. Estimating Production Functions Using Inputs to Control for Unobservables. *The Review of Economic Studies*, Vol. 70, No. 2, April 2003, pp. 317 – 341,

[33] Liu, Q & Qiu, L D Intermediate Input Imports and Innovations: Evidence from Chinese Firms' Patent Filings. *Journal of International Economics*, Vol. 103, November 2016, pp. 166 – 183.

[34] Melitz, M & Ottaviano, G. Market Size, Trade and Productivity. *The Review of Economic Studies*, Vol. 75, No. 1, January 2008, pp. 295 – 316.

[35] Sobel, M. Direct and Indirect Effects in Linear Structural Equation Models. *Sociological Methods Research*, Vol. 16, No. 1, 1987, pp. 155 – 176.

[36] Topalova, P & Khandelwal, A. 2011. Trade Liberalization and Firm Productivity: The Case of India [J]. *Review of Economics and Statistics*, Vol. 93, No. 3, January 2010, pp. 995 – 1009.

[37] Upward, R, Wang, Z & Zheng, J. Weighing China's Export Basket: The Domestic Content and Technology Intensity of Chinese Exports. *Journal of Comparative Economics*, Vol. 41, No. 2, 2013, pp. 527 – 543.

自贸试验区设立对数字贸易发展水平的影响研究*

张欣欣　刘中文**

摘　要：在双循环背景下，研究自贸试验区设立对数字贸易发展水平的影响，对实现以内促外，内外联动，从而助力我国经济高质量发展意义重大。基于此，本文采用2012~2018年中国31个省份的面板数据，首先通过熵值法测算出各地区的数字贸易发展水平，然后利用双重差分法评估自贸试验区设立对数字贸易发展水平的影响及作用路径。研究结果表明：（1）设立自贸试验区能够提升数字贸易发展水平，且通过安慰剂等检验，这一结论具有较高的稳健性；（2）自贸试验区设立的影响存在时间和空间两方面的差异，即设立自贸区的政策效应具有时间滞后性，且设立自贸区对沿海地区数字贸易发展水平的提升效果更好；（3）技术创新、产业结构与市场环境是自贸区影响数字贸易发展水平的作用路径，均发挥了部分中介效应的作用。本文研究为自贸试验区设立提升数字贸易发展水平提供了证据，并对政府下一阶段新发展格局的构建、数字贸易的发展提供一定的参考。

关键词：自贸试验区；数字贸易发展水平；双重差分法；作用机制

一、引言

新形势下，为提高我国对外开放水平，以改革开放促发展，加快经济高质量发展，党中央和国务院作出了设立自由贸易试验区的重大部署。党的十七大、十八大和十九大分别提出"把自贸区建设上升为国家战略、加快实施自贸区战略和赋予自贸试验区更大改革自主权"的重要政策主张。我国于2013~

---

* 基金项目：山东省社会科学规划研究项目（19CJJJ26）。

** 作者简介：张欣欣（1986~　），女，山东女子学院经济学院讲师，教研室副主任，研究方向为国际贸易学。

刘中文（1964~　），男，山东女子学院教授，博导，研究方向为金融工程与风险管理、经济管理。

2020年分六批共设立21个自由贸易试验区（自由贸易港），其总体建设布局愈加完善，逐步形成了覆盖东西南北中的改革开放创新格局，意在通过自贸试验区的扩容，提高经济发展质量和效率，驱动新发展格局的构建。自由贸易试验区的设立对于促进经济增长、推动贸易发展、产业结构转型升级和创新均具有重要作用。

随着信息通信技术的发展和应用，数字贸易已逐步成为最主要的贸易方式，有望助推传统贸易转型升级，从而成为中国经济增长的新引擎。根据《中国数字贸易发展报告（2020)》的数据显示，2019年我国数字服务的进出口总额达到了2 718.1亿美元，比2005年增长了约4.56倍；数字贸易实现了1 873.9亿元的顺差，同比增长约为46.1%。由此可见，我国的数字贸易发展至今已初具规模，且呈现出了蓬勃生机，但仍然需要把握已有优势，抢占先机，大力发展数字贸易，充分释放数字红利，推动经济高质量发展。

近年来，全球数字贸易高端业态渐渐形成了向国际中心地区集聚的态势[1]，我国设立自由贸易试验区的区域在数字贸易发展方面也积累了竞争优势，并且目前已有自贸区在其总体方案中提出优先发展数字贸易，例如《中国（上海）自由贸易试验区临港片区总体方案》《海南自由贸易港建设总体方案》《中国（浙江）自由贸易试验区扩展区域方案》，分别提出优先发展数字贸易、重点推进数字贸易的高新产业、打造数字贸易先行示范区。那么自由贸易试验区（自由贸易港）的设立能否提升数字贸易发展水平？又是通过什么路径实现的？解决这些问题具有重要的现实意义。本文在理论机制分析的基础上，运用双重差分法，实证研究自由贸易试验区对数字贸易发展水平的影响及其影响路径，以便为我国自由贸易试验区进一步扩容、提质、增效，探索更高水平自主开放，服务构建新发展格局，以及进一步提升我国数字贸易发展水平，助推经济高质量发展提供支撑。

二、文献综述

（一）自由贸易试验区的相关研究

自由贸易试验区自设立以来，得到了学者们的广泛关注，且学者们对自由贸易试验区的研究主要集中在定性和定量两个方面。

定性研究方面，很多文献对自由贸易试验区的功能、定位、前景做了详细的分析。裴长洪（2013）[2]通过比较中国对外开放实态与美国全球治理战略，提出中国在新一轮对外开放过程中，上海自贸区的主要建设任务和重要建设举措。张汉林和盖新哲（2013）[3]认为自由贸易试验区的功能定位应综合考虑过去存在的深层次矛盾问题，以及未来在战略布局和发展中紧密结合我国当前内外发展任务。涂山峰、陈姚朵和汪训佑（2015）[4]认为自贸试验区被赋予"开放升级"和"体制改革"双重功能，并具有明确的试验目标、行动策略、路径选择和发展前景。陈林（2016）[5]通过理论与案例分析，归纳出当前自由贸易区建设中凸显出来的三个误区，并给出相关的对策建议。赵晓蕾（2018）[6]和范恒山（2020）[7]均提出要主动对标全球最高标准，要把中国自贸区建设成改革开放新高地。

定量研究方面，很多学者实证探究了自由贸易试验区设立对经济增长、贸易发展、技术创新、产业结构、对外开放度等方面的影响。殷华和高维和（2017）[8]研究得出上海自贸区的建设显著促进了当地GDP、投资额和进出口额的增长。陈林、肖倩冰和邹经韬（2019）[9]从三个"政策红利"维度探讨自由贸易试验区的政策效应，结果表明，自由贸易试验区建设能够显著促进进出口贸易与经济发展。谭建华和严丽娜（2020）[10]研究发现，设立自贸区能够通过两个中介作用路径（市场竞争与融资约束）促进企业的技术创新。方云龙（2020）[11]研究认为，自贸区通过进口扩大效应和金融集聚效促进区域产业结构优化升级。张军、段喆进和闫东升（2020）[12]研究发现，自由贸易试验区的设立对于对外开放的提升具有显著的正向影响。

（二）数字贸易的相关研究

到目前为止，国内外学者对数字贸易的研究主要集中在贸易规则等内容的定性分析上。奥德斯鲁伊斯（Oudersluys，2017）[13]系统阐述了国际贸易委员会和数字贸易的发展过程。周念利和陈寰琦（2018）[14]围绕三大争议点"跨境数据自由流动""知识产权保护"和"视听例外"进行深入研究，并对数字贸易规则"欧式模板"的未来演变趋势进行研判。高（Gao，2018）[15]介绍了美国自由贸易协定中，数字贸易规则由从贸易监管到数字监管的演变。陈寰琦和周念利（2019）[16]研究了《美墨加三国协议》（USMCA）文本所体现的美国数字贸易规则核心诉求。余振（2020）[17]分析了全球数字贸易政策的国别特征、立场分野与发展趋势。高凌云和樊玉（2020）[18]提出中国应从积极参与数字贸易国际规则制定，尽快提出数字贸易规则的"中国方案"。

而关于数字贸易的定量研究总体较少，主要涉及对数字贸易测度、产生的影响及影响因素方面的研究：贾怀勤和刘楠（2018）[19]在梳理数字贸易研究现状和进展路径的基础上，对数字贸易的测度研究提出建议。蓝庆新和窦凯（2019）[20]基于熵值法和"钻石模型"对数字贸易国际竞争力进行量化研究，研究发现，技术水平、数字贸易产业开放度、第二、三产业劳动生产率，以及政府政策均对数字贸易国际竞争力有明显的正向效应。陆菁和叶亚露（2017）[21]以亚马逊的Kindle为例，结果发现无论长期还是短期，数字贸易均对产业升级产生正向影响。陆菁和傅诺（2018）[22]运用改进的引力模型实证分析数字贸易影响因素，结果表明，提高技术水平、加强知识产权保护、加快区域服务贸易协定签订、把握数字贸易定规权和强化本土文化输出均能够显著促进我国数字贸易的发展。章迪平和郑小渝（2020）[23]运用相对熵的TOPSIS法对浙江省2010~2018年数字贸易发展水平进行测度，并分析了影响数字贸易发展水平的因素，结果显示，信息化水平影响最为显著，而对外贸易开放水平的影响最小。俞裕兰和杨靛青（2020）[24]研究得出国际技术创新相关因素能够促进数字贸易国际竞争力的提升。

（三）自贸试验区与数字贸易发展的研究

近年来，关于自贸试验区的研究，以及关于数字贸易的研究均成为当前学术界探讨的热门话题，但将两者整合在一起的研究较少，且已有研究认为自贸试验区（自由贸易港）的设立能够促进数字贸易发展。黄庆平和李猛（2020）[1]探索了将我国的自由贸易港打造成为数字贸易的国际枢纽港的发展策略。王思语、张开翼和郑乐凯（2020）[25]利用比较优势理论，探究了中国部分自贸区的数字贸易禀赋，分析得出我国自贸区制约数字贸易发展的因素，并提出了相应对策。

通过梳理以往关于自由贸易试验区和数字贸易的文献发现，关于自贸区设立对数字贸易影响的分析较为少见。因此，本文与已有研究相比，可能在如下方面存在创新：（1）首次构建综合评价体系测度数字贸易发展水平，科学合理地反映我国31个省（区、市）数字贸易发展的真实水平。（2）将自贸试验区的设立作为一个"准自然实验"，研究其对数字贸易发展水平的影响，一方面扩展了此前的研究范围，丰富了自贸试验区及数字贸易的相关研究；另一方面验证了自贸试验区的设立不仅能够带来制度红利，还会助推数字贸易发展水平的提升。（3）本文分批次、分区位检验了自贸试验区对数字贸易发展的异质性影响，并深入探索了可能的作用路径，以期为自贸试验区扩容建设及提升数字贸易发展水平提供更有力的参考和借鉴。

三、理论分析与假说

自由贸易试验区作为中国构建全面、自主、更高水平开放新格局的"排头兵",在充分释放"制度红利"的基础上,在数字贸易发展的许多方面积累了竞争优势,能够有效提升数字贸易发展水平。同时,要想在数字时代抢占先机,也迫切需要选取合适区位来深入研究适合我国数字贸易的发展路径。自由贸易试验区市场开放程度、经济发展效能要明显优于其他地区,在探索制度监管、创新推动等方面拥有更大自主权,有能力来探求国内数字贸易发展路径[25]。加之近年来,学术界常用TOE(技术—组织—环境)框架来研究电子商务和跨境电子商务的影响因素,且马述忠认为数字贸易是跨境电子商务发展的高级形态,是对跨境电商的迭代[26]。因此,基于TOE框架,本文认为自由贸易试验区的设立可以通过以下三个路径来影响数字贸易发展水平。

(一)技术创新

自由贸易试验区作为我国深化改革、扩大开放的先行者,在探索突破、复制推广、扩围再创新的推进模式下,创新红利不断滚动叠加,能够有效地促进区域创新发展[27]。自贸区的设立在微观层面上会通过促进行业间的市场竞争,加快资本流动以缓解融资约束对企业技术创新产生的影响[10]。数字贸易的发展依托互联网技术,数字贸易的发展与技术创新密切相关,技术创新对数字贸易的发展有着直接的促进作用[24]。

(二)产业结构

自由贸易试验区内"转变政府职能、负面清单管理"等政策和制度上的创新,让政府成为市场的"守夜人",优化了资源配置,推动了自由贸易试验区内产业结构的转型升级[11]。作为新时期制度创新和扩大开放的高地,自贸区建设越来越注重提升产业竞争优势,未来将着力于建设开放性产业体系以促进高端产业集聚[28]。数字贸易依托于数字产业的发展,产业结构的优化和升级能够促进了数字服务、数字商品相关产业的发展,进而促进数字贸易的发展。

(三)市场环境

我国自由贸易试验区的本质是通过降低甚至取消绝大部分商品的关税与非关税壁垒及放松要素的准入限制,促进商品、资本、技术、劳务等自由流动[29]，从而推动区域经济发展。同时，自贸试验区是我国开展新一轮"开放"的前沿阵地，自由贸易试验区的设立，对于对外开放的提升具有显著的正向影响[12]。而国内整体市场环境的发展直接关系到数字贸易能否顺利开展，数字贸易的发展离不开经济实力的支撑，也离不开国家的开放性，这就意味着一国的经济实力和开放性越强，对数字贸易的影响越大[23]。

综上发现，技术创新、产业结构、经济发展与对外开放等方面在理论上确实能够促进数字贸易发展，为进一步实证检验其可靠性，本文提出以下两个假说：

假说1：自由贸易试验区的设立能够促进数字贸易的发展。

假说2：技术创新、产业结构、市场环境是自贸区设立提升数字贸易发展水平的作用路径。

四、模型、变量与数据

（一）模型设定

本文将第一批、第二批和第三批已获批的11个自由贸易试验区作为处理组①，其余未获批的20个省份作为控制组②，构成一个"准自然实验"，运用双向固定效应的多期双重差分模型来检验自由贸易试验区设立对数字贸易发展水平的影响及作用路径，因此，构建如下回归模型：

$$digital\_trade_{it} = \alpha_0 + \beta_0 pftz_{it} + \gamma_0 controls + u_i + \lambda_t + \varepsilon_{it} \quad (1)$$

$$mediator_{it} = \alpha_1 + \beta_1 pftz_{it} + \gamma_1 controls + u_i + \lambda_t + \varepsilon_{it} \quad (2)$$

$$digital\_trade_{it} = \alpha_2 + \beta_2 pftz_{it} + \beta_3 mediator_{it} + \gamma_2 controls + u_i + \lambda_t + \varepsilon_{it} \quad (3)$$

其中，i 和 t 分别识别各省份和各时期，被解释变量 $digital\_trade_{it}$ 为第 i 个省第 t 年的数字贸易发展水平，解释变量 $pftz_{it}$ 为自贸区因素，u_i 为省份个体特征的固定效应，λ_t 为时间固定效应，$controls$ 表示控制变量，$mediator_{it}$ 表示中介变量。

---

① 处理组包括上海、广东、天津、福建、辽宁、浙江、河南、湖北、四川、重庆与陕西共11个自由贸易试验区。

② 控制组包括北京、湖北、山西、内蒙古、吉林、黑龙江、江苏、安徽、江西、山东、湖南、广西、海南、贵州、云南、西藏、甘肃、青海、宁夏与新疆共20个省（区、市）。

（二）变量选取

1. 被解释变量

本文选取数字贸易发展水平（*digital_trade*）作为被解释变量。根据2018年马述忠[30]提出的"数字贸易"定义，数字贸易是以现代信息网络为载体，通过信息通信技术的有效使用实现传统实体货物、数字产品与服务、数字化知识与信息高效交换的新型贸易活动，进一步在借鉴章迪平和郑小渝[23]研究的基础上，构建由5个一级指标和14个二级指标组成的综合评价指标体系（见表1），利用熵值法测度数字贸易发展水平。

表1　　数字贸易发展水平综合评价指标体系

一级指标	二级指标
信息网络基础设施	域名数量
	网站数量
	互联网宽带接入端口
	长途光缆线路长度
数字技术水平	信息传输、软件和信息技术服务业从业人数
	专利申请数量
	研究和开发经费投入
产业数字化贸易	移动互联网接入流量
	电子商务销售额
数字产业化贸易	电信业务总量
	软件业务收入
	信息传输计算机服务和软件业固定资产投资
贸易潜力	人均GDP
	市场开放度

2. 解释变量

本文选取自贸区设立变 *pftz* 作为解释变量。根据双重差分原理，引入省份是否设立自贸区这一虚拟变量，表示该省在相应年份是否设立自贸区。若国务院批复该省市设立自贸区，或该省市已设立自贸区时，*pftz* 取值为1，反之为0。

3. 控制变量

参考章迪平和郑小渝[23]的研究,本文选取政府支持力度(gs)、经济发展水平($pgdp$)、贸易开放度($open$)、信息化指数($iindex$)和产业结构(is)作为控制变量。其中,信息化指数($iindex$)用主成分分析法,选用电信业务总量、邮政业务总量、移动电话普及率、互联网普及率4个指标来合成进行测算。关键变量的具体符号与定义如表2所示。

表2 关键变量说明

变量类型	变量名称	变量含义	衡量方式
被解释变量	digital_trade	数字贸易发展水平	熵值法测度的数字贸易综合评价指数
核心解释变量	pftz	自贸区设立虚拟变量	若国务院批复该省市设立自贸区,或该省市已设立自贸区时,pftz取值为1,反之为0
控制变量	gs	政府支持力度	政府科技支出占政府财政总支出比重
	pgdp	经济发展水平	地区GDP取对数
	open	贸易开放度	进出口总额与GDP的比值
	iindex	信息化指数	主成分分析法合成的区域信息化指数
	is	产业结构	第三产业增加值占GDP比重

(三)样本选择与数据来源

从2013年9月至2020年8月,中国分批次批准并设立了21个自由贸易试验区,初步形成了"1+3+7+1+6+3"的基本格局,形成了东、西、南、北、中统筹,海陆协调的开放趋势,推动了中国新一轮综合开放格局的形成。本文仅考虑2013年、2015年和2017年三批次,收集并选取了2013~2018年中国31个省(区、市)的面板数据作为研究样本。

本文所用数据主要来源于各省统计年鉴、中国统计年鉴及《全国科技经费投入统计公报》《网宿·中国互联网发展报告》,由于数据收集过程中存在部分年份数据缺失的问题,本文采用插值法得到相应的数值替代,进行处理后各个变量的描述性统计如表3所示。

表3　　　　　　　　　　　主要变量描述性统计

变量	样本量	均值	标准误	最小值	最大值
$digital\_trade$	217	0.137	0.137	0.011	0.867
$pftz$	217	0.147	0.355	0	1
gs	217	0.020	0.014	0.003	0.066
$pgdp$	217	10.800	0.416	9.889	11.94
$open$	217	26.760	29.380	0.684	143.5
$iindex$	217	0.113	1.183	-1.342	4.851
is	217	0.469	0.093	0.309	0.831

五、实证结果分析

本文首先用双重差分法估计自贸试验区设立对数字贸易发展水平的影响，其次从不同批次和不同区位进行异质性分析。按照自由贸易试验区设立的时间，以2013年设立的上海自由贸易试验区为第一批；以2015年设立的广东、天津和福建3个自贸试验区为第二批；以2017年设立的7个省市，辽宁、浙江、河南、湖北、重庆、四川和陕西为第三批自由试验区。然后根据是否与海洋接壤，将上海、广东、天津、福建、辽宁和浙江6个自贸试验区作为沿海自贸试验区；将河南、湖北、四川、重庆和山西5个自贸试验区作为内陆自贸试验区。最后，为验证回归结果的稳健性进行平行趋势检验、安慰剂检验和倾向得分匹配分析，进一步验证自贸试验区设立对数字贸易发展水平影响的稳健性。

（一）基准回归结果

表4报告了自贸试验区设立与数字贸易发展水平的回归结果，同时控制了个体效应和时间效应，规避个体因素和时间因素的干扰。第1列是未加控制变量的基准回归结果，第2～6是逐步加入控制变量的回归结果。可以看到：（1）无论是否加入控制变量，自由贸易试验区的设立对数字贸易发展水平的影响均显著为正，表明自由贸易试验区的设立能够提升数字贸易发展水平，验证了假说1。（2）控制变量的回归系数均显著为正，进一步验证了理论假说2，并且随着控制变量不断加入，拟合优度系数也在不断提高，说明自贸区设立对

数字贸易发展水平影响效果的准确性在不断提升,与未获批自由贸易试验区的省份相比,设立自贸试验区能够提升 0.027 个单位的数字贸易发展水平。

表 4　自贸试验区设立对数字贸易发展水平的作用

被解释变量: *digital_trade*	(1)	(2)	(3)	(4)	(5)	(6)
pftz	0.047** (2.08)	0.040** (2.38)	0.039** (2.43)	0.031*** (5.22)	0.030*** (4.94)	0.027*** (3.73)
gs		3.390* (1.72)	2.684 (1.18)	4.637*** (18.02)	3.192*** (5.65)	2.835*** (4.75)
pgdp			0.086 (1.70)	0.075*** (5.30)	0.039** (2.17)	0.092*** (4.46)
open				0.000*** (3.22)	0.001*** (4.95)	0.001 (1.31)
iindex					0.066*** (11.22)	0.038*** (6.23)
is						0.246*** (3.45)
常数项	0.086*** (11.54)	0.024 (0.61)	-0.876* (-1.70)	-0.785*** (-5.37)	-0.332* (-1.79)	-1.018*** (-4.90)
个体效应	控制	控制	控制	控制	控制	控制
时间效应	控制	控制	控制	控制	控制	控制
样本量	217	217	217	217	217	217
adj. R^2	0.596	0.647	0.661	0.681	0.685	0.685

注:*、**和***分别代表10%、5%和1%的显著性水平,括号内为t值。

(二)异质性回归结果

1. 分批次异质性分析

表 5 是自贸试验区分批次的回归结果。第 1~3 列是未加控制变量的结果,第 4~6 是加入控制变量的回归结果。可以看到:(1)以三批次的 *digital_trade* 为被解释变量,*pftz* 为解释变量时,无论是否加入控制变量,分批次的自由贸

易试验区设立对数字贸易发展水平的影响均显著为正,表明第一批、第二批和第三批设立发自贸试验区均能提升数字贸易发展水平。(2)第一批设立的自贸试验区对数字贸易发展水平的提升作用最大,随着自贸试验区设立时间的推迟,自贸试验区对数字贸易发展水平的作用也在逐渐减弱。表明自贸试验区设立的政策意义具有滞后性,即设立时间越久,发挥的效果越明显。

表5　分批次的自贸试验区对数字贸易发展水平的影响

被解释变量: digital_trade	第一批 (1)	第二批 (2)	第三批 (3)	第一批 (4)	第二批 (5)	第三批 (6)
$pftz$	0.049*** (7.91)	0.031*** (4.55)	0.021** (2.28)	0.034*** (2.94)	0.029* (1.65)	0.016* (1.85)
gs				-0.868 (-1.44)	3.347*** (5.12)	0.489 (0.85)
$pgdp$				0.065* (1.65)	0.093*** (4.03)	0.080*** (3.28)
$open$				0.000* (1.90)	0.001 (0.24)	0.001 (0.26)
$iindex$				0.010 (1.63)	0.033*** (4.90)	0.004 (0.57)
is				-0.111 (-0.89)	0.252*** (3.14)	0.024 (0.28)
常数项	0.375*** (15.21)	0.370*** (9.62)	0.367*** (14.94)	-0.292 (-0.56)	-1.046*** (-4.47)	-0.600** (-2.03)
个体效应	控制	控制	控制	控制	控制	控制
时间效应	控制	控制	控制	控制	控制	控制
样本量	147	161	189	147	161	189
adj. R^2	0.596	0.596	0.596	0.685	0.685	0.631

注:*、**和***分别代表10%、5%和1%的显著性水平,括号内为t值。

2. 分区域异质性分析

表6是自贸试验区分区域的回归结果。第1~2列是未加控制变量的结果,第3~4是加入控制变量的回归结果。可以看到:(1)以沿海和内陆的 digital_

$trade$ 作为被解释变量时，$pftz$ 的回归系数均显著为正，表明设立自贸试验区的区域均能显著提升数字贸易发展水平，进一步验证了自贸试验区设立的意义。（2）回归系数的数值显示，沿海自贸试验区对数字贸易发展水平的提升作用大于内陆自贸区，分析其原因可能是内陆自贸区由于地理区位的限制，在贸易开放度等方面不能充分发挥自贸试验区的制度效应，表明自贸试验区设立的制度红利在空间上存在差异性。

表6　分区域的自贸试验区对数字贸易发展水平的影响

被解释变量：$digital\_trade$	沿海 (1)	内陆 (2)	沿海 (3)	内陆 (4)
$pftz$	0.065 *** (4.45)	0.033 *** (2.70)	0.055 *** (4.16)	0.025 ** (2.00)
gs			3.202 *** (4.23)	0.164 (0.21)
$pgdp$			0.079 ** (2.11)	0.090 ** (2.56)
$open$			0.001 *** (3.01)	0.001 * (1.67)
$iindex$			0.013 (1.25)	0.015 (1.60)
is			0.047 (0.32)	0.180 (1.56)
常数项	0.090 *** (11.56)	0.065 *** (11.23)	-0.799 * (-1.86)	-0.947 ** (-2.45)
个体效应	控制	控制	控制	控制
时间效应	控制	控制	控制	控制
样本量	182	175	182	175
$adj. R^2$	0.482	0.566	0.611	0.589

注：*、** 和 *** 分别代表10%、5%和1%的显著性水平，括号内为 t 值。

（三）稳健性检验

为了提升本文研究结论的稳健性，从以下几方面展开稳健性检验：

1. 平行趋势检验

伯特兰德[31]指出，双重差分法适用的前提之一是处理组和控制组在接受处理前满足共同趋势的假设。本文为验证双重差分法的适用性，对政策实施前的处理组（treatment group）和控制组（control group）的数字贸易发展水平进行了平行趋势检验。如图1所示，已设立自贸试验区的省份和未设立自贸试验区的省份在2012~2013年间具有大致相同的上升趋势，满足平行趋势检验，同时在2013年国家批准设立第一个自由贸易试验区之后，已设立自贸试验区的省份表现出了更高的数字贸易发展水平，进一步验证了实证结论。

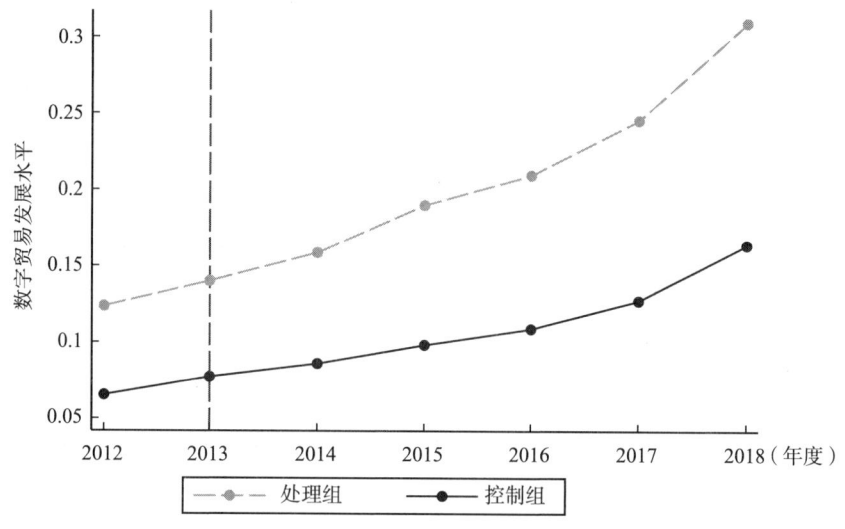

图1　数字贸易发展水平平行趋势检验

2. 安慰剂检验

借鉴陈林、肖倩冰和邹经韬[9]的观点，采用双重差分法进行政策效果评估面临的一个问题是我们观察到的这些"政策效应"有可能并不是因为实行了这一政策而产生的。因此，本文将政策实施的时间节点提前1年或滞后1年来进行安慰剂检验，如果 $pftz$ 的系数依然显著，表明数字贸易发展水平的提升并非出于自贸试验区设立的原因，反之，如果 $pftz$ 的系数变得不显著，表明自贸试验区的设立的"政策效应"确实能够提升数字贸易的发展水平。表7中第1

列和第2列分别报告了将所有自贸试验区设立时间提前1年和滞后1年的回归结果,可以看到,pftz的系数均不显著,表明数字贸易发展水平的提升是设立自贸试验区带来的。

表7 安慰剂检验与倾向匹配得分分析

被解释变量:digital_trade	安慰剂检验		倾向匹配得分分析
	(1)	(2)	(3)
pftz	0.013 (1.31)	0.015 (1.25)	0.039*** (4.85)
常数项	-1.073*** (-5.12)	-0.336*** (-4.22)	0.296 (0.37)
控制变量	是	是	是
个体效应	控制	控制	控制
时间效应	控制	控制	控制
样本量	217	217	41
adj. R^2	0.624	0.646	0.990

注:*、** 和 *** 分别代表10%、5%和1%的显著性水平,括号内为t值。

3. 倾向匹配得分分析

本文对已设立自贸试验区的省份采用一对一近邻匹配的方式匹配出控制组样本,并重复进行上述的检验。表7中第3列倾向匹配得分分析的结果显示,pftz的系数仍显著为正,表明设立自贸试验区能够显著提升数字贸易的发展水平,因此进一步验证了实证结论是稳健的。

六、自贸试验区设立影响数字贸易发展水平的机制:技术创新、产业结构与市场环境

本文为了检验自贸区试点影响数字贸易发展水平的作用机制,基于回归模型(2)~(3)进行实证回归,具体回归结果如表7所示。

(一)技术创新作用机制

表8中第1~2列是对技术创新作用机制的检验。第1列显示自贸试验区

设立的变量 *pftz* 对技术创新 *apply* 的回归系数在5%水平上显著为正,说明自贸区设立提高了技术创新的程度。第2列显示技术创新变量与数字贸易发展水平变量显著正相关,且在控制技术创新变量后,自贸区设立变量 *pftz* 与数字贸易发展水平变量仍显著正相关,但回归系数比未加入技术创新变量前(见表8)有所降低,表明技术创新是自贸区设立影响数字贸易发展水平的部分中介。因此,自贸区设立通过推动技术创新进而促进数字贸易发展水平的提升。

表8　　　　　　　　自贸试验区影响数字贸易发展水平的作用机制

变量	(1) apply	(2) digital_trade	(3) is	(4) digital_trade	(5) pgdp	(6) digital_trade	(7) open	(8) digital_trade
pftz	0.223** (2.39)	0.018** (2.11)	0.032*** (7.44)	0.017*** (2.83)	0.147*** (4.68)	0.011* (1.80)	12.283*** (3.05)	0.018** (2.34)
apply		0.053*** (5.65)						
is				0.178** (2.00)				
pgdp						0.126*** (10.68)		
open								0.001*** (2.73)
常数项	9.912*** (99.89)	-0.395*** (-4.38)	0.474*** (19.82)	-0.741*** (-4.79)	10.817*** (294.59)	-1.289*** (-10.43)	18.534*** (23.57)	-1.579*** (-5.84)
控制变量	是	是	是	是	是	是	是	是
个体效应	控制	控制	控制	控制	控制	控制	控制	控制
时间效应	控制	控制	控制	控制	控制	控制	控制	控制
样本量	217	217	217	217	217	217	217	217
adj. R^2	0.739	0.545	0.739	0.631	0.655	0.603	0.420	0.623

注:*、**和***分别代表10%、5%和1%的显著性水平,括号内为t值。

（二）产业结构作用机制

表 8 中第 3~4 列是对产业结构作用机制的检验。第 3 列显示自贸试验区设立的变量 *pftz* 对产业结构 *is* 的回归系数在 1% 水平上显著为正，说明自贸区设立促进了产业结构的优化。第 4 列显示产业结构变量与数字贸易发展水平变量显著正相关，且在控制产业结构变量后，自贸区设立变量 *pftz* 与数字贸易发展水平变量仍显著正相关，但回归系数比未加入产业结构变量前（见表 8）有所降低，表明产业结构是自贸区设立影响数字贸易发展水平的部分中介。因此，自贸区设立通过助推产业结构优化进而提升了数字贸易发展水平。

（三）市场环境作用机制

表 8 中第 5~8 列是对市场环境作用机制的检验。其中第 5 列显示自贸试验区设立的变量 *pftz* 对经济发展 *pgdp* 的回归系数在 1% 水平上显著为正，说明自贸区设立提高了经济发展的水平。第 6 列显示经济发展变量与数字贸易发展水平变量显著正相关，且在控制经济发展变量后，自贸区设立变量 *pftz* 与数字贸易发展水平变量仍显著正相关，但回归系数比未加入经济发展变量前（见表 8）有所降低，表明经济发展是自贸区设立影响数字贸易发展水平的部分中介。因此，自贸区设立通过促进经济发展进而促进数字贸易发展水平的提升。

另外第 7 列显示自贸试验区设立的变量 *pftz* 对贸易开放度 *open* 的回归系数在 5% 水平上显著为正，说明自贸区设立促进了对外开放的水平。第 8 列显示贸易开放度变量与数字贸易发展水平变量显著正相关，且在控制贸易开放度变量后，自贸区设立变量 *pftz* 与数字贸易发展水平变量仍显著正相关，但回归系数比未加入贸易开放度变量前（见表 8）有所降低，表明贸易开放是自贸区设立影响数字贸易发展水平的部分中介。因此，自贸区设立通过促进贸易开放进而提升了数字贸易发展水平。

七、结论与政策建议

本文以 2012~2018 年间中国 31 个省（区市）的面板数据，采用双重差分法，聚焦自贸试验区对数字贸易发展水平的影响。研究表明：（1）整体来看，设立自贸试验区能够显著提升地区的数字贸易发展水平。（2）自贸试验区设立对数字贸易发展水平的影响存在时间和空间两方面的差异。分批次来看，自贸试验区政策效应的发挥具备一定的滞后性；分区域来看，相对内陆自贸区，沿海自贸试验区对数字贸易发展水平的提升效果更好。（3）自贸试验区的设立主要通过提高技术创新水平、优化产业结构和改善市场环境进而促进数字贸易发展水平的提升。

根据以上研究结论，本文提出如下策略：（1）自贸试验区的设立意义重大且深远，应进一步鼓励自贸试验区扩容拓展。设立自贸区对数字贸易发展水平具有显著的提升作用，且有助于构建双循环新发展格局，表明中央政府作出设立自贸区的重大部署具有前瞻性，因此，在全国范围内进一步扩大自贸区规模，完善自贸区建设，打造全面开放新格局。（2）自贸试验区的建设具有可复制性和可推广性，但要注意切忌"生搬硬套"。设立自贸区对数字贸易发展水平的提升效果在沿海地区和内陆地区存在差异，因此，各地区在自贸试验区的建设过程中应紧密结合当地的实际情况，灵活应变。（3）数字贸易的新一轮试点区域可以自贸试验区设立为参考。自贸区设立带来的政策红利能够促进数字贸易的发展，优化数字资源配置，充分释放数字红利，赋能经济高质量发展。

参考文献

[1] 陈寰琦，周念利．从 USMCA 看美国数字贸易规则核心诉求及与中国的分歧 [J]．国际经贸探索，2019，35（6）：104－114．

[2] 陈林，肖倩冰，邹经韬．中国自由贸易试验区建设的政策红利 [J]．经济学家，2019（12）：46－57．

[3] 陈林．自由贸易区建设中的经验、误区与对策 [J]．经济学家，2016（5）：87－95．

[4] 邓慧慧，赵家羚，赵晓坤．自由贸易试验区助推产业升级的效果评估——基于产业技术复杂度视角 [J]．国际商务（对外经济贸易大学学报），2020（5）：35－48．

[5] 范恒山．把自由贸易试验区建设成为新时代改革开放的新高地 [J]．中国党政干部论坛，2020（6）：6－11．

[6] 方云龙．自由贸易试验区建设促进了区域产业结构升级吗？——来自沪津闽粤四大自贸区的经验证据 [J]．经济体制改革，2020（5）：178－185．

[7] 高凌云，樊玉．全球数字贸易规则新进展与中国的政策选择 [J]．国际经济评论，2020（2）：162－172，8．

[8] 高增安，李肖萌．自贸区设立背景下的区域创新发展及其影响路径

[J]. 管理现代化, 2019, 39 (5): 50-54.

[9] 黄庆平, 李猛. 探索建设自由贸易港中的数字贸易发展策略 [J]. 管理现代化, 2020, 40 (5): 60-64.

[10] 贾怀勤, 刘楠. 数字贸易及其测度研究的回顾与建议——基于国内外文献资料的综述 [J]. 经济统计学 (季刊), 2018 (1): 270-277.

[11] 蓝庆新, 窦凯. 基于"钻石模型"的中国数字贸易国际竞争力实证研究 [J]. 社会科学, 2019 (3): 44-54.

[12] 陆菁, 傅诺. 全球数字贸易崛起: 发展格局与影响因素分析 [J]. 社会科学战线, 2018 (11): 57-66, 281, 2.

[13] 陆菁, 叶亚露. 数字贸易对中国产业转型升级的影响——以 Kindle 为例 [J]. 文化产业研究, 2017 (2): 168-184.

[14] 马述忠, 房超, 梁银锋. 数字贸易及其时代价值与研究展望 [J]. 国际贸易问题, 2018 (10): 16-30.

[15] 马述忠, 潘钢健. 从跨境电子商务到全球数字贸易——新冠肺炎疫情全球大流行下的再审视 [J]. 湖北大学学报 (哲学社会科学版), 2020, 47 (5): 119-132, 169.

[16] 裴长洪. 全球治理视野的新一轮开放尺度: 自上海自贸区观察 [J]. 改革, 2013 (12): 30-40.

[17] 谭建华, 严丽娜. 自由贸易试验区设立与企业技术创新 [J]. 中南财经政法大学学报, 2020 (2): 48-56, 158-159.

[18] 涂山峰, 陈姚朵, 汪训佑. 中国自由贸易试验区: 功能定位、内在逻辑与发展前景 [J]. 湖北经济学院学报, 2015, 13 (4): 11-16.

[19] 王思语, 张开翼, 郑乐凯. 我国自由贸易试验区数字贸易禀赋与提升路径研究 [J]. 上海经济, 2020 (5): 22-36.

[20] 殷华, 高维和. 自由贸易试验区产生了"制度红利"效应吗?——来自上海自贸区的证据 [J]. 财经研究, 2017, 43 (2): 48-59.

[21] 余振. 全球数字贸易政策: 国别特征、立场分野与发展趋势 [J]. 国外社会科学, 2020 (4): 33-44.

[22] 俞裕兰, 杨靛青. 技术创新对数字贸易竞争力影响的误差修正模型分析 [J]. 深圳社会科学, 2020 (3): 50-58.

[23] 张阿城, 于业芹. 自贸区与城市经济增长: 资本、技术与市场化——基于 PSM-DID 的拟自然实验研究 [J]. 经济问题探索, 2020 (10): 110-123.

[24] 张汉林, 盖新哲. 自由贸易区来龙去脉、功能定位与或然战略 [J].

改革, 2013 (9): 98-105.

[25] 张军, 段喆, 闫东升. 自由贸易试验区设立能否显著提升城市对外开放度？[J]. 经济问题探索, 2020 (7): 72-80.

[26] 章迪平, 郑小渝. 数字贸易发展水平测度及影响因素分析——以浙江省为例 [J]. 浙江科技学院学报, 2020, 32 (4): 249-256, 271.

[27] 赵晓雷. 把自贸区建设成改革开放新高地 [N]. 经济参考报, 2018-11-21 (005).

[28] 周念利, 陈寰琦. 数字贸易规则"欧式模板"的典型特征及发展趋向 [J]. 国际经贸探索, 2018, 34 (3): 96-106.

[29] Bertrand, M. How Much Should We Trust Differences-in-Differences Estimates [J]. Risk Management and Insurance Review, 2004, 119 (1): 173-199.

[30] Gao H S. Regulation of digital trade in US free trade agreements: from trade regulation to digital regulation [J]. Legal Issues of Economic Intergration, 2018 (45): 47.

[31] Oudersluys B. Following clearcorrect: a guideline for regulating digital trade [J]. Berkeley Technology Law Journal, 2017, 32 (4): 653.

新技术革命背景下中国制造业赶超态势与全要素生产率提升

宁朝山 于 婷 张 帆[*]

摘 要：新技术革命为后发国家产业赶超提供了机会窗口，而全要素生产率提升是实现产业赶超的关键。基于联合国商品贸易统计数据库（UN Comtrade）15 个国家 35 类产品 2001~2017 年数据分析表明，当前中国部分低技术产品和高技术产品实现了对其他国家的赶超，中等技术制成品整体缺乏竞争力；基于制造业行业数据检验得出，市场规模、技术创新、制度环境、政府干预有利于全要素生产率的提升。依据实证分析结论并结合新技术革命特征，中国不同类型行业应实施差异化的追赶路径。

关键词：新技术革命；产业赶超；全要素生产率；差异化

一、引言与文献综述

后发国家赶超先发国家是近代以来不同国家之间展开竞争的重要历史现象，当今世界上的诸多重要国家，如英国、美国、德国、日本等都曾在某个特定阶段，作为当时的典型后发国家成功实现了对先发国家的赶超。国家赶超无疑是一个综合性赶超的动态过程，国家的赶超最根本和最关键的是实现经济的赶超，而产业又是一国经济发展的基本支撑和基础，是一国技术进步的重要载体，后发国家对先发国家的产业赶超是实现经济赶超，乃至整个国家赶超的基础和前提。从理论上说，一个后发国家对先发国家的赶超，可以发生在国家发展的任何一个时段，但纵观历史上的后发国家赶超，一个十分突出的现象是这

---

[*] 作者简介：宁朝山（1984~ ），男，聊城大学商学院讲师，研究方向为技术创新。
于婷（1990~ ），女，山东省行政管理科学研究所助理研究员。
张帆（2001~ ），女，山东烟台人，聊城大学商学院（质量学院）学生。

些国家往往是借助于技术革命发生发展的历史契机实现了产业、经济乃至整个国家的后来居上。也即是说，至少从历史事实看，技术革命往往成为了后发国家产业赶超的"窗口期"。

关于赶超问题的研究一直是学术界的一个热点。国外学者佩雷斯和苏蒂（Perez & Soete，1983）提出"机会窗口"的概念，认为后发国家如果在技术经济范式转换的萌芽期率先实现关键技术的突破，同时配以良好基础设施和制度环境，后发国家便可实现对先发国家的赶超[1]。伯利兹、保罗·克鲁格曼（Brezis & Krugman，1993）通过数理模型推导得出，后发国家可以通过对某些技术环节的"蛙跳"，缩短对先发国家的追赶时间[2]。欧阳峣、易先忠和生延超（2012）研究表明，只有后发国家的技术水平与其现有的要素禀赋相适应时有助于实现与发达国家经济的收敛[3]。贾根良（2014）指出，成功赶超国家实现蛙跳式发展的关键在于其抓住了技术革命中新的主导部门变革进而加快产业转型升级的机会，抢占新技术革命的制高点，以蛙跳式发展实现赶超[4]。在后发国家产业赶超的影响因素方面，德隆·阿西莫格鲁（Daron Acemoglu，2015）研究认为，前两次技术革命中的英国和美国分别实现了对先发国家的赶超，其重要原因在于两国率先开启了向包容性经济制度的转型，为产业创新提供了强大动力[5]。

本文在新技术革命背景下对中国产业赶超问题进行研究。首先，在对产业赶超内涵进行界定基础上，采用联合国商品贸易统计数据库数据基于跨国比较的视角分析中国 35 类出口商品赶超态势，明确中国不同类型产业主要竞争和赶超国家；其次，全要素生产率提升是实现产业赶超的主要动力，本文结合大国特征基于中国制造业行业数据实证分析市场规模、技术创新、制度创新、政府调控等因素对全要素生产率提升的异质性作用；最后为研究结论和启示。

二、基于异质出口商品比较优势的中国产业赶超态势

（一）产业赶超的内涵与测算方法

目前，关于产业赶超的内涵尚未有一致标准。莫厄里和尼尔森（Mowery & Nelson，1999）是较早使用"产业领导权"这一概念的学者之一。他们认为，产业领导权是先发国家的企业在产品或技术工艺、生产或市场战略方面优先于其他竞争者作出决策所能够为其带来的一种竞争优势，产业赶超即为国家之间产业领导权的更替。但"领导权"的概念相对较为宽泛。本文在莫厄里和尼尔森（1999）基础上，对产业赶超的概念进一步拓展和细分，认为产业赶超

包括某一特定产业的赶超和整个产业体系的赶超。其中某一特定产业的赶超又可以分为量的赶超和质的赶超两个方面。其中量的赶超主要是指随着后发国家产业要素投入数量的增加、产业技术水平的提升，实现本国产业产值（产量）以更快的速度增长，继而超越先发国家；质的赶超一般是指随着后发国家产业投入要素升级、要素组织模式变革以及产业发展所需要的包括制度创新、政策扶持等一系列"支撑体系"的良好匹配，使得本国的产业效率实现"跨越式"提升，实现追赶和超越发达国家。产业体系的赶超主要是指后发国家实现产业整体结构由中低端向中高端跨越迈进，产业体系质量和效率得以快速提升，最终建立起比先发国家具有更高国际竞争力的以现代高端产业为主体的产业体系。通常意义上的产业赶超一般是指某一特定产业的赶超，是一种产业内的赶超。

关于产业赶超的衡量，有学者（Keun Lee，2016）以不同国家间某一产业在世界市场中的份额的比较来衡量，后发国家产业赶超过程即是其产业在世界市场中的份额与先发国家差距逐渐缩小的过程[6]。中国学者胡鞍钢（2017）在以美国为赶超对象分析中国高技术产业赶超问题时，以一国产业或产品出口增加值占世界比重的之比设计了一个国家的产业相对于其他国家的"赶超系数"[7]。这种方法优势是仅限于两个国家之间的比较。一个国家的产业在世界范围内相对于其他国家的竞争优势可以通过考察该国产业产品的国际竞争力来衡量，可以通过测算一个国家产业内某一产品的 RCA 值的大小来判断该国在产品生产中是否具有比较优势。

本部分采用联合国商品贸易统计数据库数据基于跨国比较的视角分析按《国际贸易标准分类》（修订4）分类的中国 2001～2017 年总计 35 类出口商品的赶超态势，明确中国不同类型产业主要竞争和赶超国家。同时，根据拉尔（Lall，2000）的研究方法，将出口商品依据其技术含量分为四种类型：资源型产品、低技术产品、中等技术产品、高技术产品。

（二）测算结果分析

根据以上研究方法带入相关数据，通过考察 2001～2017 年间中国不同类型产品 RCA 值变化（见表1）以及对 2017 年世界 GDP 排名前 15 位国家 35 类产品国际竞争力进行比较（见表2），可以得出以下结论①。

---

① 在选择的 15 个国家中，其中包括经济合作与发展组织中 28 个发达经济体中的 10 个（美国、日本、德国、法国、英国、意大利、澳大利亚、西班牙、韩国）以及英国《经济学家》定义中的 5 个新兴经济体（中国、印度、巴西、俄罗斯、墨西哥）。

表1　　　　　　　中国35类工业制成品RCA值及其变化

类型	细分产品	2017年RCA值	2001年RCA值	2001~2017年RCA 平均值	2001~2017年RCA 变化量
资源型产品	未另列明的橡胶制品（62）	1.052	0.797	0.924	0.255
	不包括家具在内的软木及木材制品（63）	1.551	1.331	1.441	0.221
	纸、纸板以及纸浆、纸和纸板的制品（64）	0.827	0.338	0.583	0.489
	未另列明的皮革和皮革制品以及裘皮（61）	0.526	1.488	1.007	-0.962
	未另列明的非金属矿产品（66）	1.234	0.971	1.103	0.262
低技术产品	纺织纱（丝）、织物、未另列明的成品及有关产品（65）	2.604	2.447	2.526	0.157
	旅行用具、手提包及类似容器（83）	3.296	5.532	4.414	-2.236
	各种服装和服饰用品（84）	2.896	4.084	3.490	-1.187
	鞋类（85）	3.157	4.893	4.025	-1.736
	肥料（第272组所列除外）（56）	1.292	0.693	0.993	0.599
	初级形状的塑料（57）	0.327	0.159	0.243	0.168
	未另列明的金属制品（69）	1.643	1.733	1.688	-0.090
	预制建筑物；未另列明的卫生、水道、供暖和照明设备及配件（81）	3.468	2.575	3.022	0.893
	家具及其零件；床上用品、床垫、床垫支架、软垫及类似填制家具（82）	2.558	1.915	2.236	0.644
中等技术产品	陆用车辆（包括气垫式车辆）（78）	0.360	0.278	0.319	0.082
	香精油和香膏及香料、盥洗用品及光洁用品（55）	0.328	0.257	0.292	0.071
	有机化学品（51）	0.748	0.596	0.672	0.152
	无机化学品（52）	1.059	1.943	1.501	-0.884
	染色原料、鞣料及色料（53）	0.617	0.830	0.723	-0.213
	非初级形状的塑料（58）	0.723	0.300	0.511	0.423
	钢铁（67）	1.174	0.549	0.862	0.625
	有色金属（68）	0.549	0.694	0.621	-0.145
	其他运输设备（79）	0.684	0.346	0.515	0.339
	动力机械及设备（71）	0.655	0.424	0.539	0.231

续表

类型	细分产品	2017年RCA值	2001年RCA值	2001~2017年RCA 平均值	2001~2017年RCA 变化量
中等技术产品	特种工业专用机械（72）	0.675	0.339	0.507	0.336
	金属加工机械（73）	0.600	0.377	0.489	0.223
	未另列明的通用工业机械和设备及其未另列明的机器零件（74）	1.084	0.741	0.912	0.343
高技术产品	办公用机器及自动数据处理设备（75）	2.519	1.575	2.047	0.944
	电信、录音及重放装置和设备（76）	2.692	1.965	2.328	0.726
	未另列明的电力机械、装置和器械及其电器零件（77）	1.396	1.061	1.228	0.335
	未另列明的摄影仪器、设备和材料以及光学产品（88）	0.979	1.390	1.184	-0.411
	医药品（54）	0.174	0.341	0.257	-0.167
	未另列明的化学原料及其产品（59）	0.575	0.616	0.596	-0.040
	未另列明的专业、科学及控制用仪器和装置（87）	1.016	0.483	0.750	0.533
	未另列明的杂项制品（89）	1.684	2.211	1.947	-0.527

注：括号数字为产品在《国际贸易标准分类》中的二位数分类码。
资料来源：作者计算整理。

表2 　2017年中国出口工业制成品在国际市场上的主要竞争国家

	细分产品	主要赶超对象
资源型产品	未另列明的橡胶制品（1.052，7）	日本（1.619）、西班牙（1.562）、法国（1.343）、德国（1.230）、意大利（1.091）、韩国（1.087）
	不包括家具在内的软木及木材制品（1.551，3）	加拿大（2.378）、巴西（1.610）
	纸、纸板以及纸浆、纸和纸板的制品（0.827，8）	加拿大（1.936）、意大利（1.448）、德国（1.416）、西班牙（1.322）、巴西（1.051）、美国（1.011）、法国（0.774）
	未另列明的皮革和皮革制品以及裘皮（0.526，11）	巴西（6.635）、意大利（5.686）、印度（2.715）、西班牙（1.224）、韩国（0.976）、法国（0.774）、日本（0.682）、墨西哥（0.587）、澳大利亚（0.554）、美国（0.539）

续表

	细分产品	主要赶超对象
资源型产品	未另列明的非金属矿产品 (1.234, 3)	印度 (5.062)、西班牙 (1.274)
低技术产品	纺织纱（丝）、织物、未另列明的成品及有关产品 (2.604, 2)	印度 (3.560)
	旅行用具、手提包及类似容器 (3.296, 2)	意大利 (3.717)
	肥料（第272组所列除外）(1.292, 3)	俄罗斯 (7.000)、加拿大 (4.086)
	初级形状的塑料 (0.327, 11)	韩国 (2.205)、西班牙 (1.330)、美国 (1.327)、法国 (1.140)、日本 (1.049)、德国 (1.019)、意大利 (0.833)、巴西 (0.742)、印度 (0.535)、墨西哥 (0.382)
中等技术产品	陆用车辆（包括气垫式车辆）(0.360, 13)	墨西哥 (2.827)、日本 (2.535)、西班牙 (2.135)、德国 (2.133)、加拿大 (1.746)、韩国 (1.555)、英国 (1.252)、法国 (1.028)、美国 (0.982)、意大利 (0.942)、印度 (0.592)、巴西 (0.583)
	香精油和香膏及香料、盥洗用品及光洁用品 (0.328, 14)	法国 (3.675)、西班牙 (1.858)、英国 (1.686)、意大利 (1.392)、美国 (1.162)、德国 (1.146)、墨西哥 (0.854)、印度 (0.738)、韩国 (0.715)、加拿大 (0.641)、巴西 (0.533)、日本 (0.518)、澳大利亚 (0.351)
	有机化学品 (0.748, 8)	印度 (1.812)、韩国 (1.590)、日本 (1.325)、英国 (1.245)、美国 (1.133)、德国 (0.846)、巴西 (0.789)
	无机化学品 (1.059, 5)	俄罗斯 (2.012)、加拿大 (1.789)、美国 (1.391)、韩国 (1.211)
	染色原料、鞣料及色料 (0.617, 11)	印度 (2.113)、西班牙 (2.104)、德国 (1.755)、意大利 (1.449)、日本 (1.412)、英国 (1.394)、美国 (1.154)、法国 (1.137)、韩国 (0.996)、澳大利亚 (0.770)
	非初级形状的塑料 (0.723, 8)	日本 (1.866)、意大利 (1.799)、德国 (1.600)、韩国 (1.389)、美国 (1.145)、西班牙 (1.067)、加拿大 (0.831)

续表

	细分产品	主要赶超对象
中等技术产品	钢铁（1.174，6）	巴西（2.135）、日本（2.035）、韩国（1.857）、俄罗斯（1.850）、意大利（1.524）
	有色金属（0.549，15）	俄罗斯（2.495）、澳大利亚（2.168）、加拿大（1.943）、英国（1.204）、印度（1.172）、西班牙（1.113）、德国（0.939）、韩国（0.980）、日本（0.976）、墨西哥（0.954）、意大利（0.884）、巴西（0.660）、法国（0.631）、美国（0.593）
	其他运输设备（0.684，11）	法国（4.825）、韩国（3.282）、英国（1.830）、德国（1.680）、巴西（1.463）、加拿大（1.340）、印度（1.264）、日本（1.179）、西班牙（1.009）、意大利（0.876）
	动力机械及设备（0.655，12）	英国（2.721）、法国（1.772）、日本（1.708）、墨西哥（1.677）、德国（1.517）、美国（1.141）、西班牙（1.301）、意大利（1.244）、巴西（1.171）、加拿大（1.010）、韩国（0.747）
	特种工业专用机械（0.675，7）	日本（2.494）、意大利（2.288）、德国（1.575）、韩国（1.456）、美国（1.326）、英国（0.928）
	金属加工机械（0.600，7）	日本（3.792）、意大利（2.696）、德国（2.184）、韩国（1.330）、西班牙（0.940）、美国（0.849）
	未另列明的通用工业机械和设备及机器零件（1.084，7）	意大利（2.501）、德国（1.727）、日本（1.399）、美国（1.214）、墨西哥（1.149）、法国（1.142）
高技术产品	未另列明的摄影仪器、设备和材料以及光学产品（0.979，5）	日本（2.296）、意大利（1.529）、韩国（1.064）、法国（1.000）
	医药品（0.174，12）	英国（2.326）、法国（1.830）、德国（1.686）、印度（1.550）、意大利（1.491）、西班牙（1.272）、美国（1.027）、加拿大（0.559）、澳大利亚（0.291）、巴西（0.214）、日本（0.180）
	未另列明的化学原料及其产品（0.575，9）	法国（2.186）、美国（1.613）、德国（1.606）、日本（1.350）、英国（1.291）、西班牙（1.041）、意大利（0.949）、印度（0.936）

续表

	细分产品	主要赶超对象
高技术产品	未另列明的专业、科学及控制用仪器和装置（1.016，7）	韩国（2.044）、日本（1.596）、美国（1.592）、墨西哥（1.404）、德国（1.357）、英国（1.171）
	未另列明的杂项制成品（1.684，2）	英国（1.690）

注：第二列中括号内的第一个数字表示中国相应产品的RCA值，第二个数字是该产品RCA值在统计的15个国家中的排名。

资料来源：作者计算整理。

1. 中国低技术制成品在国际竞争中具有较大优势，国际竞争力相对强，但有近半种类产品的比较优势呈现弱化趋势

从总体水平来看，中国的低技术制成品国际竞争力相对较强。2017年，在9类低技术制成品中，有8类低技术制成品的RCA值都大于1，只有1类低技术制成品的RCA值小于1。其中旅行用具、手提包及类似容器、鞋类、预制建筑物；未另列明的卫生、水道、供暖和照明设备及配件这3类低技术制成品的RCA值大于3，在计算的35类工业制成品中RCA值中处于领先地位。但是从RCA值的变化趋势来看，有4类产品的RCA值有所下降，其中，RCA值下降幅度最大的是旅行用具、手提包及类似容器，其次是鞋类。这几类产品的特点是产品的设计、品牌等高附加值环节主要集中于发达国家，而中国作为低收入国家主要凭借劳动成本相对较低的优势承担附加值相对较低的劳动密集型加工环节，随着中国劳动力成本的攀升，产品竞争优势逐渐减弱。

2. 中等技术制成品整体缺乏竞争力，但大多数具有增强趋势

从测算的RCA值来看，中国中等技术制成品竞争力普遍相对较低，在统计的13类产品中，除无机化学品、钢铁外，大部分产品的RCA值都小于1，这意味着，中国的中等技术产品整体上处于弱势地位。从产品RCA值的变化来看，除无机化学品、染色原料、鞣料及色料以及有色金属这3类产品之外，其他10类产品的RCA值呈现增长趋势。其中，增长幅度最大的是钢铁。中国中等技术制成品整体缺乏竞争力的主要原因可能为这些制成品大多属于资本密集型产品，这类产品生产过程的机械化程度相对较高，对劳动力的依赖性相对较弱，从而使得中国的低成本劳动力优势对产品竞争力的贡献极为有限，而中国工业整体机械化程度不高，从而造成此类产品在国际市场中缺乏竞争力。

3. 中国高技术制成品间竞争力存在较大差异，部分制成品既缺乏竞争力又无改善的趋势

在所分析的 8 类高技术制成品中，其中有 5 类高技术制成品在国际竞争中具有一定的竞争优势，并且这种优势在近些年呈现增长趋势，尤其是办公用机器及自动数据处理设备、电信、录音及重放装置和设备这两类高技术制成品的比较优势更为明显，增长速度也相对较快。这主要是因为此类产品的复杂程度相对较高，位于产业链终端的加工装配环节具有典型的劳动密集型特征，劳动力相对比较丰富、工资水平相对较低的中国在这一环节对跨国公司有很强的吸引力。而且，中国政府为支持高技术产业的发展，制定实施了一系列高技术产业技术政策、财税金融政策等，使得中国部分地区尤其是沿海地区形成了生产此类产品的专业化产业集群。然而在 8 类高技术制成品中，有 3 类产品的 RCA 值小于 1，并且从 RCA 值的变化看，这 3 类产品的国际市场竞争力有进一步弱化趋势。尤其是作为高技术制成品的医药品，为统计的 35 类产品中的最低值，经过十几年发展，比较优势进一步下降，依然处于 35 类制成品中的最低水平。

4. 中国部分低技术产品和高技术产品实现了对其他国家的赶超，但多数产品仍然存在不同程度的差距

为进一步分析中国 35 类工业制成品的主要竞争或赶超的对象，本文选择了 2017 年世界 GDP 排名中前十五位的国家进行比较①。通过比较得出，中国低技术产品中的各种服装和服饰用品（84）、鞋类（85）、未另列明的金属制品（69）、预制建筑物；未另列明的卫生、水道、供暖和照明设备及配件（81）、家具及其零件；床上用品、床垫、床垫支架、软垫及类似填制家具（82）5 类产品以及高技术水平产品中的办公用机器及自动数据处理设备（75）、电信、录音及重放装置和设备（76）、未另列明的电力机械、装置和器械及其电器零件（77）3 类产品的显性比较优势指数已经超过了统计中的其他所有国家，其余 27 类产品与其他国家存在着一定差距（见表 2）。通过对已实现赶超的这些产品的生产特点分析可以发现，这些产品所属行业或所处的生产环节多是具有典型的劳动密集型特征，其比较优势较多地建立在中国劳动力相

---

① 15 个国家包括经济合作与发展组织 28 个发达经济体中的 10 个（美国、日本、德国、法国、英国、意大利、澳大利亚、西班牙、韩国）以及英国《经济学家》定义中的 5 个新兴经济体（中国、印度、巴西、俄罗斯、墨西哥）。

对比较丰富、工资水平相对较低的背景之下。在新一轮工业革命影响下,劳动力成本的相对重要性程度会变的越来越小,中国的产品竞争优势会面临逐渐削弱的风险。

三、基于全要素生产率的中国产业赶超动力实证分析

(一)模型设计与变量说明

以佩雷斯为代表的演化经济学者认为,每次工业革命所伴随的主导技术经济范式变革决定了新产业的兴起和主导产业的更替。同时,新兴技术的兴起可以实现对传统业态的改造,改变传统产业的原有生产方式、要素投入结构以及产业组织形式,提升传统产业生产效率。而且与先发国家相比,后发国家不存在旧技术经济范式的沉没成本和转换成本,因此,工业革命是后发国家赶超先发国家的机会窗口。但是,把握新技术系统的兴起和新技术革命的机会窗口仅仅是后发国家实现产业赶超的一个必要条件,因为即使后发国家能够在新兴技术上与先发国家处于同一水平,如果不能为产业发展提供有效的配套设施或其他必备条件,如缺乏基本的人力资源、研究与开发能力积累以及良好制度环境、合理政策的激励与引导,也将难以如先发国家那样能够有效地促成有关产业的顺利快速成长,后发国家仍然无法摆脱落后的命运。

因此,后发国家尤其是后发大国若要实现对先发国家的产业赶超,要在把握工业革命这一机会窗口基础上,充分发挥大国规模优势,同时还需要构建与技术变革发展趋势相适应的制度环境、社会框架以及生产体系,甚至于政府恰当的调控和干预等一系列"支撑体系",从而实现各因素之间的良好匹配,通过依靠各因素交互作用所形成的"动力系统"助力后发国家实现对先发国家的赶超。

根据以上的分析,把握技术革命机会加大技术创新、大国市场规模、制度创新、政府干预是后发大国产业赶超的重要影响因素。本部分采用2010~2017年中国制造业分行业数据[①],基于全要素生产率提升视角进行实证分析。具体模型设定如下(为方便起见,模型表达式中省略了下标 it):

---

① 由于中国自2012年起对制造业行业统计口径进行了调整,为保持统计口径一致,本文主要以2011年为依据,对2012年及以后的某些制造业行业进行拆分或合并。

$$\ln TFP = \beta_0 + \beta_1 \ln HMS + \beta_2 \ln TI + \beta_3 \ln IE + \beta_4 \ln GI + \mu$$

其中，TFP 表示全要素生产率，HMS 表示本土市场规模，TI 表示技术创新，IE 表示制度环境，GI 表示政府干预，μ 表示随机误差项。

其中，全要素生产率本文采用基于产出视角的数据包络分析法（DEA）来计算反映生产率增长的 Malmquist 指数，并将其进一步分解为效率改进指数（EFFCH）和技术进步指数（TECH）。总产出数据以各行业的增加值表示，为了消除不同年份间的价格差异，我们采用各行业工业品出厂价格指数对行业增加值进行平减，最终折算为以 2010 年不变价格计算的数值。劳动投入以各行业全部从业人员年均人数表示。关于资本投入，借鉴钱学锋等（2011）以固定资本加流动资本作为资本投入的原始数据。流动资本使用统计资料中的流动资本净值平均余额表示。本土市场规模借鉴邱斌、尹威（2010）以行业销售产值减去行业出口交货值来表示。技术创新指标采用各行业新产品价值占工业总产值的比重来刻画。

关于制度环境因素的衡量，使用最频繁的综合指标体系为全球治理指标体系（world wide governance indicators，WGI），这一指标体系包括民主程度、政治稳定、政府效率、管制质量、法律法规和腐败控制六个方面。国内学者的研究多是采用樊纲等（2011）测算的中国各地区市场化指数作为代理变量，如唐跃军（2014）、陈志勇（2014）等。考虑到本文实证分析的分行业研究特征，如果采用以上指标，则无法区分制度环境对于不同细分行业间的影响差异。借鉴已有学者（Aleksandra Parteka & Massimo Tamberi，2011）以经济自由指数作为制度环境的替代指标，非国有固定资产投资反映了一个国家或地区的经济活跃程度，本文用非国有固定资产投资比重来衡量。

政府干预指标的衡量较为困难，借鉴邱兆林（2014）使用要素投入倾斜度衡量产业政策的方法[8]，用政府固定资产投资倾斜度衡量政府干预偏好与程度，计算公式为：

$$S_i^k = \frac{k_i}{\overline{K}} - 1 \quad (i = 1, 2, \cdots, n)$$

其中，S_i^k 表示政府对该行业的投资偏好度，k_i 为 i 产业中政府投资在该行业总投中所占的比例，$\overline{K}$ 为所有行业政府投入在总投入中所占比重的平均值。

本文指标计算所需数据来源于历年《中国统计年鉴》《中国工业经济统计年鉴》《中国科技统计年鉴》。

（二）回归结果分析

为了使计量结果更加稳健，必须选择适宜的估计方法。本文首先进行 Hausman 检验以判定选择固定效应还是随机效应模型，然后再对行业面板进行估计，根据初步估计结果（见表3），可以得出以下结论。

表3　　回归结果分析

变量	lnTFP	ln$EFFCH$	ln$TECH$
lnHMS	0.021*** (0.0046)	0.023*** (0.0020)	0.018** (0.0011)
lnTI	0.037*** (0.0044)	0.041*** (0.0025)	0.032*** (0.0026)
lnIE	0.031** (0.0021)	0.039** (0.0018)	0.028** (0.0027)
lnGI	0.009* (0.0017)	-0.006 (0.019)	0.004 (0.0020)
lnOP	-0.007* (0.00013)	0.015** (0.0022)	-0.014* (0.0019)
常数项	0.043 (0.060)	0.068** (0.0049)	-0.043 (0.058)
R^2	0.644	0.782	0.657

注：括号中数值为标准误；***、**、*分别表示在1%、5%、10%的水平下通过显著性检验。

本土市场规模变量（HMS）对全要素生产率、纯技术效率以及技术进步均起到了正向推动作用，并且在1%的水平上通过了统计学意义上的显著性检验。依据回归结果，本土市场规模每增加1%，将会促进生产率指数增长0.021%。本土市场规模对全要素生产率的促进作用主要来源于以下方面：一是市场规模优势有利于满足技术创新的规模经济要求，降低技术创新成本，减弱技术研发的市场风险。正如迈克尔·波特（2002）所认为的："如果说大型的国内市场对产业竞争力有利，这主要是因为市场规模优势可以诱导企业大量投资大规模的生产设备、发展技术、提高生产率。[9]"二是根据亚当·斯密（2009）提出的产业分工受制于市场规模的论断，若市场容量较大，则使得一些生产环节具备了独立成为生产企业的经济性，而这种产业内分工深化一旦形成，即可大大提高生产效率，使产品平均成本大幅下降[10]。三是高速增长的市场需求规模和空间结构转换所蕴含的创新动力，内在地培育出本土企业的高级要素发展能力，升级本国产业的要素禀赋结构，进而增强与发达国家的同等竞争能力[11]。从技术创新（TI）的回归结果来看，技术创新对制造业全要素生产率、效率改进以及技术进步的影响均在1%水平上显著为正。其中，技术创新水平每提升1%，将会促进全要素生产率指数增长0.037%、效率改进指数增长0.041%、技术进步指数增长0.032%。总体来看，技术创新水平对效率改进的作用最为明显。同样，制度环境（IE）对制造业全要素生产率存在着正向的影响，并且制度环境对效率改进的作用最为突出。

以政府固定资产投资倾斜度衡量的政府干预对全要素生产率有显著影响，系数为正值。因此，为实现全要素生产率的提升进而加速国家赶超，必要的政府干预是必不可少的。因为后发国家市场经济制度相对不完善，如果缺少政府的有效干预，这些国家的产业赶超所需要的大规模资本积累、高效率生产要素组织、顺畅的产业结构转换过程等都将难以得到保障。后发国通过政府的合理干预可以实现某些在先进国家通过市场机制引导之下显现的某些规律性的发展过程和结果，以帮助后发国家获得产业发展中时间和资源上的节约。但从回归结果来看，政府干预变量对效率改进的影响显著为负。以固定资产投资倾斜度为载体的政府干预与制造业效率改进相背离，可能的原因是政府固定资产投资主要倾向于国有资本比重较大的垄断性行业，这些行业的效率较低，而较少得到政府投资的竞争性行业反而效率相对较高。

四、研究结论与启示

本文基于联合国商品贸易统计数据库（UN Comtrade）15个国家35类产品2001~2017年数据比较分析得出，中国部分低技术产品和高技术产品实现了对其他国家的赶超，中等技术制成品整体缺乏竞争力。基于2010~2017年中国制造业细分行业数据检验得出，市场规模、技术创新、制度环境、政府干预有利于全要素生产率提升。依据本文实证研究结论并结合新技术革命的特征，不同类型产业应实施不同的追赶路径。

第一，对于新兴产业而言，共性通用核心技术的突破是新兴产业赶超的关键。应加强新一轮工业革命核心关键技术创新的顶层设计和统筹规划，加强机制体制设计，重视引导创新要素向基础共性技术创新的集聚，集中资源和力量在具有同发优势的前沿领域率先突破关键技术，并以大国市场规模优势为关键技术应用及新兴产业成长创造领先市场，同时发挥"有为政府"对通用核心技术研发以及新兴产业成长的引领作用。第二，对于高技术产业而言，赶超的重点在于以质量的创新引导高技术产业向产业链高端环节的"跨越式"攀升，掌握行业内产品价值链的控制权，进而实现对发达国家的赶超。以技术引进和自主创新相结合的路径加快产业技术进步；以龙头企业为主导，提升产品内分工层次，实现向产业链高端攀升；加快对专业高技术人才培养和引进，实现要素禀赋结构"跨越式"升级。第三，根据传统产业现状及其特征，其赶超的重点主要在于加快推进新兴技术与传统产业深度融合，通过新兴技术的深度融合实现对传统产业进行升级改造，激活传统产业升级的内生动力；发挥市场规模和层次多样化优势，以新商业模式提升产业效率、市场响应速度；提升产品设计研发和品牌运营能力，增强产业价值创造力。

参考文献

[1] 胡鞍钢，程文银．中国高技术产业为何赶超美国？——"五大政策"合力综合分析框架 [J]．南京大学学报，2017（3）：22-32．

[2] 贾根良．第三次工业革命：来自世界经济史的长期透视 [J]．学习与探索，2014（9）：97-104．

[3] 德隆·阿西莫格鲁．国家为什么会失败 [M]．李增刚，译．长沙：湖南科技出版社，2015：4．

[4] 迈克尔·波特．国家竞争优势 [M]．李明轩，邱如美，译．北京：华夏出版社，2002：87．

[5] 欧阳峣，易先忠，生延超．技术差距、资源分配与后发大国经济增长方式转换 [J]．中国工业经济，2012（6）：18-30．

[6] 邱兆林．中国产业政策有效性的实证分析——基于工业行业的面板数据 [J]．软科学，2015（2）：11-14．

[7] 亚当·斯密．国民财富的性质和原因的研究（上卷）[M]．北京：商务印书馆，2009：16．

[8] Brezis E. and Krugman P. and Tsiddion D. Leapfrogging: a theory of cycles in national technological leadership [J]. American Economic Review, 1993, 83 (5): 1211-1219.

[9] Carlota Perez. Structural change and assimilation of new technologies in the economic and social systems [J]. future, 1983, 15 (5): 357-375.

[10] Josef Zweimuller, Johann K. Brunner. Innovation and Growth with Rich and Poor Consumers [J]. Metroeconomica, 2010, 56 (2): 233 - 262.

[11] Keun Lee, Franco Malerba. Catch - up cycles and changes in industrial leadership: Windows of opportunity and responses of firms and countries in the evolution of sectoral systems [J]. Research Policy, 2016, 46 (2): 338 - 351.

基于社会网络分析的京津冀高质量发展网络结构演化分析*

周红云　孙海洋　张欣欣**

摘　要： 科学分析京津冀城市群空间联系和其构成的经济联系网络有助于推动京津冀经济高质量发展。本文从协同发展、结构调整、开放程度、生态环境、民生改善五个维度构建京津冀经济高质量发展指标体系，借助引力模型和社会网络分析，对京津冀的经济联系网络结构进行分析。研究表明：京津冀经济联系强度经历了由低水平向高水平发展的状态；城市群存在不同程度的梯度分布特征；从动态波动情况来看，京津冀经济发展水平的波动呈现"稳定""倒退""跃进""震荡"四种态势。

关键词： 高质量发展；社会网络分析；京津冀；引力模型

一、引言

2014 年 2 月，习近平总书记在京津冀专题工作汇报会时发表重要讲话，强调要"实现京津冀协同发展，是一个重大国家战略"，并提出"要着力调整优化城市布局和空间结果"，以提升其内涵发展水平。2016 年 7 月，习近平总书记在视察唐山时对河北推进京津冀协同发展提出明确要求。2019 年 1 月，习近平总书记主持召开京津冀协同发展座谈会时，指出前 5 年是总体谋思路，"今后才是京津冀协同发展攻坚克难的关键阶段"。在推进京津冀协同发展北

---

* 基金项目：2019 年度山东省社科规划研究项目（19CJJJ27）；山东女子学院 2020 年度高水平科研项目培育基金项目（2020GSPSJ07）。

** 作者简介：周红云（1986～　），女，山东女子学院经济学院讲师，教研室主任，研究方向为产业组织理论与政策。

孙海洋（1973～　），男，山东女子学院经济学院副教授，教研室主任，研究方向为资本投资。

张欣欣（1986～　），女，山东女子学院经济学院讲师，教研室副主任，研究方向为国际经济与贸易。

京下，北京、天津"大城市病"得到不同程度疏解，河北省11城市充分利用地理优势和政策优势带动了各市的经济发展。然而已有研究较少考虑京津冀协同发展以来的高质量发展，在研究方法上主要集中于空间计量，在研究领域上主要集中在生态环境的系统治理、区域协同、不同产业的协同。

2021年是京津冀协同发展中期目标实现之年，是"十四五"规划开局之年，也是京津冀协同发展的重要一年。目前我国有京津冀城市群、长三角城市群、珠三角城市群，与后两个城市群相比较，京津冀城市发展差距较大，无论经济总量还是增速都存在较大差异，竞争力相对较弱。此外，当前京津冀城市群还存在区域发展质量有待提高、产业结构不合理、生态环境外部效应等问题。新时代背景下，提升京津冀经济高质量发展水平，对加快转变经济发展方式，加快产业转型升级具有重要的战略作用和实践价值。因此，研究京津冀经济协同发展的网络结构特征及经济发展演化趋势，对于深入贯彻落实京津冀协同发展重大国家战略具有重要的意义。

国内学者对京津冀高质量发展的研究尚处于起步阶段。近年来，部分学者开始致力于京津冀城市群的协同效应研究。鲁金萍（2015）等借助引力模型和社会网络分析方法研究京津冀13个城市群的经济联系，研究结果表明京津冀城市群整体网络密度明显提高，形成以北京和天津为中心的格局，城市群内部其他城市的经济联系广度和深度不断增强。牟玲玲（2019）基于2012～2016年京津冀13个城市群面板数据，运用社会网络分析方法研究京津冀地区新型城镇化水平的发展水平和波动情况，结果表明在发展水平上各城市有明显的差异，北京和天津以绝对优势领跑河北省其他城市，河北省内部城市之间也呈现梯队分布。

关于城市群经济发展质量测度的研究多集中于实证研究。王德利、赵弘、孙莉、杨维凤（2021）构建经济城市化质量的时候将其分为经济效率指数（经济生产效率）、经济结构指数（第三产业增加值占GDP比重）、经济发展代价指数（能源消耗和废弃排放）和经济增长动力指数（GDP平均增长速度），结果表明首都圈的经济发展质量存在明显的空间差异特征。李磊、张贵祥（2017）测度京津冀城市群城市经济能级时，以GDP能级、第一产业能级、第二产业能级和第三产业能级为依据计算城市群的总能级指数，研究将北京和天津划为一级中心城市，石家庄和唐山为二级中心城市，其他城市为三级中心城市，且从时间上来看，京津冀依然呈现北京、天津为核心的发展态势。蔺鹏、孟娜娜（2020）利用京津冀2001～2015年的面板数据，构建了评估京津冀地区经济发展质量的生产函数，其核心是测度地区绿色全要素生产率，将

GTFP 作为评价地区经济发展质量的工具，研究表明京津冀 GTFP 增长率整体偏低且区域差异显著，北京显著高于其他地区。

综上所述，不同的学者在研究京津冀城市群经济发展质量时，选用的模型和方法千差万别，但在指标选取上大同小异，得出的结论具有相似性。研究经济发展质量测度的文章很多，但研究京津冀城市群经济发展质量的文章偏少；用社会网络分析模型研究京津冀其他问题的文章也很多（如新型城镇化水平、经济关联等），但用社会网络分析模型研究经济发展质量的文章偏少。基于此，2015~2019 年京津冀 13 个城市的面板数据，从协同发展、结构调整、开放程度、生态环境、民生改善五个维度构建经济高质量发展指标评价体系，借助引力模型和社会网络分析（SNA），对京津冀的经济联系网络结构进行分析，同时考察城市群经济联系的空间网络结构，并提出相应对策建议，为提升京津冀城市群的高质量发展提供理论依据。

二、研究方法与模型构建

（一）引力模型

引力模型以牛顿的经典万有引力公式为基础，丁伯根（Tinbergen，1962）和波贺农（Poyhonen，1963）对其在经济学领域做了发展、延伸，提出了一个比较完整且简便的经济学模型——引力模型。这个模型认为两个经济体之间的单项贸易流量与它们各自的经济规模（一般用 GDP 来表示）成正比，与它们之间的距离成反比。这个模型在以后很多学者的实证分析方面得到了成功的印证。

本文在引力模型的基础上，结合京津冀城市群高质量发展实际，对模型进行了修改，使其能够更好地衡量京津冀城市群的经济练习强度，修改后的引力模型公式如下：

$$F_{ij} = G \frac{P_i P_j}{D_{ij}^2}; \quad G_i = \frac{I_i}{I_i + I_j} \tag{1}$$

其中，F_{ij} 表示两个城市之间的经济引力轻度；P_i、P_j 为京津冀城市群高质量发展指数，表示城市群发展质量；D_{ij} 表示两个城市的最短时间地理距离；G_i 表示城市 i 对 F_{ij} 的贡献率，I_i 表示城市 i 的 GDP，I_j 表示城市 j 的 GDP。由此可见，城市间的引力与高质量发展水平成正比，与城市间的距离的平方成反比。

（二）社会网络分析

社会网络分析（social network analysis）是研究社会行动者及他们之间关系的集合，它处理的是关系数据，其核心是从关系的角度研究社会现象和社会结果。社会网络分析更多的是对多元关系网络的研究，主要用多维量表、矩阵代数、聚类分析等方法进行研究。关系的研究可以针对整体网络或者针对个体网络，对于整体网络的研究主要分析具有整体意义的关系的各种特征，如互惠性、关系的传递等，整体网需要测度的是各种图论性质（graph properties）、密度（density）、子图（sub-groups）、角色和位置（position）。本文通过社会网络分析主要是对整体网络进行分析，借助的方法是中心性分析、凝聚子群分析。

1. 关系矩阵构建

本文模型中有 13 个被评价的城市，3 个评价指标，因此可构建 3 个 13×13 的关系矩阵。第一个评价指标的关系矩阵为（A1）3*13，其中第 i 行第 j 列的元素记为 a_{1ij}，因此可得评价指标关系。

$$a_{ijk} = \begin{cases} x_{ij}/x_{ik}, & x_{ij} > x_{ik} \\ 0 \\ -x_{ik}/x_{ij}, & x_{ik} < x_{ij} \end{cases} \quad (2)$$

由此可得第 k 个指标得关系矩阵

$$(A_i)_{m \times n}, \begin{bmatrix} ai11, & ai12 \cdots ai1n \\ ai21, & ai22 \cdots ai2n \\ \cdots \\ aim1, & aim2 \cdots aimn \end{bmatrix} \quad (3)$$

因为各个指标间差距比较大，因此采取比值关系，可以同时兼顾之变得大小关系和指标的奖惩关系。将各个指标的关系矩阵相加则得到总关系矩阵。因为总关系矩阵式各个指标的综合关系，因此可以通过总关系矩阵分析出研究对象之间的关系，具体而言，可通过研究评价对象的中心性得到评价对象的综合排序。根据综合关系矩阵得到的中心性值，将城市群进行排序可得到评价对象的排名。

2. 中心性分析

"中心性"是社会网络分析的研究重点之一，中心度是对个体权力的力量衡量，中心势指数是对群体权力的量化分析，重点在于图的总体整合度或者一致性。对研究对象进行中心性分析可以看出城市之间的联系强度和影响力，本文主要选取度数中心度和图的中心势进行分析，公式如下：

$$C_B = \frac{\sum_{i=1}^{n}(C_{ABmax} - C_{ABi})}{n^3 - 4n^2 + 5n - 2} = \frac{\sum_{i=1}^{n}(C_{RBmax} - C_{RBi})}{n-1} \quad (4)$$

其中，C_{ABmax}表示点的绝对中间中心度，C_{RBmax}是点的相对中间中心度。

三、京津冀高质量发展评价体系构建及中心性分析

（一）数据来源

本文选取北京、天津、保定、唐山、廊坊、石家庄、邯郸、秦皇岛、张家口、邢台、承德、沧州、衡水11个城市的经济增长为研究对象，数据来自Wind数据库。各市三次产业占比来自于各市《2019年国民经济和社会发展统计公报》。城市间地理距离数据来源于360地图，经过Ucinet度数中心度处理后得到中心性得分。

（二）高质量发展指标体系构建

坚定不移的推动京津冀高质量发展，是疏解北京、天津"大城市病"问题的重要出口，同时是开创河北经济强省的基本发展思路。京津冀城市群的高质量发展与其他区域的高质量发展有着较大区别，注重区域协同的高质量发展，主要体现在结构调整、交通、生态等一体化发展。因此，本文根据国家"十三五"规划中关于京津冀的发展目标为基础，在借鉴其他学者的基础上以"协同发展、结构调整、开放程度、生态环境、民生改善"五大新发展理念为基础，结合研究实际构建京津冀13个城市经济发展质量评价体系，如表1所示。

表1　　　　　　　　　京津冀经济发展水平指标体系

一级指标	二级指标	三级指标	计量单位	指标属性	
				正向	逆向
协同发展	城乡结构协调	城镇化率	%	√	
	公路建设	公路里程	公里	√	
结构调整	产业结构合理化	产业结构偏离度	—		√
	产业结构高级化	第三产业/第二产业	—	√	

续表

一级指标	二级指标	三级指标	计量单位	指标属性	
				正向	逆向
开放程度	人均收入	人均可支配收入	元	√	
	外贸依存度	对外贸易总额/GDP	%	√	
	FDI占GDP比重	FDI/GDP	%	√	
生态环境	生态建设	市区绿地面积	公顷	√	
	环境质量	PM2.5年均浓度	微克/立方米		√
民生改善	人均消费	人均消费支出	元	√	
	医疗卫生	千人病床数	张	√	
	教育	普通中学专任教师	人	√	

协同发展是京津冀经济高质量发展的核心。京津冀协同发展的目标是疏解首都大城市功能，调整优化城市布局，其核心就是京津冀三地作为一个整体协同发展。

结构调整是京津冀经济高质量发展的重要途径。产业结构调整分为产业结构合理化和产业结构高级化，产业结构合理化是为提高经济效益，对之前不合适的产业机构进行调整以达到最优状态，用产业结构偏离度衡量，计算公式为：$RIS = \dfrac{第三产业产值/GDP}{第三产业城镇单位就业人员/城镇单位总就业人员} - 1$，该指标越大，表明产业结构合理化越优；产业结构高级化表示了国家在不同发展时期产业结构的发展状态，用第三产业除以第二产业占比求得，该值越大，表明产业高级化程度越高。

高水平的对外开放是经济高质量发展的基础和关键。经济的高质量发展需要高水平的对外开放提供动力和活力，扩大开放是推动经济高质量发展的必由之路，扩大对外开放也会在一定程度上倒逼深化改革，促进经济的高质量发展。

生态优先是京津冀高品质生活的基本条件，是经济高质量发展的重点。完善的生态建设和良好的环境质量将会促进京津冀高质量发展。

民生改善是京津冀高质量发展的重点工作。人均消费、医疗卫生、教育是民生改善的抓手，是城市群发展的动力，是加快经济高质量发展的引擎。

（三）京津冀高质量发展中心性分析

根据对2019年京津冀13个城市经济高质量发展中心性得分分析得出，京津冀城市群在五大维度方面有较大差异，如表2所示，根据各维度排名情况将京津冀城市群分为四大梯度。

表2　　　　　　　　2019年京津冀经济高质量发展中心性

维度	城市
经济发展	北京（330.15）、天津（228.76）、保定（-36.81）、唐山（-18.06）、廊坊（47.91）、石家庄（45.81）、邯郸（-87.46）、秦皇岛（47.42）、张家口（-166.36）、邢台（-61.67）、承德（-349.69）、沧州（-21.12）、衡水（9.67）
协同发展	北京（30.47）、天津（8.5）、保定（2.21）、唐山（8.76）、廊坊（-13.42）、石家庄（5.74）、邯郸（0.75）、秦皇岛（-21.56）、张家口（2.73）、邢台（-5.98）、承德（9.38）、沧州（-9.68）、衡水（-26.68）
结构调整	北京（34.78）、天津（-21.35）、保定（5.4）、唐山（-22.87）、廊坊（-1.51）、石家庄（8.4）、邯郸（-18.14）、秦皇岛（4.11）、张家口（13.03）、邢台（-5.1）、承德（10.8）、沧州（-5.61）、衡水（-4.79）
生态环境	北京（189.11）、天津（98.81）、保定（-13.97）、唐山（-2.47）、廊坊（-28.99）、石家庄（1.69）、邯郸（-15.56）、秦皇岛（-8.75）、张家口（-29.9）、邢台（-54.64）、承德（-10.64）、沧州（-73.77）、衡水（-54.66）
民生改善	北京（106.97）、天津（50.04）、保定（37.23）、唐山（-13.48）、廊坊（-14.82）、石家庄（17.06）、邯郸（28.33）、秦皇岛（-82.66）、张家口（-32.41）、邢台（-9.67）、承德（-49.82）、沧州（1.08）、衡水（-35.16）

资料来源：Ucinet整理数据。

第一梯队：经济发展水平最高。北京的中心性得分以绝对高的姿态位居第一，是天津和唐山的两倍，远远领跑河北各城市。从其他分指标来看，北京无论是经济规模还是经济结构都以绝对高的得分位于前几位，但2019年GDP增速严重拖累了经济发展总水平。

第二梯队：经济发展水平较高。天津、唐山、石家庄位于第二梯队，中心性得分相差不大。从其他分指标来看，天津的经济规模和经济结构比较合理，但GDP增速拉低了天津的整理经济发展水平。唐山的经济规模排名较高，位于第二，但经济结构和经济增速排名不高，尤其是经济结构，在所有13个城市中排名最末。石家庄的经济结构比较合理，人均GDP和增速位于13个城市的中等水平，作为省会城市的拉动作用没有完全体现。

第三梯队：经济发展水平较低。沧州、廊坊、秦皇岛、张家口位于第三梯队，其中心性得分与第二梯队相差较多，但也远远与第四梯队的城市拉开了差距。沧州的人均GDP较低，位于倒数第三的位置，第三产业比重不合理，位于中下游位置，但 GDP 增速中心性得分大，提升了其整体经济发展水平。廊坊的经济规模较大，位于第三，但产业结构不合理，GDP 增速也不高。秦皇岛整体情况没有突出的优势也没有突出的短板。张家口的产业结构和 GDP 增速中心性得分高，但经济规模位于最末，这严重拉低了整体经济发展水平。

第四梯队：经济发展水平最低。衡水、承德、邢台、邯郸、保定处于第四梯队。本梯队的城市与其他梯队远远拉开了差距，就经济规模和产业结构而言，保定表现较好，GDP 增速而言衡水和邢台表现较好，分别位于第三和第四；相反唯一拉低保定排名的正是经济增速，只有邯郸和承德无论是经济规模、经济结构和经济增速都不够突出，这说明保定和衡水还是很有潜力提升其排名的。

四、京津冀城市群经济联系的实证分析

（一）京津冀城市群经济联系的网络结构分析

本文利用 UCINET 计算京津冀城市群经济高发展质量综合关系矩阵（见表3），然后根据建立的引力模型计算京津冀城市群的经济联系强度，据此形成经济联系网络的可视化结构图，同时对矩阵进行网络结构的网络中心性分析。

表3　　　　2019 年京津冀经济联系强度综合关系矩阵

	北京	天津	保定	唐山	廊坊	石家庄	邯郸	秦皇岛	张家口	邢台	承德	沧州	衡水
北京	0.00	10.61	22.08	21.04	66.26	8.25	12.49	15.11	42.82	13.75	57.58	29.31	19.38
天津	-4.28	0.00	9.45	14.08	19.15	3.13	5.99	7.19	15.09	6.17	28.86	22.33	11.23
保定	-2.35	-2.49	0.00	0.28	-0.17	-1.16	0.72	0.58	2.31	3.46	3.09	0.70	3.77
唐山	-4.00	-6.64	-0.50	0.00	-0.72	-1.27	0.24	0.32	1.36	0.68	5.74	0.98	1.43
廊坊	-6.07	-3.64	0.14	0.34	0.00	-0.97	0.50	0.23	3.21	1.12	5.28	1.82	1.28
石家庄	-1.34	-1.26	1.77	1.08	1.72	0.00	3.10	0.75	3.56	7.35	4.44	3.59	7.16
邯郸	-1.23	-1.46	-0.99	-0.12	-0.53	-1.88	0.00	0.96	1.62	1.19	0.20	0.71	
秦皇岛	-0.69	-0.85	-0.25	-0.08	-0.41	-0.21	0.09	0.00	-2.61	0.37	6.82	0.42	0.54
张家口	-1.85	-1.61	-0.94	-0.31	-1.51	-0.95	-0.42	-1.23	0.00	-0.01	0.86	-0.39	-0.41

续表

	北京	天津	保定	唐山	廊坊	石家庄	邯郸	秦皇岛	张家口	邢台	承德	沧州	衡水
邢台	-0.81	-0.90	-1.91	-0.21	-0.72	-2.66	-0.97	-0.84	0.02	0.00	0.49	-0.42	0.36
承德	-2.39	-2.97	-1.20	-1.25	-2.39	-1.14	-0.50	-6.22	-1.23	-0.35	0.00	-0.74	-1.47
沧州	-2.89	-5.46	-0.65	-0.51	-1.96	-2.18	-0.20	-0.91	0.89	0.70	1.75	0.00	0.98
衡水	-0.81	-1.16	-1.48	-0.31	-0.58	-1.84	-0.30	-0.50	0.40	-0.25	1.48	-0.41	0.00

注：为保证网络是开放的，特设各城市与自身的经济联系强度为0；根据引力模型测算所得。
资料来源：Ucinet整理数据。

由表3可以看出，京津冀城市群的经济联系强度有较大差异，整体呈现梯度分布。第一梯度是北京、天津的经济联系在京津冀城市群中是最强的，远远高于河北省其他城市。其中北京的经济联系强度最高，在测算高质量发展的各个维度指标都是最高的，GDP对其经济联系强度的贡献率最高，与其他城市的地理距离非常近，因此根据引力模型测算的经济联系强度最大；天津的高质量发展水平也很高，但在测算高质量发展的结构调整维度，其中心性得分是负的，这就拉低了天津整体高质量发展水平。

第二梯度是石家庄、保定、廊坊、秦皇岛，其经济联系强度是正的，虽然中心性值低于北京、天津，但高于河北省其他城市，以石家庄和秦皇岛为例，在影响石家庄经济联系强度的指标中，高质量发展水平是最主要的指标，其远远低于北京和天津，虽然领跑于河北省其他城市，但与北京和天津仍有较大差距；秦皇岛GDP对其经济联系强度的贡献率较低，且与其他城市的地理距离最大，这大大拉低了经济联系强度的综合得分。

第三梯度是邯郸、唐山、衡水，其经济联系强度是负的，以唐山为例，GDP对经济联系强度的贡献率为7.68，在城市群中位于第三，但高质量发展水平低，这就导致了其经济联系强度低。

第四梯度是邢台、张家口、沧州、承德，其经济联系强度是负的，且远远低于其他城市，以承德为例，2019年承德的高质量发展水平低，在京津冀城市群中位于末位，GDP对其经济联系强度的贡献率最小，在与其他城市的距离排名中位于第三位，于是根据引力模型测算的经济联系强度最低。

（二）京津冀经济联系强度网络结构分析

基于测算的京津冀城市群经济联系综合关系矩阵，以2015~2019年为据使用Ucinet的NetDraw对数据进行可视化结构绘图。图1中各节点表示相应的城市，链接两个城市的有向线段表示城市间经济联系方向，箭头上的数字表示城市间经济关系的强度。

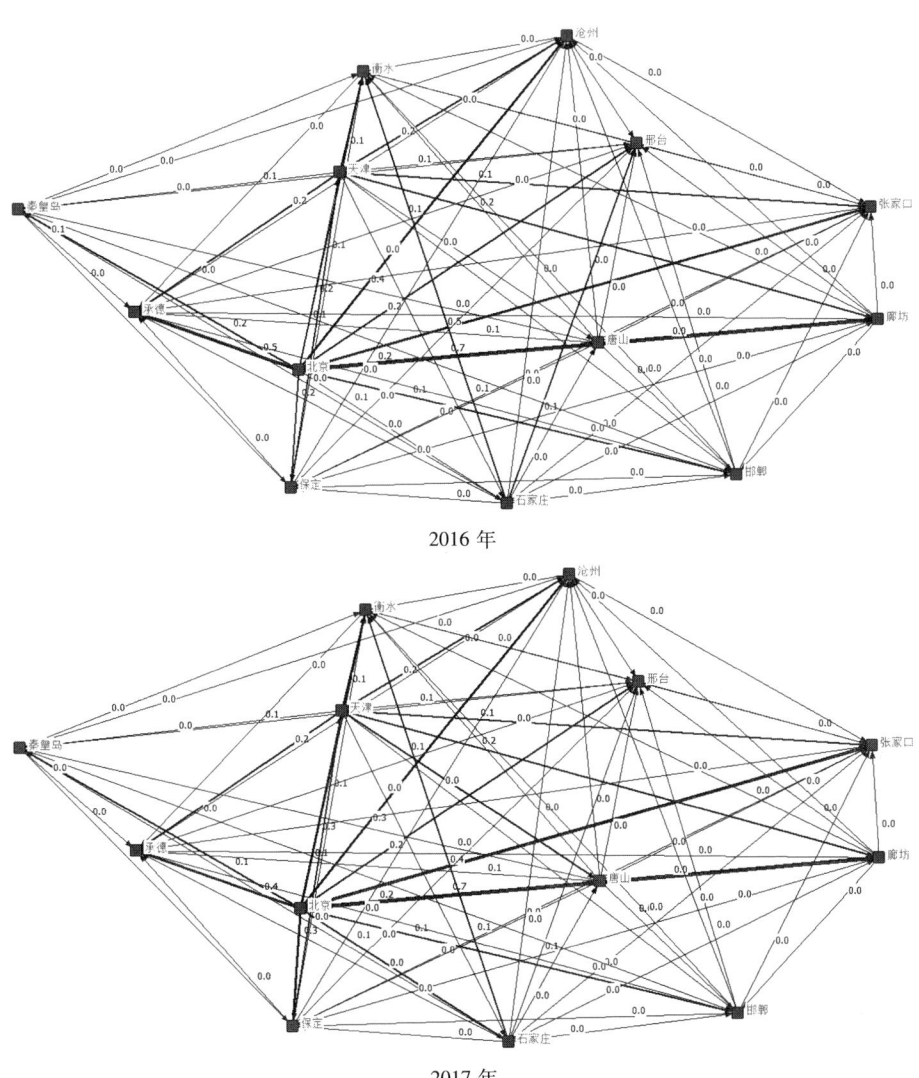

2016 年

2017 年

产业质量研究

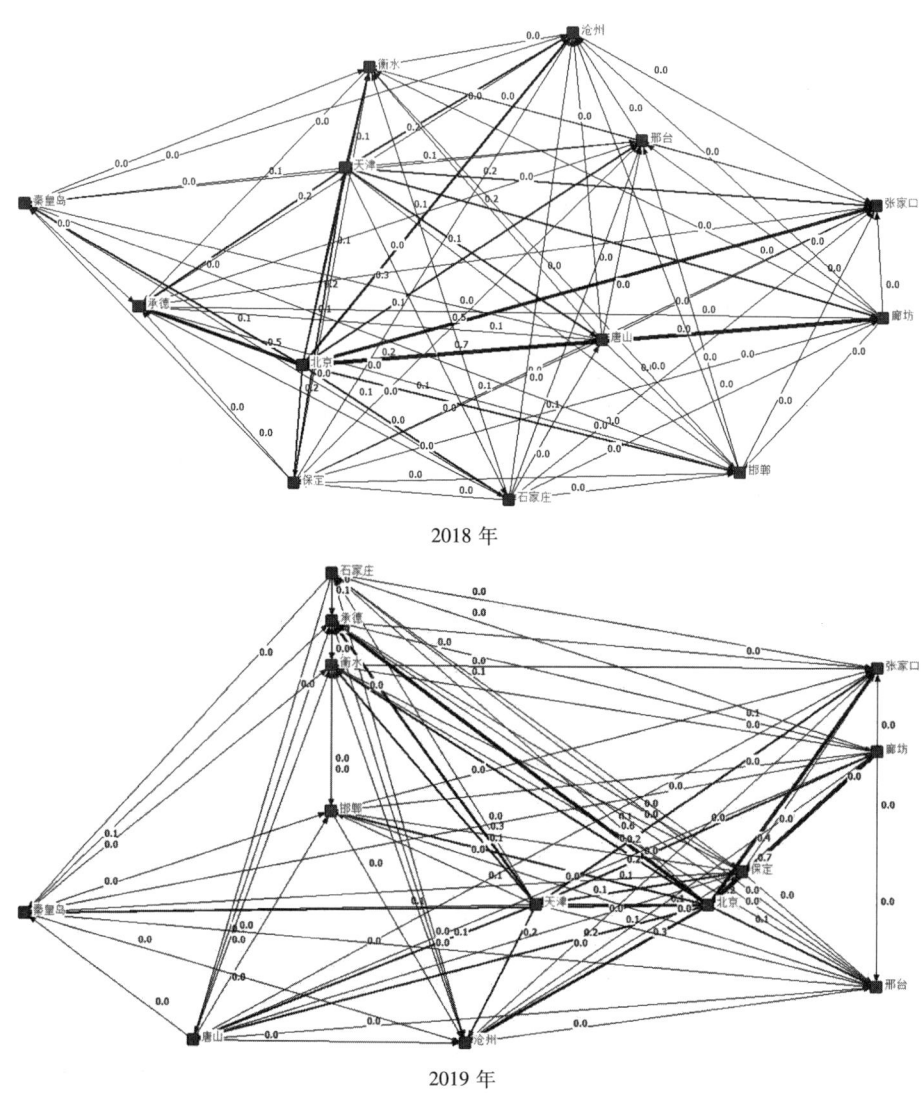

图1 基于引力模型经济联系强度的可视化结构

资料来源：Ucinet 整理所得。

整体看京津冀经济联系强度加快，经历了低水平向高水平阶段的转变。2015~2019年，京津冀城市群经济联系强度表现出较为明显的上升态势，这种变化很大程度上得益于城市群生产要素跨区域的流动，资源要素流动越是畅通，其经济联系强大越大也越加紧密。北京、天津在不断体质，如推动一般性制造业、区域性批发市场向河北疏解；此外河北省积极对接北京、天津项目，吸引跨国公司投资建厂等，从经济到交通，从民生到升态，整体经济联系强度

— 208 —

不断提高。

由图 1 可以看出,京津冀形成了以北京、天津为核心,以石家庄、保定、廊坊、秦皇岛等城市为支撑的经济联系网络结构。在京津冀城市群中,北京、天津的经济发展水平最高,其经济联系强的中心性值均在 300 以上,远远高于河北省其他城市,与此同时以其明显的区位优势、良好的营商环境、便捷的交通方式、优良的生态环境、高速的技术创新,带动周边城市经济社会的高质量发展。

(三)京津冀城市群经济联系强度及方向

根据京津冀城市群 2015~2019 年中心性值和排名(见表 4),按照其波动幅度划分为稳定型、弱幅型和强幅型。北京、天津、石家庄、秦皇岛、衡水属于稳定型,北京一直处于第一,最为稳定;天津波动较小,在第二和第三之间徘徊,整体属于稳定型,波动位于 0~1;石家庄、秦皇岛和衡水综合排名没有发生变化。处于弱幅型波动的有廊坊、邯郸、张家口、邢台、承德、沧州,其波动为 2~3。处于强幅型波动的有保定、唐山,其波动幅度为≥4。

表 4   2015~2019 年京津冀经济联系强度及其排名

城市	2016 年		2017 年		2018 年		2019 年	
	中心性值	排名	中心性值	排名	中心性值	排名	中心性值	排名
北京	334.08	1	310.42	1	317.22	1	318.69	1
天津	126.37	2	119.80	2	126.29	2	138.37	2
保定	-0.76	7	-0.52	8	4.89	5	8.73	4
唐山	23.05	4	13.32	4	10.82	4	-2.37	8
廊坊	-3.55	8	-0.34	7	-2.72	8	3.24	5
石家庄	35.82	3	31.42	3	28.55	3	31.93	3
邯郸	5.54	5	5.08	5	-2.06	7	-1.73	7
秦皇岛	2.56	6	1.48	6	1.28	6	3.13	6
张家口	-8.32	10	-8.98	10	-10.33	11	-8.77	11
邢台	-10.96	11	-10.41	11	-6.84	10	-8.57	10
承德	-19.64	13	-15.52	12	-15.41	12	-21.86	13
沧州	-18.75	12	-15.82	13	-15.91	13	-10.44	12
衡水	-7.87	9	-8.41	9	-6.06	9	-5.77	9

根据不同城市的经济发展水平和波动方向，可以将城市的发展分为"稳定""倒退""跃进""震荡"四种状态。北京、天津在经济发展水平方面的绝对优势使其位于"稳定"状态，石家庄、秦皇岛、衡水虽经济联系强度低，但其经济发展水平相对稳定，承德经济发展水平较低，但整体变化趋势比较平稳；唐山、廊坊、邯郸、张家口处于"倒退"态势；邢台、沧州处于"跃进"态势；保定、廊坊处于"震荡"态势。

五、结论与对策建议

本文运用引力模型和社会网络分析，研究了2015～2019年京津冀城市群高质量发展和经济联系的网络结构，并对其进行综合评价，得出以下结论和对策建议：

（1）京津冀城市群经济联系强度不断加快，处于空间网络核心的北京、天津对周边城市具有强大的辐射带动效应，并伴随一定程度的"虹吸效应"。

（2）从京津冀城市群经济联系强度的空间特征来看，呈现梯队分布，北京和天津处于绝对领先的地位，远远高于河北省11个城市；河北省11个城市间也存在不同程度的梯度分布特征，各城市应该根据自身发展特点，充分发挥优势带动作用，克服劣势，以更好地融入京津冀协同发展。

（3）从动态波动情况来看，2015～2019年京津冀城市群经济发展水平的波动呈现"稳定""倒退""跃进""震荡"四种态势。各城市应该根据波动情况寻求更好的稳定发展。

基于本文研究结论提出提高京津冀经济协同发展质量的政策建议：

（1）紧紧抓住北京、天津"牛鼻子"，实现更高层次的功能疏解。将北京、天津更多更好的功能向河北省腹地城市疏解，更好地带动京津冀其他城市的发展。

（2）加速重点领域一体化进程，推动京津冀城市群产业链内布局合理。第二梯度、第三梯度、第四梯度城市群积极融入京津冀协同发展。积极引进第一梯度城市先进科技成果，在本城市完成转化，如在北京、天津进行技术研发，在本梯度城市完成转化生产，带动城市形成新型产业集群。此外，通过承接高科技信息产业，聚集上下游企业，培育新动能，逐步实现产业转生升级。

（3）优化区域布局，实现京津冀产业、交通和生态一体化发展。首先运用创新提升城市群产业链的竞争力，提高产业链发展水平。其次建立京津冀生态补偿机制，探索长期的、持续的环境保护治理结构，实现京津冀城市群全面和谐发展。最后逐步实现交通一体化建设，加快雄安新区高速公路网铺设，强化北京、天津和河北省腹地紧密练习，促进京津冀城市群产业结构升级、优化区域经济布局。

本文的研究在经验上丰富了京津冀城市群经济发展质量的讨论，在方法上应用了社会网络分析，这可以在一定程度上克服人为因素的影响，并从动态上考虑经济联系强度的空间结构。但在测度经济联系强度时选取的指标可能单一，未来计划进一步丰富测量的维度，另外拟对城市经济联系强度整体网的分析不足，未来希望可以进行网络密度分析和凝聚子群分析，以期得到更丰富的结论。

参考文献

[1] 韩英，马立平. 京津冀产业结构变迁中的全要素生产率研究 [J]. 数量经济技术经济研究，2019，36（6）：62-78.

[2] 蔺鹏，孟娜娜. 环境约束下京津冀区域经济发展质量测度与动力解构——基于绿色全要素生产率视角 [J]. 经济地理，2020，40（9），36-45.

[3] 刘海云. 以自贸试验区建设为契机推动京津冀协同发展——2020京津冀协同发展参事研讨会综述 [J]. 经济与管理，2020（6）：1-5.

[4] 刘华军，刘传明. 京津冀地区城市间大气污染的非线性传导及其联动网络 [J]. 中国人口科学，2016（2）：84-95.

[5] 鲁金萍，杨振武，刘玉. 京津冀城市群经济联系网络研究 [J]. 经济问题探索，2015（5）：117-122.

[6] 罗奎，李广东，劳昕. 京津冀城市群产业空间重构与优化调控 [J]. 地理科学进展，2020，39（2）：179-194.

[7] 牟玲玲，尹赛. 基于社会网络分析的京津冀新型城镇化发展水平研究 [J]. 现代城市研究，2019（6）：95-101.

[8] 中共中央文献研究室. 习近平关于社会主义经济建设论述摘编 [M]. 北京：中央文献出版社，2017.

[9] Chang G H, Brada J C. The paradox of China's growing under-urbanization [J]. Economic Systems, 2006 (30): 24-40.

[10] Chen M, Liu W, Lu D et al. Progress of China's new-type urbanization construction since 2014: A preliminary assessment [J]. Cities, 2018, 78: 180-193.

基于协同创新模型的云南省制造业高质量发展研究[*]

桑秀丽　范倩玮[**]

摘　要：协同创新对于科技的进步和经济的发展具有重要意义，是实现制造业高质量发展的重要方式之一。本文在相关经济统计数据的基础之上，运用复合系统协同度模型对云南省制造业产学研等子系统进行协同度测定研究。研究发现，2018年云南省制造业总体协同度为0.0885，高于2014~2016年的协同度，低于2017年的协同度。近6年，云南省制造业总体协同度偏低，且普遍低于三个子系统的协同度。在进行定量数据分析的基础上，本文探索了云南省制造业在协同创新发展过程中存在的问题，包括制造业企业缺乏信息共享意识、利益分配问题等，并以问题为导向，结合制造业产业现状，提出如建立信息共享机制、利润公平分配治理机制等对策建议，以期为提高云南省制造业总体协同度，助力云南省制造业高质量发展提供参考。

关键词：协同创新；云南；制造业；高质量发展

一、引言

2019年中央经济工作会议确定将"推动制造业高质量发展"排在首位，充分说明了制造业高质量发展在社会经济生活中的重要地位。制造业高质量发展既要求活力、动力、竞争力的高度一致，质量、效益、环境的有机统一，也要求速度、结构、品质的相互协调[1]，是一种经济增长、创新驱动、产业结构优化、开放程度加大、生态环境和谐的全方位发展模式[2]。制造业的高质量发

---

[*] 基金项目："云南省高等教育结构与产业协调发展研究"（KKZ3201858047）。
[**] 作者简介：桑秀丽（1980~　），女，昆明理工大学管理与经济学院教授，云南省高层次人才青年拔尖人才，博士，研究方向为服务质量、产业发展咨询；范倩玮（1997~　），女，昆明理工大学管理与经济学院硕士研究生，主要研究方向为产业高质量发展。

展，从根本上来说是坚持和落实"五大发展理念"，究其内涵，可以从微观、中观、宏观三个维度来加以理解：一是企业微观层面上的高质量发展，即全要素生产率的提高；二是行业中观层面上的高质量发展，重点是绿色、创新发展；三是区域经济宏观层面上的高质量发展，即制造业在一二三产业、不同地理空间区域间的协调、开放、共享。

推动制造业高质量发展，是云南加快建设现代化经济体系的必由之路。现代经济体系是一个较为宽泛的概念，产业结构与产业体系是核心。作为现代经济体系的重要支撑，现代产业体系很大程度上决定了现代经济体系的宏观产业结构和发展质量；推动制造业高质量发展，是实现云南经济高质量发展的重中之重。制造业是云南省国民经济体系中其他产业的服务工具、装备和材料的主要供给者，制造业的先进性决定了云南现代农业、现代服务业的现代化程度。2019 年，云南省工业总产值为 14 299.47 亿元，制造业的总产值为 11 524.89 亿元，占工业总产值的 80.6%。在经济增速换挡、产业结构升级、发展动力转换、经济发展进入新常态的总趋势下，没有制造业的高质量发展就没有云南省经济的高质量发展。

随着科技和经济的进步与提高、环境的日益变化、顾客多样化和个性化的需求以及激烈的竞争市场，导致产品的生命周期不断变短、交货速率不断加快，在资源有限的前提下，制造业企业要想获得高收益，光靠自己研发新产品是远远不够的，因此，制造业企业必须要通过协同创新，弥补自身资源短缺、技术落后、知识有限等缺点，实现资源的整合与优化。企业之间通过信息交流、技术知识共享、风险共担，有利于企业协调发展，生产出符合客户需求的产品，快速占据市场，获得高额利润。

本文将在对云南省制造业高质量发展的必要性和现状进行分析的基础上，研究提出基于协同创新的云南制造业实现高质量发展的主要路径，为推动云南制造业高质量发展提供借鉴和参考。

二、协同创新

（一）协同创新理论

协同创新指的是成员之间通过使用科学技术来进行信息交流和沟通，从而使合作伙伴间建立彼此信任感、共享知识和技术，最终达到合作共赢的局面。公平偏好对协同创新的成功有着重要的影响，刘爽腾等认为企业主导下的公平利益分配模式的构建是创新成功的一个关键因素[3]。

多个创新主体通过协同创新,在实现资源共享与协作过程中,其协同效果大于单个创新主体产生的效应之和,通过协同创新可以实现价值的最大化。在协同创新的过程中要求创新主题之间的各要素在资源分配和互补方面能够有机结合起来,进而达到协同发展的目的,所以创新主体之间的协同能够产生聚合效应,真正实现协同创新效果。协同创新为制造业高质量发展提供了重要的理论基础和应用方法。

影响系统(特别是复杂系统)演化的因素往往有许多,但起支配作用的可能只有少数几个变量,协同学中把这种对形成系统自组织结构起主导作用的变量称为序参量。序参量由慢变量、不稳定模担任。系统之间或系统组成要素之间在发展演化过程中彼此和谐一致的程度称为协调度。

系统由无序走向有序的关键在于系统内部序参量之间的协同作用。即系统与系统构成要素在动态发展之中保持一致的程度。它影响着整体系统的特征与输出水平的高低,协调度正是反映这种协同作用的度量。

为了准确测定各参与主体间的协调度。本文借助复合系统协调度模型[3],构建协同创新评价指标。通过对子系统的有序度进行测定,在此基础上进行数据合成。最终实现对云南制造业协同创新协同水平的测定。

(二)协同创新理论模型构建

本文借助复合系统协调度模型[4],构建协同创新评价指标。通过对子系统的有序度进行测定,在此基础上进行数据合成。

首先,设定一个复合系统 S 由 m 个子系统构成。即有 $S = f(S_1 \cdots S_m)$,而 S_j 为 S 的第 j 个子系统,$j \in [1, 2, 3]$,在本文中分别代表政府子系统、产业子系统、研创子系统。在复合系统之中,三者互为影响。而在子系统 S_j 中,序参量 e_{ij} 作为刻画各子系统内部协同度高低的度量指标,取值为 e_{j1},e_{j2},…,e_{jn}。并有 β_{ij} 与 α_{ij} 分别为 e_{ij} 取值的下限和上限。一般,假定 e_{j1},e_{j2}…,e_{jn} 的取值越大,系统的有序程度越高,其取值越小,系统的有序程度越低;假定 e_{jl+1},…,e_{jn} 的取值越大,系统的有序程度越低,其取值越小,系统的有序程度越高;定义下式为子系统 S_j 序参量分量 e_{ij} 的系统有序度,即有:

$$u_j(e_{ij}) = \begin{cases} \dfrac{e_{ij} - \beta_{ij}}{\alpha_{ij} - \beta_{ij}}, & i \in [1, l_1] \\ \dfrac{\alpha_{ij} - e_{ij}}{\alpha_{ij} - \beta_{ij}}, & i \in [l_1 + 1, n] \end{cases} \tag{1}$$

且当 e_{ij} 取值越大时，$u_j(e_{ij})$ 的数值越大，代表着 e_{ij} 对子系统的作用越大。因此，可以在此测定序参量变量 e_i 有序度 $u_j(e_{ij})$ 的集成对于 S_j 有序度的总体贡献。除此之外，还应该注意到子系统的整体效应不但受各序参量数值的大小的影响，各序参量之间的组合方式也会对子系统的产生影响。简单起见，本文采用几何平均法进行集成，以此来测定组合方式对于子系统的影响。于是便有：

$$u_j(e_j) = \sqrt[m]{\left[\prod_{j=1}^{m} u_j(e_{ij})\right]} \quad (2)$$

其中，$u_j(e_j)$ 为序参量变量 e_j 的系统有序度。由上述公式可以看出，$u_j(e_j)$ 的数值越大，则 e_j 对系统有序的作用越大，系统的有序的程度也就越好。然而，假定在初始时点 t_0 时子系统 S_j 参量有序度为 $U_j^0(e_j)$，当系统运行至 t_1 时，子系统 S_j 的参量有序度顺势变为 $U_j^1(e_j)$；$j \in (1, m)$。有在 $t_1 - t_0$ 时段内，复合系统 S 的协同度为：

$$C = \sqrt[n]{\left|\prod_{i=1}^{n}\left[u_j^1(e_i) - u_j^0(e_i)\right]\right|} \quad (3)$$

在上述公式之中，$u_j^1(e_i) - u_j^0(e_i)$ 代表着子系统 S_j 的序参量在 $t_1 - t_0$ 时段内有序度的变化。而由数理计算的结果来看，复合系统 S 的协同度取值范围为 $[-1, 1]$，C 的取值越大，则代表着系统有序度越高。而仅有在 $u_j^1(e_i) - u_j^0(e_i)$ 大于零时，才有各个子系统之间的发展是协同的。否则，意味着子系统之间未处在较好的协同状态。因此，该模型可以实现复合系统 S 相对于基期的各子系统间协同度的考察。

三、协同创新复合系统协同度的实证研究

在上文的理论及模型的基础上，本节将结合相关经济数据对云南省制造业的协同创新协同度进行测定。

（一）数据来源

为确保本文研究的科学性，结合上文复合系统协同模型原理，将云南制造业协同创新系统划分为三个子系统——政府子系统、产业子系统以及研创子系统。在各子系统划分的基础上，遵从可测性、代表性和可得性等原则，政府子系统的度量指标为政府支持的研究活动金额（亿元），用 e_{11} 表示；产业子系统的度量指标为主营业务收入（亿元）、利润总额（亿元）、R&D 开发新产品经

费支出（万元）、有效发明专利数（个），分别用 e_{21}、e_{22}、e_{23}、e_{24} 表示；研创子系统的度量指标为 R&D 人员全时当量合计（人年）、技术市场成交额（亿元），分别用 e_{31}、e_{32} 表示（见表1）。

表1　　　　　　　　　　　　云南省制造业原始数据

年份	政府子系统	产业子系统				研创子系统	
	e_{11}	e_{21}	e_{22}	e_{23}	e_{24}	e_{31}	e_{32}
2013	24.9	10 040.21	630.63	496 845	2 280	11 811	42
2014	24.93486	10 358.22	516.08	605 668	2 865	12 980	47.92
2015	37.83	9 829.69	465.53	631 962	4 605	16 381	51.84
2016	37.68	10 149.03	334.98	884 333	5 880	17 166	58.26
2017	42.26	11 684.53	782.65	1 026 693	6 510	21 393	84.76
2018	44.03	13 227.4	925.2	965 427	6 466	24 048	89.49

资料来源：《云南省科技统计公报》《云南统计年鉴》。

在此基础上，为了消除量纲对计算结果的影响，对所取数据进行标准化处理。标准化结果如表2所示。

表2　　　　　　　　　　　　序参量标准化

年份	政府子系统	产业子系统				研创子系统	
	e_{11}	e_{21}	e_{22}	e_{23}	e_{24}	e_{31}	e_{32}
2013	-1.233	-0.635	0.0989	-1.245	-1.349	-1.159	-1.022
2014	-1.232	-0.395	-0.429	-0.747	-1.032	-0.912	-0.725
2015	0.305	-0.794	-0.663	-0.626	-0.088	-0.1934	-0.528
2016	0.287	-0.553	-1.265	0.531	0.603	-0.028	-0.207
2017	0.832	0.606	0.8	1.184	0.945	0.866	1.122
2018	1.043	1.771	1.458	0.903	0.921	1.427	1.359

（二）序参量有序度的确定以及系统协同度的确定

将表2的数据代入公式（1）之中，得到产业子系统 S_1、研创子系统 S_2、政府子系统 S_3 序参量有序度，为方便起见，本文将三个子系统的序参量的有序度合并在一表之中，如表3所示。

表3 政府子系统 S_1、产业子系统 S_2、研创子系统 S_3 序参量有序度

年份	$u_1(e_{11})$	$u_1(e_1)$	$u_2(e_{21})$	$u_2(e_{22})$	$u_2(e_{23})$	$u_2(e_{24})$	$u_2(e_2)$	$u_3(e_{31})$	$u_3(e_{32})$	$u_3(e_3)$
2013	0.192	0.192	0.122	0.525	0.189	0.217	0.226	0.21	0.245	0.227
2014	0.192	0.192	0.202	0.393	0.313	0.323	0.299	0.272	0.319	0.294
2015	0.576	0.576	0.069	0.334	0.343	0.637	0.2667	0.452	0.368	0.408
2016	0.572	0.572	0.149	0.184	0.633	0.868	0.35	0.493	0.448	0.47
2017	0.708	0.708	0.535	0.7	0.796	0.981	0.736	0.716	0.781	0.748
2018	0.761	0.761	0.924	0.864	0.726	0.974	0.867	0.857	0.839	0.848

然后，将表3数据代入公式（2），得到各子系统的有序度（见表4）。将2013年设定为 t_0，并将各子系统有序度数据代入公式（3），得出辽宁装备制造业产学研协同创新系统的协同度 C 值，具体数值如表4所示。

表4 各个子系统的有序度以及复合系统的协同度

	2013年	2014年	2015年	2016年	2017年	2018年
子系统1（政）	0.192	0.192	0.576	0.572	0.708	0.76
子系统2（产）	0.226	0.299	0.266	0.35	0.736	0.867
子系统3（研）	0.227	0.294	0.408	0.47	0.748	0.848
系统协同度		0.0139	-0.113	-0.029	0.244	0.0885

通过折线图而将表4的数据信息进行更为直观的显示，如图1所示。从各子系统的角度来看，三个子系统表现各有差异。政府子系统的协同度在2014~2015年迅速上升，2015~2016年下降了较小一部分，2016年后协同度重新上升，但在2017年后政府子系统的协同度低于其他两个子系统的协同度，这说明政府政策支持力度不够，财政科技投入资金的使用频率和使用效率较低，在营造创新环境方面还需继续努力，对知识产权的保护力度不够，创新信息化支撑体系建设强度不够。

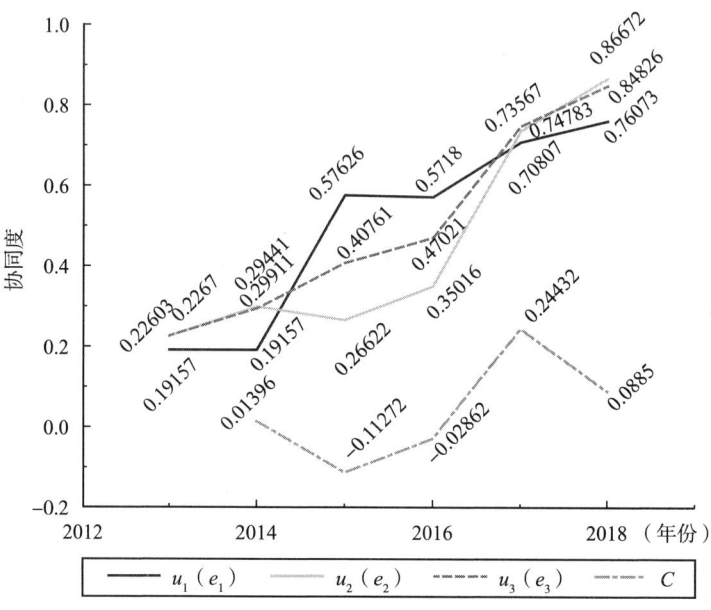

图 1 云南省制造业协同创新系统协同度

产业子系统的协同度在 2013~2016 年期间，在小范围地上下波动。2015~2016 年主营业务收入的有序度较低，导致 2015~2016 年的产业系统的协同度低，协同创新主体缺少信息共享意识是原因之一。信息共享意识的缺少导致结构松散、信息共享程度低及供需衔接不平衡等问题，因此，需要对制造业企业进行信息共享治理。在 2016 年后，协同度迅速上升。这也间接说明：2016~2018 年期间，云南制造业协同创新过程中，产业子系统的效用发挥较为充分。

研创子系统的协同度一直在稳步提高。这表明，研创子系统是有效的。但 R&D 人员全时当量合计这个序参量的有序度有时高于、有时低于研创子系统的有序度，例如在 2016 年后就低于研创子系统的有序度。创新人才队伍不稳定，人才容易流失。制造业企业的创新成功率不足或者企业自主创新能力不强，直接制约制造业协同创新水平的提升，而造成这一问题的主要原因仍是创新人才的匮乏。

从 2014~2018 年云南省制造业协同创新的协同度总体呈下降、上升再下降的波动趋势的，且协同度较低。即便是协同度水平最高的 2017 年，也仅为 0.274。三个子系统的协同度皆高于总体系统协同度，这说明三个子系统之间缺少有效的桥梁和纽带，科技成果转化和产业化存在障碍。现有创新活动的开展多是由制造业企业全盘操刀，与院校智库的协同作用未得到充分体现。科研院所在自身管理体制下侧重于考核项目申报数目和额度，导致共性技术研发重复开展，创新驱动发展投入大、见效慢。

此外，协同创新是多个主体围绕同一目标的达成而联系起来的，但同一目标对于不同主体的激发效用各不相同，并很难达到一致，且每一主体同时有多个目标达成的需要，故利益分配问题是导致协同创新效率低下的原因之一。

而且由于创新难度、资金、技术突破等方面的原因，产学研协同创新项目会存在许多不可预见的干扰因素和障碍。项目协同方众多，各协同方自身的信誉和道德水准也不可避免影响项目的进程。多个协同方之间往往容易产生协同方道德风险和逆向选择问题。道德风险是指协同方签署合同后，有可能采取损人利己、违背于合同规定的行为。逆向选择指的是在双方信息不对称的情况下，协同方可能隐藏自身信息，有选择地提供信息或编造虚假信息来获取最大利益。因此，道德风险和逆向选择无疑会导致协同创新主体存在信任问题，难以确保项目的顺利开展。

四、云南制造业协同创新能力提升策略

（一）加大政府扶持资金的支持力度

政府在一定程度上对制造业的创新和发展，应给予适当的资金支持来促进制造业领域的自主创新和协同创新。应建立适合制造业产业发展的财政科技投入体制和稳定的投入增长机制，同时政府需要积极改革财政投入方式和方向，提高财政科技投入资金的使用频率和使用效率，加强对涉及制造业产业共性关键技术的研发关注和资金支持力度。一方面可以通过建立针对制造业亟待解决的产品和制造工艺中的研究开发项目以及为制造业储备性和共性技术等方面成立专门的制造业发展基金，资金来源采用中央和地方财政的财政预算拨款方式，主要用于制造业的自主创新和协同创新；另一方面可以通过政府的财政贴息政策，实现对制造业企业的科技创新和成果转化等创新项目的补贴。

（二）积极优化制造业协同创新生态系统的创新环境

完善装备制造业协同创新的创新环境，主要从宏观政策环境出发，需要政府从完善相关的政策法规体系、增加政府资金投入和确保政府相关经济政策落地等方面入手。

1. 完善协同创新的宏观政策环境

从宏观政策环境方面来看，政府作为宏观政策的制定者需要结合制造业发展的实际情况，通过整合现有资源，结合财政和税收等一些指导性政策，构建一个既能发挥市场配置资源的优势，也能提升制造业协同创新能力的；既能发挥制造业协同创新生态系统内企业作为创新主体的活力，也能实现制造业整个协同创新系统各主体的创新能力的政策体系。政府具体可以通过激励性政策、引导性政策和协调性政策等措施实现对制造业协同创新的引导和激励。

2. 加强对知识产权的保护

针对制造业技术要素市场中知识产权的重要性，政府通过制定保护知识产权的法律法规体系，进而来完善并增强对制造业协同创新生态系统各主体的知识产权成果的保护力度。通过法律法规体系对知识产权成果的有效标号，一方面降低了保护知识产权的成本，另一方面也能够提高侵犯知识产权的侵权成本，进而保护协同创新主体的创新成果，激发协同创新主体的创新热情。

（三）发展并壮大制造业产业协同创新联盟

依托云南省内有产学研结合基础的优势项目，在项目参与单位合作的组织形式和方式上开展创新，支持各方建设长期合作的有效机制；结合产业协同创新联盟协同创新目标和联盟成员不同需求，加强目标激励，科学分解创新任务，有效激发成员协同创新意愿，挖掘其创新潜力[5]；建立产业协同创新联盟做到要立足于制造业的创新需求。在产业协同创新联盟中，一定会有同类技术资源集中和共性技术需求一致的情形，因此通过组织具有相当实力的大型企业集团、研发实力雄厚的高校和科研机构组织在一起，在产业创新需求一致的基础上，建立长期稳定的协同创新合作组织，运用规范化制度化的运行机制，来保证联盟的有效运作和长期发展；利用制造业产业集群的优势，以产业创新发展的需求为基础，积极大胆地尝试开展以制造业产业内的实力强的企业牵头的技术创新战略联盟，形成兼具地域特色和产业特点的技术创新链，实现并推动云南省制造业协同创新的发展。

（四）完善并实施创新人才的激励政策

云南省需要努力提升制造业企业和相关机构的创新人才的数量和质量，通过相应的激励措施吸纳专业人才，充分释放人才的创新引领作用。主要可从以下几个方面吸纳人才：

积极吸引人才。制造业的高水平专业人才可以通过采取多种灵活的激励政策和措施进行引进，如通过技术入股和高薪酬等方法，并尝试在引进人才的同时尽量解决生活上的问题。

注重人才的培养。制造业必须不断加强本行业人才队伍的培养和建设，通过培养企业现有人才为出发点充实并加强创新人才队伍。一方面通过在各类协同创新主体中进行内部培养，积极对创新人员进行多类型多种类的培训。另一方面，制造企业与高校、科研机构等开展人才方面的合作，为创新人才提供继续深造的机会，提高相关从业人员的创新水平。

（五）强化中介服务机构对制造业协同创新生态系统的支撑作用

1. 积极发展专业化的创新中介服务机构

通过建立包含各类中介组织和服务机构在内的核心支撑服务体系，提升制造业企业和其他创新主体的协同创新资源和成果的积累和转化，推动制造业协同创新在良好的有规范的状态下发展。

创新中介服务机构作为制造业协同创新生态系统重要的组成部分，在服务过程中，要尽最大可能地发挥这些服务机构的服务优势和服务能力，通过搭建和完善以协同创新为目的的中介服务平台，这些中介服务平台可以包括金融服务类、创业和孵化服务类的服务机构及会计、法律和资产评估机构等。

合理发挥制造业行业协会的作用，建立并健全制造业行业协会的管理和服务功能，为制造业协同创新发展提供良好服务和有力支撑。

2. 充分发挥科技中介服务机构的作用

当今，技术转让的周期大大缩短，科技中介机构将研究成果推向市场的过程也必须加快。大多数企业进行技术创新，需要各种不同的创新支持服务，科技中介服务必将走上一条市场化、多元化、开放式、信息化、专业化的道路。

后疫情时代我国科技中介机构应完善创新成果转化机制，加快科技领域的供给侧结构改革[6]。提升科技中介机构服务能力、树立服务品牌，促进科技中介机构的市场开拓、优化整合，引导和鼓励社会力量参与科技中介机构的建设与发展，以及培育科技服务新兴业态将是科技中介机构发展的重中之重，也必然给制造业协同创新生态系统的快速发展带来有利条件。

（六）建立协同创新主体之间关系协调治理机制

1. 利润公平分配治理机制

针对现实情况，即制造业企业及科研院所地位不平等的情况，引入利润公平分配的治理机制，合理分配利润，减少利润不平等带来的发展不平等，提高企业价值创造的能力,以及非主导协同创新参与者参与信息共享的满意程度。缓解非主体企业参与率高,收益低的局面,将被主导的协同创新参与者吸收的多余创造利润的机会分享给其他协同创新参与者,增加制造业产业信息共享效率。

2. 协同风险管理机制

制造企业在参与协同创新活动过程中,寻求与其他企业及科研院所建立联系,实现优势互补,使得风险形成的路径更加的复杂化。

要实现更加完善的协同风险管理机制,功能协同是基础,价值协同是关键,为此可以从以下三个方面入手:第一,实现各区域系统的互动,寻求建立制造业产业链各个环节的横向和纵向功能互补,为实现协同创新系统的内外协同创造条件;第二,技术协同是核心,可以把政府的创新激励政策嵌入到技术协同中去,把满足制造业企业技术需求融入到研发环节中,把科技服务建设融入到协同创新中;第三,实现制造业产业价值链的优化,价值链优化是产业内外稳定的价值交换的结果,制造业价值链的高端部分应该加大技术研发的投入,推动核心技术的升级,强化价值链控制,制造业价值链中低端部分要主动的承接价值的转移,通过完善基础设施建设实现对技术环节的转移,对原有制造业产业链进行再造和升级。

五、结论

制造业作为支柱性产业之一,对于云南省经济发展的影响不容小觑,应该受到足够的重视,而协同创新是实现制造业高质量发展的重要方式之一。可以通过加大政府资金支持力度、优化创新环境、发展壮大制造业产业协同创新联盟、完善并实施创新人才的激励政策、强化中介服务机构的支撑作用、建立协同创新主体之间关系协调治理机制等措施提高云南制造业协同创新能力。只有有效的协同创新才能更好地保证制造业高质量发展,才能更好地服务于云南省经济社会的建设。

参考文献

[1] 陈蕾. 后疫情时期中国科技中介服务机构的功能定位及发展对策 [J]. 经济研究导刊, 2021 (2): 140-143.

[2] 李玥, 郭航, 王宏起, 等. 基于扎根理论的联盟协同创新激励要素及作用机制 [J]. 中国科技论坛, 2020 (8): 129-137.

［3］刘国新，王静，江露薇．我国制造业高质量发展的理论机制及评价分析［J］．管理现代化，2020，40（3）：20－24．

［4］刘爽腾，蔡启明，詹梦诗．公平偏好下产方主导的产学研协同创新利益分配机制．科技管理研究，2016，36（13）：205－209．

［5］孟庆松，韩文秀．复合系统协调度模型研究［J］．天津大学学报，2000，33（4）：444－446．

［6］余东华．制造业高质量发展的内涵、路径与动力机制［J］．产业经济评论，2020（1）：13－32．